ESSAI SUR LA VIE

DE

JEAN-GASPARD LAVATER.

PUBLIÉ PAR LA SOCIÉTÉ DES LIVRES RELIGIEUX
DE TOULOUSE.

TOULOUSE, IMPRIMERIE DE A. CHAUVIN, RUE MIREPOIX, 3.

ESSAI SUR LA VIE

DE

JEAN-GASPARD LAVATER

PAR L'AUTEUR

DES SOIRÉES DE FAMILLE, D'ALBERT DE HALLER, ETC.

> Une vie morale, spirituelle, religieuse,
> fait naître des pensées morales, spirituelles,
> religieuses.
>
> Legs de LAVATER à ses amis.

DEUXIÈME ÉDITION.

TOULOUSE,
SOCIÉTÉ DES LIVRES RELIGIEUX.
DÉPOT : RUE DU LYCÉE, 14.

—

1858.

ESSAI SUR LA VIE
DE
JEAN-GASPARD LAVATER.

CHAPITRE PREMIER.

Naissance de Lavater. — Portraits de son père et de sa mère. — Son enfance. — Premiers développements de sa piété. — Les soldats de cire. — Lavater écolier. — Vocation instinctive. — Traits divers.

La pensée dominante du faible travail que nous offrons aux lecteurs de la Suisse française n'est point de leur donner une vie complète de Lavater, un livre qui leur fasse bien connaître cet homme excellent, dont l'image n'est pas assez distincte parmi nous. Il faudrait, pour apprécier dignement un auteur aussi original et un philosophe chrétien aussi profond, une tout autre plume que la nôtre : nous n'avons nullement songé à exposer, encore moins à juger ses vues, non plus qu'à rendre compte de ses nombreux écrits; mais il nous a semblé qu'il serait utile de raconter la vie domestique de ce zélé serviteur de Christ; c'est un modeste drame national, dont la conclusion douloureuse couronne l'ensemble à la fois attrayant et sérieux. Sans doute les grands traits de la vie du pasteur de Zurich ne sont pas ignorés de la plupart de nos lecteurs; mais il est nombre de personnes qui ne connaissent Lavater que comme habile physionomiste, et beaucoup d'autres qui ont à peine entendu prononcer son nom.

Parmi les biographies religieuses, celle-ci est certainement une des plus intéressantes à traiter : nous avons goûté une vive joie à en essayer l'étude; à vivre dans une sorte d'intimité avec ce chrétien si tendre et si aimable dans toutes ses relations avec les riches et avec les pauvres, les savants et les ignorants, si ferme et si actif dans les manifestations de sa foi et de ses sentiments patriotiques. Il est impossible de ne pas l'aimer comme tous ceux qui l'ont connu lui-même; il est impossible de ne pas recevoir de ses écrits quelque enseignement évangélique, des encouragements et des consolations applicables aux misères qu'il eût comprises et consolées.

Nous espérons donc avoir fait un travail vraiment utile : cette pensée diminue nos regrets de n'avoir pu remplir une aussi belle tâche avec plus de talent et plus de science.

M. Georges Gessner, ancien antistès de l'Eglise de Zurich, et gendre de Lavater, a publié, en 1802 et 1803, trois forts volumes intitulés : *Johann-Caspar Lavaters Lebensbeschreibung, von seinem Tochtermann Georg Gessner.* C'est dans ce livre, rempli de faits authentiques et de citations tirées des écrits de Lavater, que nous avons choisi les principaux matériaux de notre essai; il eût été difficile de le traduire en entier; les lecteurs de nos jours l'eussent trouvé trop long et parfois trop intime, trop adressé aux habitants de Zurich. Nous avons suivi le fil des évènements et traduit seulement les citations, auxquelles nous en avons ajouté de nouvelles. On aurait pu classer tout autrement les richesses à exploiter et ne pas mêler sans cesse le pasteur et l'auteur, le père de famille et le citoyen ardent à soutenir les intérêts de sa patrie; mais cette marche eût bien moins rendu, ce nous semble, le personnage lui-même. Ses enfants nous ont raconté sa vie, sans y mettre un autre ordre que celui des évènements et des années; pourquoi ne pas suivre leur exemple, et cheminer, guidé par eux, à côté de ce beau modèle?

Malgré là respectueuse tendresse qu'il inspire et le désir de le laisser toujours seul sur le premier plan, on ne peut s'empêcher d'exprimer de temps à autre les impressions que l'étude de son caractère fait naître. Peut-être eût-il mieux valu ne nous livrer à aucune espèce de réflexion, et nous réduire à raconter; mais ce que nous nous sommes permis en fait de réflexions est de trop peu d'importance pour détourner l'attention de Lavater lui-même. C'est cette certitude qui nous engage à conserver une partie des pensées qui se sont mêlées à notre esquisse.

Nous désirons beaucoup que ceux qui la liront y puisent l'envie de connaître les ouvrages de Lavater; cette source abondante et bienfaisante est trop délaissée et rafraîchira en les fortifiant ceux qui la chercheront.

L'étude de l'allemand se nationalise enfin dans la Suisse française : que l'un des premiers résultats qu'elle amènera soit de nous rendre familiers les auteurs de la Suisse elle-même, les poètes et les prosateurs que l'Allemagne a su apprécier et dont la réputation s'est faite par les savants de ce pays.

Jean-Gaspard Lavater naquit à Zurich, le 15 novembre 1740; son père, membre du gouvernement de Zurich, exerçait la médecine; sa mère se nommait Régula Escher. Voici comment Lavater lui-même dépeint le caractère de ses parents dans les mémoires qu'il destinait à sa famille.

Mon père était un homme d'une probité reconnue ; son caractère était simple et bon, son jugement sain et éclairé ; il n'était du reste ni savant, ni éloquent ; il n'avait pas de génie et son tour d'esprit n'était nullement philosophique. Son application et sa persévérance au travail ne se démentaient jamais ; fidele dans l'accomplissement de ses devoirs, heureux dans la pratique de son art, excellent chef de famille, établissant en toutes choses l'ordre et la régularité : c'était, en vérité, l'homme le plus modéré, le plus droit, le plus facile à vivre que l'on pût rencontrer ; un excellent mari, un père affectueux, dont les plus grandes joies furent l'exercice de sa profession, sa famille et sa Bible, et la seule passion le plaisir d'apprendre et de raconter les nouvelles du jour. Toute sa manière d'être faisait de lui le modèle d'un honorable bourgeois.

Ma mère était douée d'un esprit élevé, d'une imagination ardente et du constant désir d'acquérir de nouvelles idées, désir qu'elle exerçait sur de grandes et de petites choses, mais qui se satisfaisait bien mieux par les objets d'un haut intérêt que par les petits soins de la vie. Son goût pour les jouissances intellectuelles était insatiable et son activité infatigable.

Elle se plaisait à former des plans, à les réaliser, à pénétrer au fond de toutes choses ; elle poussait jusqu'à la pédanterie l'amour du vrai et la délicatesse de conscience, ne permettant pas le plus léger mensonge, la moindre hypocrisie ou la plus innocente flatterie. Son cœur recelait de grandes profondeurs dans lesquelles tout se rapportait à une seule passion, *la vanité;* non pas la vanité vulgaire, qui, si facilement, prend la forme de la coquetterie; elle était au-dessus des faiblesses de son sexe; mais sa vanité à elle la portait à faire un cas prodigieux de ce qui est honorable et grand.

Ma mère savait tirer le meilleur parti possible de ses relations avec plusieurs membres de l'Eglise, et lisait leurs ouvrages avec fruit; elle aimait à être considérée, non comme savante, elle ne l'était point, mais comme maîtresse de maison; à cet égard peu de femmes pouvaient lui être comparées: tous ses devoirs envers son mari et ses enfants étaient admirablement remplis et même elle se plaisait à soulager mon père autant qu'il lui était possible de le faire. On la voyait souvent, dans notre pharmacie, occupée à livrer les remèdes qu'elle composait à merveille; elle savait figurer à propos et presque en même temps à la cuisine, au salon et dans la boutique; rien, dans son domaine, n'échappait à son attention; elle était habile, prompte, exacte jusqu'à la minutie, généreuse jusqu'à la prodigalité.

Son père était un tres-digne homme; sa mère se distinguait par sa prudence, sa sagesse et sa piété; de tels parents avaient établi dans son cœur des principes moraux et religieux que rien ne pouvait ébranler.

Ils sont beaux les titres de famille qu'étale ici le bon Lavater! ceux qu'il laissa à ses enfants brillent de l'éclat du talent et de celui d'une grande réputation; mais qu'il est doux de voir se perpétuer de génération en génération l'amour de Dieu, l'attachement à sa sainte Parole et le respect pour le *devoir,* résultat immédiat de pareilles convictions! Il semble que l'on voie en ces familles bénies l'accomplissement direct de ces belles promesses : *J'aime ceux qui m'aiment. Ceux qui me cherchent me trouveront.*

Lavater sentit vivement combien il était redevable à l'influence que ses parents exercèrent sur ses jeunes facultés ; il était si pénétré en particulier de ce qu'il devait à sa mère, dont les sentiments élevés excitèrent de bonne heure son penchant pour ce qui est noble et vrai, qu'il avait coutume de dire, lorsqu'il entendait parler d'un homme distingué, que, sans doute, cet homme était fils d'*une femme sage et intelligente.* Grande leçon pour les jeunes mères !

Lavater enfant fut remarquable par un singulier mélange de vivacité et de timidité, de violence et de douceur : il était impatient, indolent, susceptible au plus haut degré, et fort inappliqué. « On ne distinguait en moi, dit-il, aucun indice d'esprit ou d'originalité ; jamais on ne citait mes bons mots ainsi que l'on pouvait en raconter de mes frères ou de mes sœurs. Je n'ai jamais vu un enfant aussi concentré et aussi capable d'observations profondes que je l'étais moi-même. La curiosité me jetait au-devant de toutes choses, la crainte me retenait dans mon élan. Je m'élançais vers des hauteurs inaccessibles, puis je retombais dans des profondeurs dont je ne pouvais sortir ; mon cœur m'entraînait sans cesse vers telle ou telle personne, puis se retirait tout aussi vivement. »

Lavater fut mis de bonne heure au collége, où régnait encore l'ancien régime des fréquentes punitions et des coups de fouet; les frayeurs que lui causait ce genre de correction étaient extrêmes ; il souffrait de cruelles angoisses pour lui et pour ses camarades. L'un des maîtres devina la supériorité de l'enfant ignorant et inappliqué, qui bientôt lui devint cher et fut traité par lui avec une grande indulgence. *Notre petit Gasparlin ira loin,* disait-il aux parents de Lavater ; cependant celui-ci faisait très-peu de progrès dans la lecture, l'écriture et la récitation; il désespérait sa mère par son insouciance lorsqu'elle cherchait à lui apprendre à lire et à prier.

La constitution délicate de Lavater fit redouter à ses parents les accidents que les jeux du collége peuvent occasionner; on lui défendit d'y prendre part, et le pauvre enfant en devint encore plus timide et plus embarrassé; souvent on le raillait à cause de sa faiblesse apparente ; son cœur en était navré ; il apprit cependant à supporter la dureté de certains maîtres et la malice de certains écoliers. Ses chagrins de collége lui donnèrent le désir de se passer de répétiteur; il vint à bout de se préparer seul, afin d'éviter un joug de plus, une surveillance nouvelle; ce progrès réel causa une vive joie à ses parents.

Privé des amusements ordinaires à son âge, il se créa une ressource particulière; on y reconnaît le germe du physionomiste dont le système et les nombreuses expériences occupèrent si fort les savants et le beau monde. Sa grand'mère, chez laquelle il dinait une fois par semaine, lui donnait des morceaux de cire rouge, verte et noire; il s'amusait à en composer diverses figures; il en commençait plusieurs à la fois, puis il les abandonnait pour les reprendre ensuite; il ne savait rien achever; mais dès qu'étant devenu homme il eut les yeux ouverts sur le danger de cette fâcheuse disposition, il chercha à la combattre et il s'imposa, entre autres lois, celle de ne jamais laisser un livre sans l'avoir lu jusqu'au bout, quelque peu attrayante que pût en être la lecture.

L'étude du développement religieux chez les hommes que leur piété a rendus éminents offre toujours un si vif intérêt que nous emprunterons à Lavater lui-même le récit des premiers mouvements de son cœur vers Dieu; ce fut dès sa septième année que sa vive sensibilité le porta à penser à son Créateur et que le besoin de l'aimer se fit jour dans son âme enfantine et rêveuse.

Il me prit tout-à-coup, dit-il, une sorte d'élan plein de douceur qui me portait à chercher quelque chose d'élevé et de divin ; mais je ne savais ce que ce devait être. L'espèce d'oppression dans laquelle me tenait mon éducation de collége et l'exacte surveillance de ma mère, me forçaient à me replier sur moi-même ; je sentais un constant désir de dire certaines choses, d'exprimer certains mouvements de l'âme et de les faire partager : mais les mots et les amis me manquaient également ; je me livrais au plaisir quand je jouais avec mes camarades, j'aimais les moments de liberté, puis, dès que je me sentais seul, les amusements m'inspiraient un véritable dégoût ; mon cœur avait besoin de jouissances plus pures, plus élevées, j'aurais voulu au moins être compris par un ami : réprimandé souvent par ma mère ou par ma bonne à cause de mes distractions dans mes prières de tous les jours, où pouvais-je chercher un refuge si ce n'est auprès de Dieu ? — Oui, je m'efforçais d'atteindre à un bonheur invisible, à un amour capable de satisfaire le vide que rien ne remplissait.

Je me souviens parfaitement que, durant ma seconde classe, je sentis le besoin de me renfermer en moi-même, d'éviter la dissipation, la distraction, et de prier avec plus de sincérité, plus de dévotion. Il est vrai, ô mon Dieu ! que ces résolutions étaient bien faibles et de peu de durée, mais mon cœur revenait à toi, au moins à ce que je comprenais, à ce que je supposais de ta grandeur, de ta bonté. — Je jetais souvent sur mes camarades des regards de compassion. — « Pauvres insensés, me disais-je, si vous saviez ce que je sais, si vous aviez dans l'âme ce qui est dans la mienne; — ces pauvres enfants savent à peine qu'il y a un Dieu, il n'ont aucun *besoin* de Dieu. » — Oui, le besoin, la nécessité de Dieu, fut l'idée la plus profonde, le sentiment fondamental de mon enfance. — « Ils n'ont aucun besoin de Dieu ! » répétais-je en moi-même. — Je cherchais à mettre à profit ce besoin de mon cœur, ce besoin devenu une impérieuse nécessité. — Cependant je demeurais à peu près tout aussi étourdi, tout aussi léger qu'auparavant ; mais je me sentais mal à l'aise en de pareilles dispositions, et je commençai à prier le soir et le matin avec plus de ferveur.

Il m'arrivait encore de ne pouvoir fixer mon attention sur les prédications dont j'avais à rendre compte à ma mère; je lui causais alors beaucoup de chagrin : tantôt je n'avais pas écouté le sermon, tantôt je ne l'avais pas compris. — J'imaginai de lire en secret dans une petite Bible que j'apportais à l'église pendant la durée du service : je ne me lassais pas de relire les livres de Samuel, les Rois et les Chroniques, et surtout l'histoire d'Elie et celle d'Elisée.

Cette partie du récit de Lavater nous semble contenir d'utiles avertissements pour toutes les personnes qui s'occupent de l'enseignement religieux ; les enfants répugnent à rendre compte des vérités qu'ils n'ont pas saisies, ils ne peuvent parler que de ce qu'ils ont passablement compris; c'est à tort que l'on s'étonne de voir quelquefois les plus intelligents d'entre eux demeurer muets sur les choses qu'on leur a dites, et que leur cœur ou leur raison n'ont pu goûter et recevoir. Lavater, fatigué d'entendre des sermons au-dessus de sa portée, apporte en secret une petite Bible à l'église et lit de tout son cœur les belles et dramatiques histoires de l'Ancien-Testament : singulière façon de désobéir à sa mère en lisant dans les saints parvis la Parole de Dieu. — La partie historique de l'Ecriture-Sainte est la première à enseigner à l'enfant : celle à laquelle il revient de lui-même, celle que ses petites facultés peuvent aimer ; elle est aussi riche dans le Nouveau-Testament que dans l'Ancien : aussi c'est par le récit des miracles et des bienfaits de Jésus qu'il faut commencer à parler aux enfants du Sauveur de nos âmes. Lavater, livré à son sentiment intime, à son impulsion naturelle, suivit dans son développement religieux la marche la plus simple. Il cherche un Dieu ; il croit qu'il y en a un, il s'en réjouit, il éprouve le besoin de la prière faite du cœur ; il lit la Bible là où il la comprend, là où son esprit s'instruit, se récrée même ; il renonce à ce qui n'est pour lui que mystère ; — un cœur d'enfant ne peut aller plus loin, à moins d'une grâce toute spéciale ou d'un premier enseignement plus judicieux que celui que reçut Lavater.

Une lacune très-importante se fait sentir dans la biographie de Lavater; le lecteur n'apprend nulle part à quelle époque et de quelle manière le pieux écolier comprit la divine mission du Christ parmi les hommes; il serait sans doute intéressant d'être mieux éclairé sur ce point, mais il faut se contenter du fait dont sa vie établit l'existence, savoir, une adhésion entière et constante au dogme de la divinité de Jésus-Christ et à toutes ses conséquences. — « Je n'avais aucune idée de ce qu'était Jésus-Christ, dit-il encore ; le Nouveau-Testament m'intéressait infiniment moins que l'Ancien. Le Sauveur était pour moi comme non existant, du moins mon cœur ne sentait rien pour lui, je n'avais nul besoin de Jésus et ne cherchais qu'un Dieu qui pût entendre mes prières. »

Ce penchant à la prière, cette foi simple en un Dieu qui pouvait l'entendre, n'abandonna jamais Lavater ; c'est de cette impulsion, absolument indépendante de tout enseignement, de toute éducation, même de toute éducation maternelle, que naquit son plaisir à *s'enquérir diligemment des Ecritures;* il ne cessa jamais de lire et d'étudier la Bible; aussi peu d'hommes ont été pénétrés autant que lui de l'esprit des livres saints. Lavater, ainsi que Haller, puisa dans cette étude par excellence les convictions profondes qu'aucun raisonnement philosophique ne put ébranler. Il crut toujours au Dieu de la Bible, tel qu'il se révèle dans ce livre, et il éprouva toujours le besoin de le servir, de le bénir.

Son imagination ardente, tout en se nourrissant à la source divine, errait dans un monde imaginaire et merveilleux.

J'eus dès mon enfance, dit-il, la passion d'être architecte, afin de pouvoir créer des tours élancées, des villes semblables à Babylone ; ce penchant à élever des monuments extraordinaires m'est toujours demeuré ; il répondait à l'impulsion morale qui me porte souvent à voir se dérouler de grandes choses, à vouloir les montrer, les prouver, les bâtir, pour ainsi dire, et cela sans un vrai désir de gloire et de célébrité. C'est un besoin de travailler avec énergie, avec activité. Dans ma première jeunesse chaque bâtiment me paraissait mesquin, chaque tour trop basse, chaque individu trop chétif. — Lorsque je voyais un clocher d'une grande hauteur ou seulement que j'en entendais parler, mon cœur battait de joie. — Ma plus grande jouissance était de grimper, malgré ma timidité naturelle, au sommet des bâtiments élevés et de contempler, d'en haut, la petitesse des objets qui frappaient ma vue, tandis que je me délectais à regarder de près la grande dimension de ceux qui m'avaient semblé petits, vus à distance. Je demeurais souvent immobile pendant plus d'un quart d'heure, plongé dans la contemplation de la tour imaginaire que je bâtissais, et en l'élevant à une prodigieuse hauteur. Cette passion pour les hauts clochers m'est demeurée : lorsque j'ai voyagé, je n'ai point résisté au désir de monter au sommet des tours de Strasbourg, d'Augsbourg, de Saint-Ulrich et de Landshut. Tout ce que j'entreprenais était combiné sur une vaste échelle ; je n'épargnais rien pour perfectionner chaque détail et pour en compléter l'ensemble ; les difficultés ne me rebutaient jamais.

C'est bien dans cet esprit que Lavater a rassemblé les immenses matériaux nécessaires au plus célèbre de ses ouvrages, les *Essais physionomiques*, dont le prix élevé dépasse la portée du grand nombre de personnes qui aimeraient à les posséder. — Avant de quitter Lavater enfant, nous empruntons à ses *Mémoires* une anecdote remarquable :

J'étais parvenu à faire, au moyen de morceaux de cire de diverses couleurs, une grande procession militaire avec toutes les provisions, munitions, chevaux, trains et bagages : on y voyait depuis l'avant-garde et le sapeur jusqu'à l'arrière-garde ; rien n'était oublié.

Je travaillais à ce chef-d'œuvre avec une application de fer ; au collége, à table, dans mon lit, partout, je créais soldat sur soldat et je m'efforçais, me défiant de ma légèreté ordinaire, de mettre le plus promptement possible mon rêve à exécution.

Mes parents s'intéressaient à mon ouvrage ; ils en parlaient à leurs amis ; on respectait le travail du petit Gaspard et j'avançais à grands pas vers la fin de mon œuvre. Quand tout fut achevé, j'établis mon armée sur trois longues planches.

Un dimanche matin je me promenais en long et en

large devant mon ouvrage lorsqu'un dégoût subit de tout ce travail me saisit au cœur; je découvris d'un seul coup-d'œil une foule de défauts, et la pensée du beau tas de cire que formeraient ces figures, une fois détruites, se présentant à mon esprit, je me jetai en fureur sur toute mon armée et dans un instant je parvins à la pulvériser, à la triturer,, à la réduire en une masse informe, tandis que mon imagination, au beau milieu de ce travail de destruction, créait déjà tout un nouvel essai avec ces mêmes cires, résultat de cette mêlée de matériaux. Je souffrais de corps et d'esprit en faisant cette étrange besogne; la pensée de créer quelque chose de mieux au moyen de ces débris me donnait seule quelque consolation. Enfin je n'eus plus devant moi qu'un monceau de jambes, de bras, de fusils, de chars et de chevaux, et je me mis à pleurer et à rire en même temps.

A peine avais-je consommé la ruine de mon corps d'armée que j'entendis venir mon père accompagné de plusieurs de ses amis, auxquels il voulait faire fête en leur montrant le bel ouvrage, le chef-d'œuvre de son fils; je m'enfuis dans la chambre voisine et je perdis presque connaissance lorsque j'entendis mon père se lamenter à la vue de tout le ravage que je venais d'accomplir sans avoir aucune bonne raison pour me livrer à cet acte de violence et d'étourderie. Je ne craignais pas que mon père me donnât des coups, mais je m'attendais de sa part à de justes reproches, et cette pensée me mit au désespoir.

Ce que je souffris à souper quand il fallut entendre les réprimandes de mon père et durant la nuit et le jour suivant et la semaine et l'année entière, chaque fois que l'on ramenait ce fatal sujet sur le tapis; le dégoût que je pris pour mon tas de cire, l'impossibilité de plus jamais y toucher pour en faire de nouvelles figures, la vivacité et la durée de l'impression que mon acte de folie et ses suites désagréables laissèrent dans mon cœur, enfin le sérieux que cette même folie apporta dans mon âme en m'avertissant de me garder à jamais de toute entreprise qui ne m'apporterait que des regrets et des repentirs, tous ces souvenirs m'émeuvent encore si vivement qu'il m'est difficile de les raconter avec le secours de ma plume.

Un autre fait, moins remarquable, montre aussi à quel point l'âme impressionnable et passionnée de Lavater était capable de tirer de fortes conclusions des choses trop souvent oubliées, non-seulement par les enfants, mais par ceux qui savent que chaque faute amène sa punition et que nous moissonnons ce que nous avons semé. Un jour, aux bains de Baden, en Suisse, le petit collégien, occupé à écrire un exercice en latin, prend la fantaisie de courir à la fenêtre sa plume à la main; il la secoue étourdiment, l'encre tombe sur la robe d'une dame assise devant la maison; grande rumeur, recherche du coupable, angoisse de celui-ci, qui bien vite s'était enfui pour éviter l'orage. Sa mère, après l'avoir vertement tancé, lui ordonna de faire des excuses à la dame. Pendant la nuit entière, Lavater pleura et s'effraya à la pensée de la visite qu'il fallait faire le lendemain matin; cette terreur enfantine et le repentir causé par son étourderie gravèrent profondément dans son cœur l'importante vérité qui lui faisait se dire à lui-même : « Tu n'as que ce que tu as mérité, il ne t'arrive que ce que tu t'es attiré par ta propre faute. »

Les nombreuses circonstances dans lesquelles Lavater fut forcé de reconnaître les résultats amenés par ses fautes, augmentèrent chaque fois chez lui le sentiment de sa propre faiblesse, le portèrent à prier avec plus de ferveur et à veiller sur lui-même avec une plus sérieuse attention. Il se plaisait, dans son âge avancé, à insister particulièrement sur le gouvernement habituel de la Providence à l'égard de nos fautes et de nos bonnes actions; il voyait le doigt divin amenant la punition ou la récompense par mille voies diverses et mystérieuses, mais toujours agissant, menaçant, récompensant chacun, et cela tôt ou tard.

Dans une autre occasion, le mal ou le péché renfermé dans son cœur se fit jour chez lui d'une étrange manière. Il achetait des cerises d'une vieille femme, dont l'extérieur repoussant le frappa si péniblement qu'il lui donna un grand coup à travers le visage; un autre enfant s'empressa de frapper encore plus fort la pauvre marchande et proposa même de la faire rouler au bas de l'escalier. Lavater eut horreur d'une telle pensée et laissa partir la femme, non sans se sentir honteux de sa conduite. Jamais il n'oublia cette méchante action ; souvent, lorsqu'il lui arrivait quelque chose de particulièrement désagréable, il se disait : *C'est à cause de ma dureté envers la marchande de cerises.*

Lavater cite encore un trait dont le souvenir attira fortement son attention sur la malice innée du cœur ; il la reconnut tout entière lorsque ses sentiments religieux se développèrent et qu'il étudia avec soin toutes les preuves passées et présentes du péché originel, afin de chercher à le combattre par l'amour de Christ.

« Après avoir été honorablement admis dans une classe supérieure, dit-il, je commis durant l'examen une méchanceté que je ne puis me pardonner. Jaloux de me voir surpassé par l'écolier qui se trouvait au-dessus de moi, et qui par là avait acquis le droit de réciter l'Oraison dominicale, je lui soufflai les premiers mots de la prière en grec, espérant qu'il ne saurait pas la dire en cette langue et qu'il s'arrêterait court ; cette malice tourna contre moi, car il récita en grec *Notre père* sans aucune hésitation et sans se douter de ma mauvaise intention à son égard. Il m'arrivait rarement de me rendre aussi coupable, mais les tentations diaboliques qui s'élevaient dans mon âme me convainquirent plus tard que celui dont on vante le bon cœur peut en un instant devenir un petit démon. »

Bien que l'imagination dominât l'enfant qui devait un jour donner tant de preuves de cette brillante faculté, sa timidité naturelle le faisait manquer d'à-propos dans la conversation, et rarement on l'entendait s'exprimer avec quelque facilité; sa langue était comme enchaînée; elle ne savait pas encore rendre les mouvements confus et tumultueux qui se pressaient dans l'âme dont elle fut plus tard le digne interprète : on se moquait souvent de la naïveté et de la gaucherie de Lavater; il en souffrait et se taisait, mais aussi quelquefois il parvenait à imposer subitement silence aux mauvais plaisants par des grimaces amusantes et des gestes bizarres dont l'originalité obtenait le plus grand succès.

Lavater eût pu être un mime excellent; cette disposition naturelle a sans doute contribué à lui faire deviner si heureusement tant de physionomies humaines lorsqu'il en fit son étude favorite.

Sa vocation au saint ministère se prononça d'une manière fort remarquable. Il n'avait que dix ans; ses parents ne s'étaient point encore occupés de son avenir. Un jour, M. Gaspard

Ulrich, théologien distingué de cette époque, arrive dans la classe dont Lavater faisait partie et demande aux écoliers ce qu'ils désirent être dans la société civile, et lesquels d'entre eux veulent devenir ministres du saint Evangile. « Moi, moi, » répond d'une voix ferme et élevée le petit Gaspard, « moi. » Or, jamais cet enfant n'avait songé à la vocation pour laquelle il se prononçait de la sorte ; il se sentit entraîné à faire si brusquement ce choix important, par une impulsion étrangère, mais aussitôt que son *moi* fut prononcé, il prit un goût décidé pour le saint ministère et trouva fort mauvais que ses amis se moquassent de lui à l'occasion de sa prompte détermination.

Il courut chez ses parents et s'écria, en ouvrant la porte : « Je serai pasteur. » Grande fut la surprise de sa mère ; on n'épargna pas au futur prédicateur les observations que sa façon d'agir devait faire naître, mais comme il persista dans son intention et que les circonstances où se trouvait sa famille concoururent à la favoriser, il fut décidé au bout de peu de temps que Gaspard deviendrait membre du clergé.

Lavater eut à subir pendant sa douzième année une grave maladie ; il fut même en danger de succomber à une fièvre qu'on ne pouvait maîtriser. « Je récapitulai ma vie passée, raconte-t-il à ses amis, je cherchai à purifier mon cœur, je demandai pardon à ceux que je croyais avoir offensés et je pardonnai de bon cœur les torts que je supposais avoir été commis envers moi. »

Le jeune malade, frappé de la pensée qu'il allait mourir, se prépara de son mieux à quitter la vie, puis il songea à faire quelques dispositions testamentaires ; il possédait 100 ducats, don de sa marraine : son intention était de les laisser aux écoliers les plus pauvres de sa classe ; mais, tout en s'occupant de cette idée, il se mit à jouer avec son or, et à le regarder avec un plaisir enfantin que sa mère crut devoir réprimer par quelques paroles qui blessèrent vivement sa susceptibilité ; l'or fut rejeté avec dégoût, car Lavater passait aisément d'un extrême à l'autre dès que son amour-propre était en souffrance. « Cette irritabilité, cette susceptibilité excessive, a souvent été, pour mon cœur blessé, nous dit-il, une sorte de pont qui me ramenait à Dieu. »

Il nous est arrivé plus d'une fois de remarquer certaines analogies entre l'enfance de Lavater et celle de Haller ; en voici une bien frappante et sur laquelle nous nous étendrons volontiers, parce qu'elle contient une leçon très-salutaire à tous les jeunes gens. On sait que

Haller prit en horreur l'ivrognerie lorsqu'il vit de près les excès auxquels ce vice entraîne : une légère expérience personnelle suffit pour faire envisager à Lavater l'abus du vin sous son véritable point de vue. Il était en relation de voisinage avec deux jeunes gens dont la conduite était mauvaise; l'un d'eux avait cherché plusieurs fois à l'entraîner à jouer et à voler; l'autre n'était point étranger à la débauche : leurs insinuations perfides demeurèrent sans effet, mais Lavater ne comprenait point encore tout le mal que leur société pouvait lui faire.

C'était précisément un an après sa grande maladie; il venait de célébrer la fête de la Pentecôte, et il s'était réjoui en songeant à la guérison que Dieu lui avait accordée un an auparavant. Le lendemain au soir, Lavater va se promener avec les deux mauvais sujets; on a soif; on demande du lait, il ne s'en trouve pas, on a recours au vin; Lavater prit peur, car il devina le danger qui se préparait et voulut s'enfuir, mais il finit par s'asseoir sur l'herbe et par regarder ses amis, tandis qu'ils entamaient une bouteille; on le pressa de boire à son tour; il refusa; les plaisanteries, les moqueries, les instances des deux experts finirent par remporter une triste victoire; la sagesse et la timidité de Lavater une fois vaincues, il se dépêche d'avaler deux ou trois verres de vin; ses compagnons s'enivraient à leur aise; bientôt ses yeux s'obscurcirent, il put à peine se tenir debout. « Je savais pourtant bien ce que je faisais, dit-il, au moment où je me laissai gagner; je savais ce qui m'attendait; je souffrais une angoisse d'enfer en pensant au péché dont je me rendais coupable sitôt après Pentecôte; je me désolai de n'avoir pas su résister tout-à-fait, puisque j'avais pu le faire pendant quelques moments. Je me serais battu de bon cœur, tant j'étais indigné contre moi-même, et je maudissais les compagnons qui se riaient de moi.

» Je revins dans ce pauvre état chez mon père; étourdi, abattu, mais conservant mon bon sens; sous le poids des peines du corps et de l'âme, mais cherchant à prier Dieu autant que mon faible cœur pouvait s'élever à lui. »

Lavater venait d'atteindre la maison et se croyait sauvé, lorsque la voix de sa mère, qui recevait du monde chez elle, le frappa comme un coup de tonnerre. « Gaspard, viens au salon, » dit-elle; il s'agissait de paraître devant une nombreuse société. Ceux qui sont accoutumés à faire taire leur conscience ne comprendront guère l'angoisse du coupable, mais le chrétien sympathisera de cœur avec l'état violent dans lequel il se trouvait, tandis que sa mère l'examinait et devinait la vérité. Elle lui dit à demi-voix : « As-tu bu du vin? — *Non,* » répondit l'enfant que son haleine trahissait ; il fut renvoyé sur-le-champ ; la honte et une honnête colère contre lui-même agitèrent longtemps son âme ; son corps subit les tristes effets de l'ivresse.

« Aucun incident de ma vie n'a produit sur moi, nous dit-il, une impression aussi durable, aussi salutaire ; cette chute m'a rendu fort dans la tentation. Elle me fit verser bien des larmes amères, quoique ma mère ne prît pas d'autres informations et qu'elle ne m'infligeât aucune punition. Je devins plus sage, plus pieux qu'auparavant : l'impression que j'avais reçue était si forte que lorsque mon frère Dithelm eut le malheur de me casser le bras, je crus recevoir par cette souffrance corporelle la punition méritée pour m'être *enivré.* Il y a vingt-six ans maintenant que j'ai commis cette faute, elle me sert encore de préservatif et elle m'a constamment éloigné de tout excès dans l'usage de la boisson.

» O bon Dieu ! combien tu opères souvent de grands effets par de faibles moyens ! — Combien tu m'as promptement et simplement montré que toutes choses, même le péché, même notre propre folie, tournent au bien de ceux que tu aimes !... »

Ce fut peu de temps après cette fâcheuse aventure que Lavater eut le plaisir de voir un homme *célèbre :* cet homme était Wieland, littérateur élégant, classique, et qui sut traiter avec supériorité tant de sujets divers qu'on le nommait parfois le Voltaire de l'Allemagne. Son arrivée fut un évènement dans Zurich : le petit Gaspard ne pensa plus qu'à lui ; il ne le rencontra qu'une seule fois, mais l'expression des traits de Wieland et toute sa manière d'être demeurèrent comme gravés dans l'âme du jeune physionomiste. « Wieland, dit-il, est le premier homme qui ait produit sur moi une vive impression ; il ne m'attira pas à lui, mais il me frappa singulièrement, et cette sorte de surprise fut le seul résultat de notre première entrevue. »

Lavater, en approchant de l'adolescence, demeurait tout aussi étourdi, tout aussi superficiel qu'il l'avait été dès sa première enfance; il ne savait rien à fond et se reposait sur sa facilité naturelle pour apprendre rapidement ce qu'il devait absolument savoir ; le goût de la lecture se développait en lui, mais il lisait mal, sans aucune suite, car il manquait de patience et de persévérance. Ces qualités furent plus tard conquises par l'impulsion religieuse déjà si active en lui.

La prière, à travers toute ma légèreté et mon étourderie, demeura constamment un invariable besoin de mon cœur, une nécessité de mon être. Elle me soulageait sans cesse dans les embarras et les difficultés que les hommes et leur sagesse n'auraient pu aplanir. Si j'avais babillé pendant le service divin, si j'étais *noté* et menacé d'une juste punition, je priais de cœur et le châtiment n'avait pas lieu. Cherchait-on à découvrir quelque circonstance que j'aurais voulu tenir cachée, et qui aurait pu causer du trouble dans la maison, je priais, et la chose était oubliée. Avais-je dépensé tout mon argent en friandises ou en aumônes, ou l'avais-je perdu lorsqu'il fallait en rendre à ma mère un compte parfaitement exact, je priais encore, et sans rien demander, il se trouvait que mon grand-père ou mon père me donnaient ce dont j'avais besoin. On ne peut se figurer à quel point ma foi était fervente à cette époque de ma vie, à quel point je comptais sur le secours de Dieu lorsque je me trouvais dans l'angoisse ou le chagrin. Je me souviens d'une circonstance de ce genre qui mérite d'être rappelée. J'avais écris un thème latin, et oublié dans le mot *revelata* la syllabe *ve*; déjà l'examinateur avait en mains mon cahier; je ne puis mieux peindre mon enfantine confiance en Dieu qu'en disant qu'aussitôt je me mis à lui demander de corriger ce mot et d'écrire au-dessus un *ve*, en encre bien noire; le moqueur pourra rire, l'incrédule douter et l'insensé parler de hasard, mais le fait est que la syllabe *ve* se trouva tracée là où elle devait être, et que j'obtins un *sans faute*, au lieu de la correction que je redoutais. C'était, je le suppose, un effet de la bienveillance du maître envers moi ; peu importe, la chose eut lieu et cela me suffit. J'avais un Dieu qui m'avait enseigné à le prier et qui m'entendait, un Dieu dont je n'aurais pu me passer, parce qu'il venait à mon aide. — Oh! que ne puis-je posséder encore l'heureuse et entière simplicité de mon jeune âge! le souvenir en fait couler mes larmes.

Une habitude bien opposée à l'amour de Dieu et à la délicatesse de sentiment naturelle à Lavater était celle qu'il avait de prononcer des jurements et des paroles dures et grossières : lorsqu'il se laissait emporter par son extrême vivacité, qu'il se croyait offensé ou qu'il voyait un de ses camarades traité avec injustice, il vomissait un torrent d'injures et ne cessait de vociférer qu'après avoir épuisé son triste vocabulaire. Sa mère cependant prenait grand soin de l'éloigner de toute mauvaise compagnie, et lui faisait sentir le danger des jurements et des mauvais propos; il ne l'écoutait pas sur ce point important. L'un de ses maîtres, le prenant un jour sur le fait, le réprimanda avec tant d'énergie que la honte qu'il en éprouva lui fit enfin comprendre sa faute.

L'enfant remarquable dont nous avons étudié le développement va devenir un jeune homme; il quitte le collége et commence ses humanités. Voyons-le dans cette nouvelle phase de sa vie; rien encore n'annonce en lui les dons brillants qui le distinguèrent plus tard.

CHAPITRE II.

Lavater étudiant. — Ses amis. — Sa correspondance. — Calomnie. — Affliction. — Sermon d'épreuve.

« Ainsi donc, dit Lavater, en parlant de son entrée au *Collegium humanitatis*, me voici étudiant. — Un homme nouveau sans doute ; je le crus un moment, mais je vis bientôt que rien en moi n'était changé. J'entrai cependant au collége avec un profond sentiment de l'importance de ma future profession ; je me sentais religieusement ému à cette pensée ; je me réjouissais de la vie nouvelle que je me figurais devoir commencer pour moi. Je contemplais avec un œil de mépris les jeunes gens qui vivaient sans plan, sans but positif, et je me disais : Si Dieu le veut, tu seras un brave homme, un bon pasteur... »

Quoiqu'il fût placé sous la direction de plusieurs professeurs d'un grand mérite, Lavater ne se distingua nullement ; il dit lui-même qu'il n'était qu'un étudiant médiocre et que plusieurs de ses condisciples, qui jamais ne s'élevèrent au-dessus du vulgaire, étaient placés beaucoup plus haut que lui. Le tremblement de terre qui se fit sentir à Zurich en 1755, et la mort de son frère aîné, qui eut lieu peu après cet évènement, produisirent sur son âme une impression profonde et salutaire ; il travailla avec plus de zèle et crut que sa piété s'affermissait ; mais les sensations pénibles que lui avaient fait éprouver le lit de mort de son frère et la scène d'effroi qui avait jeté l'épouvante dans la ville, furent si profondes et si durables que pendant longtemps il ne put se résoudre à demeurer seul un quart d'heure ; il se croyait poursuivi par des apparitions et des fantômes ; cette faiblesse nerveuse ne cessa qu'au bout de plusieurs années ; une fois qu'il l'eut vaincue, la solitude lui devint si chère qu'il la mettait au nombre de ses plus vives jouissances.

Lavater entrait dans l'âge des amitiés sacrées, des amitiés de choix qui souvent embellissent la vie entière ; son cœur était vivement porté à contracter ce genre d'alliance ; il en forma plusieurs et se livra avec ardeur au plaisir d'entretenir un commerce épistolaire, actif et détaillé, avec les amis dont il était quelquefois séparé.

Deux hommes qui travaillaient alors avec succès à ranimer la littérature suisse, Bodmer et Breitinger, discernèrent promptement l'élévation des sentiments de Lavater; Bodmer surtout se plaisait à l'attirer chez lui et lui fournissait l'occasion de développer ses talents poétiques, durant de longues et intimes promenades, dont l'influence fut très-heureuse pour le jeune étudiant.

Une lettre adressée, en 1759, à son ami Jacob Hess, montrera comment Lavater comprenait l'amitié au commencement de ses études philosophiques; il avait alors dix-neuf ans. « Je ne pense pas, cher ami, que l'amitié puisse se contenter de mots écrits : tu ne peux gouverner à ton gré un cœur ardent, un cœur aimant; c'est lui qui te gouverne; celui qui le possède sent trop fortement pour qu'il lui soit nécessaire d'emprunter le secours de la plume et du papier, afin de remplir les lacunes du sentiment par des phrases composées à loisir. Il me semble que tes impressions personnelles ne sont jamais aussi animées que sous ta plume; et moi j'éprouve le contraire, elles se refroidissent en les écrivant...

» Je t'avoue franchement que je ne trouve aucun plaisir à composer pour un véritable ami de longues lettres remplies de phrases sur mon affection pour lui; rien n'est plus fort et plus bref qu'un attachement sincère, il s'exprime en peu de mots, etc. »

L'amitié, telle que Lavater la comprenait, n'était donc pas seulement propre à répandre sur la vie des jouissances pures et délicates; il voulait qu'elle répondît aux besoins les plus élevés de l'âme et qu'elle fût basée sur l'amour du bien, sur l'estime réciproque, sur la parité des opinions religieuses, en un mot sur les sympathies les plus réelles et les plus profondes. — Son cœur cherchait des amis prêts à traiter avec lui les sujets intellectuels dont il aimait à s'occuper; la vie intérieure, la vie de l'âme était celle qui devait fournir matière à sa correspondance; il n'eût point goûté un échange de communications superficielles, une liaison semblable à celles de la plupart des gens qui se disent amis et s'écrivent à ce titre.

« Je puis t'assurer, écrivait-il à l'un de ses correspondants intimes, que les lettres les plus sérieuses, lorsqu'elles me sont adressées par quelqu'un qui aime à penser, à réfléchir, sont celles qui me causent le plus de joie. Je trahis peut-être en cela un goût un peu singulier, mais il me semble que l'on doit toujours traiter de quelque chose dans une lettre. La parole s'en va, les lettres heureusement demeurent ; j'entends celles qu'on peut relire avec un vrai plaisir et qui ne contiennent pas seulement quelques drôleries, quelques petits faits, mais plutôt une nourriture salutaire à l'âme ; les lettres qui me viennent de bons amis dont je connais la droiture de cœur me causent une des plus grandes joies que je puisse goûter. »

Quelques fragments de lettres écrites à dix-huit ans, à cet âge où les choses sérieuses ont si peu de prise sur l'âme, nous montrent ce que Lavater entendait lorsqu'il disait à ses amis qu'il fallait parler ensemble *de quelque chose*.

Il les entretient du mal, de ses effets, du jugement dernier, du prix du temps, de la rédemption, et partout éclatent son amour, sa reconnaissance envers Jésus-Christ, son désir de vivre dans l'espoir d'une heureuse éternité, son besoin de rattacher sans cesse son existence d'homme à celle que la mort commencera pour lui. Un morceau sur le prix du temps, à la fin d'une lettre à un ami, donnera une idée du sérieux qui dominait cet éminent jeune homme et de la richesse de son imagination, dirigée de si bonne heure vers les choses d'en haut.

Par où commencerai-je à te chanter, ô temps ! père de l'éternité... Quelles nuées de pensées se pressent dans mon âme. *Prix du temps*, tu les engendres toutes. — O

Créateur ! combien tu fus digne d'adoration et de louanges lorsque tu créas le temps. — Tu le fis comparaître devant la première nuit qui couvrit l'Univers, ton ouvrage ; — il fut appelé et chargé des mondes et des cieux; l'existence des choses fut alors évoquée du fond du néant pour éclore dans une resplendissante lumière : c'est alors que le temps fut lié à l'éternité. Lorsque, pour la seconde fois, tu contempleras la création tout entière et que tu la parcourras sur les ailes du tonnerre, tandis que les étoiles tomberont et que des soleils éteints des mondes nouveaux viendront à paraître, alors le temps ne sera plus. — Je pleure sur toi, qui fuis sans bruit, comme sur la tombe d'un père, toi, notre ami, trop souvent méconnu. — O temps ! qui au moment de ta fin, quand l'éternité naîtra de toi, t'élèveras contre moi, témoigneras contre moi, laisse-moi te saisir un instant ; que tes ailes rapides s'abaissent un instant sur moi et qu'elles emportent toutes mes aspirations vers toi... mais tu t'enfuis toujours, rien ne t'arrête...

Oh ! quelle pensée saisissante... chaque pas, chaque mouvement, chaque émotion de l'âme, chacune de mes paroles, chacun des mots qui échappent à ma plume sont emportés par ta main rapide pour être remis à la masse des choses passées... les ailes du temps, partout présentes, les enlèvent pour le grand jour du jugement. — Recevons, ami, chaque instant avec gratitude ; — le temps aime à être accepté avec reconnaissance ; les heures, les moments bien employés se réjouissent d'avoir à garder pour nous quelques fruits, qui, présentés à Celui qui connaît les cœurs, pèseront en notre faveur au jour des révélations et du jugement suprême. C'est pourquoi le temps est précieux, les heures, les minutes sont précieuses ; quelque rapide que soit le vol du temps, l'usage que nous en faisons est immortel, qu'il amène une punition ou une récompense; oui, le temps est précieux, car la valeur de milliers de mondes, comparée à celle d'un instant de grâce accordé au pécheur que l'enfer aurait englouti et qui se verra admis à la vie éternelle, cette valeur n'est rien; — *précieux*, car il nous dit sans cesse: Ne me méprise pas, je donne l'éternité...

Lavater s'occupait souvent de la même pensée, l'importance, le prix du temps; il croyait de son devoir d'attirer l'attention de ses amis sur l'usage qu'ils en faisaient eux-mêmes; il avait eu le bonheur d'être vraiment utile à l'âme de l'un d'eux, et voici comment il lui rappelait l'anniversaire d'une conversation pieuse qui avait été bénie.

Il y a un an que j'ai eu la joie de ranimer dans ton cœur, avec l'aide de l'amour de Dieu, la piété, ce feu sacré qui s'était affaibli, mais qui n'était pas entièrement éteint. Mon ami, songe aux heures qui pendant cette année, et pendant la vie entière, s'amassent silencieusement pour paraître en jugement; leurs voix s'élèveront pour ou contre toi comme l'orage qui ébranle les forêts de chênes et ne se calme point aux cris de l'enfant, égaré dans l'obscurité. En songeant que tu dois rendre compte de chaque mauvaise parole dans ce grand jour du jugement, n'oublie pas que Celui devant lequel toutes choses mises à découvert est le Seigneur lui-même, Celui dont le sang a coulé pour toi et pour celui qui t'écrit...

La curiosité et le talent du physionomiste se

développent aussi dans la correspondance juvénile de Lavater ; il demande à ses amis, comme une grâce à lui faire, de lui envoyer leur *portrait*, et pour les encourager il trace le sien en ces termes :

Un homme d'une taille assez élevée, maigre, d'apparence féminine. Le sourire est un des mouvements habituels de ses lèvres, mais le sourire de son âme n'est excité que par des choses graves...

Cette phrase seule suffirait pour déceler une nature supérieure, une âme bienveillante, sérieuse et chez laquelle l'imagination domine.

Son tempérament rend son imagination vive et passionnée ; il ne peut guère demeurer dans le juste milieu. Sa passion de connaître tout ce qui se présente à lui et d'apprendre sans cesse, montre qu'il est léger, entraîné à tout vent ; il en est résulté que dès son enfance il aima ceux qui l'instruisirent.

L'amour de l'humanité remplit son cœur, mais c'est un don de la nature et nullement une vertu.

Si l'œil de sa raison était constamment fixé sur le but de son être, il serait capable de grandes choses. Quand il aime c'est avec chaleur ; il ne peut haïr longtemps ; il se pourrait que son affection trop aveugle pour ses amis l'entraînât à quelque bassesse, à quelque lâcheté. Lorsqu'il pense aux suites que peuvent avoir les attachements que rien ici-bas ne saurait rompre, à l'éternité de l'homme, à la dignité du chrétien, il prend en pitié son enveloppe d'argile et le poids de la mortalité qui pèse sur lui ; son âme est alors remplie d'une sainte joie ; mais il est aussi assez petit, assez faible pour se rattacher peu après ces ravissements à la poussière dont il est formé. Il est possible que son détachement momentané soit causé par la légèreté d'esprit aussi bien que par des sentiments plus élevés.

Voilà comment il se connaît lui-même; ce qui ne change pas, ce sont les affections de son cœur : — ainsi se compose le caractère de votre fidèle Lavater.

Le portrait de son ami Henri Hess fut l'un des premiers qu'essaya le futur physionomiste; il le traita avec une parfaite vérité.

L'étude des sciences naturelles faisait partie de ses travaux d'étudiant ; ce fut, pour lui, un sujet de jouissances toutes particulières et qu'il rattachait à son but, le service de Dieu. En envoyant quelques dendrites à Félix Hess, il lui écrivait : « Ces dendrites méritent d'être placées dans une collection, mais j'apprends avec chagrin que vous n'êtes plus amateur d'histoire naturelle. Comment cela est-il possible? Cette science est un des degrés qui nous rapprochent de Dieu. J'en dirai autant de la poésie ; elle n'est pour moi qu'une manière de sentir Dieu, de penser à lui ; celles de mes poésies qui me semblent valoir quelque chose n'ont pas d'autre caractère. Dieu doit être aussi mon but dans la contemplation et l'étude de la nature, tout comme il m'inspire quand j'écris des vers. —

C'est lui qui est près de nous. — Il ne faut pas vouloir le subtiliser dans la nature, le découvrir, le supposer; il faut le prendre pour guide. Le temps est précieux ; comptez la valeur de chaque moment ; l'heure de la mort approche sans cesse; derrière elle est l'éternité. Pour moi il est une chose dans laquelle je trouve mille fois plus de joie que dans toutes les autres; c'est *mon Dieu*, qui jugera le monde entier, mon Dieu qui s'est fait homme par amour pour moi, qui m'a réconcilié avec lui. — Oh! que je suis heureux, mon cœur est pénétré du sentiment de son immortalité! »

Ainsi revenaient sans cesse les tendres effusions de cette piété ardente, vie intérieure qui n'eût été qu'une occasion de joie continuelle si Lavater n'avait aussi porté son regard pénétrant sur les misères de son âme; il les sentit de bonne heure avec autant de force que l'amour et la reconnaissance si naturelles à son cœur aimant et plein d'enthousiasme. Il alliait à un très-haut degré la piété pratique et les élans de l'imagination ; loin de se livrer à ses pieuses rêveries chrétiennes et de se borner à tracer des pages, étonnantes par leur vigueur de coloris et la ferveur qui les dicte, sur les tourments de l'âme du méchant à l'heure de la mort, le jugement qui le condamne, le vide et le danger de la philosophie ou d'autres sujets qui devaient captiver ses facultés graves et brillantes, nous le voyons s'attacher avant tout à la lecture de la Bible et se passionner pour les Livres saints comme l'ont fait d'autres hommes, lumières de l'Eglise, après que l'orage des passions a passé sur eux et qu'ils sont demeurés convaincus, par expérience, des vérités et des beautés suprêmes qu'ils n'avaient point comprises pendant les vacillations et les erreurs de la jeunesse.

« Tout ce qui peut rendre les hommes heureux dans ce monde et dans le monde à venir, dit-il à l'un de ses amis, leur est démontré dans la Parole de Dieu de la manière la plus claire, la plus puissante, la mieux fondée. Il n'est aucun des livres destinés à nous rendre plus sages, plus vertueux et plus heureux que nous ne le sommes qui parvienne à nous montrer les choses avec l'*évidence* que déploie l'Ecriture-Sainte. Ce sera le premier texte que je traiterai, celui que je soutiendrai sans cesse. »

Nous avons vu Lavater choisir par une impulsion subite et enfantine la profession qu'il a exercée avec tant de zèle et de succès, mais cette sorte d'inspiration ne l'empêcha pas de comprendre la nécessité d'un examen sérieux de la part des jeunes gens incertains à l'égard de la carrière qu'ils doivent suivre. Il s'occupa avec une vive sollicitude de la situation de son ami Henri Hess, au moment où celui-ci hésitait entre l'exercice du saint ministère et le commerce, auquel il finit par se vouer.

Nous traduisons une partie de la lettre qu'il lui écrivit à cette occasion ; c'est toujours un jeune homme de dix-huit ans qui parle ; il commence par la prière, acte familier à son âme et que sa plume exprime si souvent.

« O Seigneur, bon Père, Ami des hommes, je t'adresse mes supplications pour moi aussi bien que pour mon bien-aimé, pour celui qui t'aime. — Montre-lui, ô Père! le chemin qu'il doit suivre ; rends-le capable de suivre ton bon conseil. — Fais, ô Père des lumières, qu'il puisse devenir une lumière propre à conduire la race humaine égarée et corrompue. — Montre-lui à quelle carrière tu l'as destiné ; fortifie-le dans la vertu, dans l'amour du bien et celui de ta connaissance. — Daigne guider à cette fin, ô toi qui sondes les cœurs, mon cœur et ma main, afin que tout ce que je lui dirai lui soit utile. — Dirige-nous tous deux, ô mon Dieu ! écoute-moi, je t'en supplie.....

» Lorsqu'un homme a la noble intention de vivre pour la gloire de Dieu et de se rendre utile à ses semblables, il faut qu'il examine avec soin de quelle manière il doit chercher à atteindre son but.

» Il faut qu'il étudie son tempérament, les forces de son corps et celles de son âme, et qu'il jette un regard scrutateur sur ses faiblesses, ses habitudes et ses dispositions fâcheuses : il faut qu'il mesure, pour ainsi dire, les facultés qui sont en lui aux difficultés que présente chacun des états entre lesquels il peut avoir à choisir ; il faut qu'il se suppose dans les cas particuliers à ces différentes situations. S'il se juge capable d'exercer convenablement deux de ces professions, il doit pousser son examen plus loin, étudier les circonstances probables que chacun peut reconnaître autour de soi, et chercher toujours davantage à juger impartialement de sa propre capacité; il doit écouter la voix intérieure et prier avec persévérance. Pour un cœur vraiment animé par des vues droites et nobles, le meilleur, le seul moyen de s'arrêter à un bon choix, c'est d'élever à Dieu des prières ferventes et souvent répétées. »

Lavater peint ensuite avec éloquence toute la beauté de la carrière pastorale, la responsabilité qui pèse sur l'homme qui annonce et prêche l'Evangile, les nombreux devoirs qu'il doit remplir chaque jour et les saintes joies attachées à une telle vie.

« Qu'il est beau, cher ami, d'éclairer les hommes égarés dans la voie du péché ! — Qu'elle est agréable, qu'elle est digne d'amour la profession qui consiste à élever nos semblables d'après la volonté de Dieu et pour le bien de la patrie ! — Quelles salutaires impressions un véritable pasteur ne peut-il pas faire naître par le seul exemple de sa vie ! Un tel homme montrera comment un grand nombre des affaires de ce monde peuvent être traitées, directement ou indirectement, à la gloire de Dieu. — Qui saurait calculer le nombre d'hommes qui peuvent, dans une petite république, être amenés, par de tels moyens, à la piété et au bonheur ?... Ne croyez pas que vous soyez incapable de remplir une si belle tâche ; *demandez et il vous sera donné, cherchez et vous trouverez.* »

Lavater exhorte encore cet ami si cher et demande pour lui la direction suprême, l'appel de Dieu. — « Qu'il fasse ta volonté, ô mon Dieu, que ses prières soient exaucées... »

Il est à supposer que la lettre de Lavater exerça une grande influence sur l'incertitude de son ami ; c'était un miroir pur placé devant ses yeux, une lumière vive jetée sur le sentier apostolique dans lequel Lavater cheminait avec foi et bonheur ; Hess recula, ne se sentant pas capable d'y marcher.

L'intimité religieuse que Lavater se plaisait à entretenir avec ses amis, particulièrement avec les frères Hess, ne tarda pas à leur faire prendre en dégoût l'insipidité des conversations ordinaires entre jeunes gens et l'ennui des sociétés du dimanche ; les trois amis se réunirent donc dans l'intention de mettre leur temps à profit et de se livrer sans contrainte à leurs méditations favorites ; leur grave plaisir fut mal compris et mal interprété ; on accusa Lavater de vouloir isoler et dominer ses compagnons d'étude, et de les entraîner dans une mauvaise voie; la piété de l'étudiant en théologie dépassant toute mesure, on en conclut qu'il devait se faire apôtre d'athéisme et d'hypocrisie : il pervertissait ses amis, la chose était positive.

Cette étrange calomnie déchira le cœur de Lavater : il écrivit aux deux membres de la société intime, si singulièrement dénoncée, une lettre qui nous initie dans sa manière de sentir l'amitié et montre à découvert la délicate susceptibilité de son caractère.

« Je ne suis nullement porté à vous prêcher la tristesse, vous le savez, chers amis..... Dans une de mes dernières lettres j'ai développé mes pensées sur ce passage : *Soyez toujours joyeux* (1 Thes. V, 16). — Aujourd'hui il faut que je vous confesse avec une vive douleur que je ne suis pas assez avancé dans la voie chrétienne pour être *joyeux*. Si vous êtes convaincus de quelque chose en ce monde, vous devez l'être de mon affection pour vous, de la tendresse que je ne sais comment vous exprimer... Mais, hélas! un ennemi est venu semer de l'ivraie dans notre champ. — Quelle épreuve pour moi, quelle douleur pour une âme aimante! — Combien la supposition d'un mensonge blesse une conscience délicate, d'un mensonge qui, s'il était fondé, me dénoncerait comme l'être le plus méchant ou le plus stupide! — A peine m'aviez-vous quitté, que j'ai dû entendre le plus sanglant reproche, et cela à cause de vous.

» On prétend que je vous égare, que je vous perds, que je ne suis pour vous qu'un vil séducteur : vous savez comment je vous aime, et si ma conscience peut être en repos sur ce point ; ma plume a peine à m'obéir tant mon cœur est navré ; — je suis brisé, désolé ;. — un frisson n'attend pas l'autre ; — je tremble de la tête aux pieds.

» Quelle épreuve, chers amis, et pour vous et pour moi! O Dieu ! fais connaître la vérité ; confonds les calomniateurs !...

» Je ne puis penser sans frémir à poser le pied sur le seuil de votre maison. — En quoi ai-je forfait à notre sainte, à notre éternelle amitié? — Que ma conscience parle haut ; qu'elle dise devant Dieu en quoi j'ai cherché à vous nuire, à détourner vos âmes, à les séduire, les âmes de mes amis!!!

» Quoi ! j'ai choisi les soirées du dimanche pour vous inculquer les principes affreux du scepticisme, de l'athéisme... Vos parents aimeraient que vous ne m'eussiez jamais connu... ma présence chez vous est pour eux comme un coup de poignard! Grand Dieu! quelle affliction!... je ne sais ce que je dis; — perdrai-je mes amis, ma réputation, tout enfin?... Faudrait-il renoncer à vous voir?... non, cela ne se peut, la mort seule nous séparera... Il est vrai que je vous ai engagés à ne plus dissiper vos loisirs du dimanche en vaines paroles, en jeux insipides, etc. ; dites-le à votre tour ; je voudrais pouvoir parler un instant à Mme votre mère, et lui adresser quelques questions. — O bonne Providence! ne m'enlève pas mes plus douces joies, ne m'ôte pas mes bien-aimés. — Je voudrais pouvoir pleurer dans vos bras, m'abandonner à ma tristesse ; — mes larmes coulent pendant les heures de la nuit.

» Que Dieu vous bénisse, chers amis ; — partagez-vous ma peine?... Que Dieu vous aide dans l'épreuve, qu'il ouvre les yeux de ceux qui ne voient pas clair.

» Votre Lavater, oui, votre Lavater et non pas votre séducteur... »

Cet élan de désespoir nous fait sentir combien Lavater était impressionnable, combien il était passionné. Il contemplait avec la même énergie les mystères de la passion du Sauveur et les traces du mal en son âme. Le sacrifice et les souffrances de Jésus lui causaient une émotion sans cesse renaissante et qui le portait à sentir la nécessité de l'expiation, résultat de ces douleurs humaines et divines.

« Qui s'avance vers Golgotha? s'écrie-t-il. — Qui a planté l'arbre maudit dont on a tiré la croix portée par le Seigneur lui-même? Où a-t-on pris dans la terre le fer odieux qui devait percer la main et les pieds de ce bienfaiteur des hommes? — Mais toi, Seigneur, tu ne te plains pas : — c'est toi qui as permis que cet arbre grandît afin qu'il pût un jour fatiguer tes épaules chargées du poids de nos péchés ; c'est toi qui as permis que le fer qui devait faire couler ton sang se formât dans quelque roche obscure... Oh! amour de mon Dieu, ta seule pensée me remplit d'une amère et douloureuse gratitude...»

Ainsi, dans cette âme ardente, tout le feu de la jeunesse, toute l'impulsion poétique si fortement prononcée, se développaient en contemplations mystiques, appuyées sur l'étude assidue de la Parole de Dieu et nourries par une tendresse de cœur toujours dirigée vers des objets d'affection purs et honorables...

Nature d'élite, s'il en fut jamais, que celle de Lavater; nature où la douleur causée par le péché se réveillant constamment au sein de l'extase et des espérances les plus vives et les mieux fondées, aurait pu faire croire qu'il se passait en lui quelqu'un de ces combats terribles pendant lesquels l'homme naturel succombe pour se relever ensuite... Il éprouvait les luttes mystérieuses à travers la vie la plus simple et la mieux réglée, et ressentait les angoisses du péché comme si le devoir n'avait pas été un de ses guides habituels et comme si la foi faiblissait dans son âme...

C'est qu'au milieu des transports d'adoration et de pieuse tristesse qui s'emparaient de lui, il retournait à la pratique de la vie, à l'épreuve de tous les moments, et là se montraient la misère de chacun, le péché dans sa laideur et dans sa ténacité. Il trouvait à cette étude domestique et journalière d'amples motifs de combats et de douleur profonde ; les petits manquements si fréquents, si habituels auxquels on prend si peu garde, revêtaient à ses yeux les proportions des grandes fautes, des chutes graves, dont l'absence ou la cessation établissent trop souvent une sécurité presque permanente chez les chrétiens de trempe ordinaire.

« Je suis enfant, frère, ami, dit-il dans une de ses lettres à Félix Hess; osé-je dire que je m'acquitte de mes devoirs envers mes parents avec autant de cœur et d'empressement que je voudrais en voir déployer à mon égard par mes propres enfants si jamais je devenais père ! Il est vrai qu'aucun de mes devoirs ne me paraît plus facile et plus doux à remplir que ceux d'un fils affectueux et soumis, mais il est vrai aussi que je ne vois point les faiblesses qui sont communes à mes parents et à tout le monde, et qui chez moi sont bien plus à blâmer que chez eux, avec l'indulgence qu'ils ont constamment pour les miennes.

» Je suis *frère*. — Si je veux avoir occasion de m'indigner de ma coupable inactivité, certes, la voici. Dieu sait combien je fais peu pour mon frère; je dois être honteux de moi-même, lorsque je me compare à toi, bon ami et beaucoup meilleur frère que je ne le suis pour toi !... Combien souvent l'impatience, l'irrésolution, la froideur, la paresse m'empêchent d'agir envers toi comme je le devrais !

» Je suis *ami*. — Ici tu croiras peut-être que j'ai peu de reproches à me faire, surtout en ce qui te concerne; je le croyais jusqu'à présent;

je voudrais n'en avoir pas plus à m'adresser à l'égard de tous les autres hommes, mais il n'est point sage de se contenter à si bon marché et de se flatter ainsi sur un point qui nous est agréable. J'ai plusieurs sortes d'amis; aucun ne m'est aussi cher que toi; il est vrai que je t'aime sincèrement, fortement, passionnément, — que je ne pourrais t'aimer davantage. — Mais réponds-moi sans flatterie. Ne pourrais-je pas t'être plus utile? Ne pourrais-je pas t'aimer d'une façon plus noble, plus chrétienne, moins personnelle surtout?

» Combien il nous faut d'efforts pour parler ensemble de Jésus et de son amour? Combien il est rare que nos âmes s'épanchent l'une dans l'autre avec une entière sincérité, avec une pureté qui puisse plaire à Dieu! Combien nous oublions de le prier ensemble de nous aider à vivre, à agir, à parler et à penser pour sa gloire et comme il veut que nous parlions, que nous pensions, que nous agissions! »

Ce fut dans l'année 1761 que Lavater eut à prêcher son second sermon d'épreuve sur ce texte, Ecclés., VII, 3 : *Il vaut mieux aller à une maison de deuil, que d'aller à une maison de festin; car on voit dans celle-là la fin de tout homme.*

Ce discours était écrit dans les formes alors en

usage, mais le jeune prédicateur sut échapper à ce cadre obligé et montra, dès son début dans la chaire de vérité, le sérieux de son esprit et la réalité de sa vocation. Ses condisciples conservèrent le souvenir de la dignité, de la pieuse gravité avec laquelle il se présenta à ses auditeurs. Les étudiants causaient ensemble avant l'entrée des professeurs, lorsque Lavater leur dit avec émotion ces paroles, remarquables en pareille circonstance : « Puisse notre Dieu ne pas me laisser quitter cette chaire sans que j'aie pu faire naître en vos cœurs une émotion salutaire et qui puisse servir au perfectionnement de vos âmes! » — La plupart des étudiants auraient prononcé machinalement cette phrase ; de la part de Lavater elle était parfaitement sincère, et la suite couronna son pieux désir; il fit ce jour-là une impression profonde sur plusieurs de ses audieurs.

On le vit tirer parti, avec l'habileté d'un orateur consommé, d'un incident favorable qu'il n'avait point prévu. — Il était assez avancé dans son discours lorsque l'heure qui devait en marquer la fin s'approcha. « Nous n'avons point ici-bas de cité permanente, disait-il ; nous ne sommes que des étrangers et des voyageurs sur la terre. — Combien je serais heureux si je pouvais vous rendre cette vérité présente ! Nous sommes mortels et l'heure de notre mort ne demeurera point suspendue. — Chaque instant de notre vie ne nous en rapproche-t-il pas ? — Chaque pas ne nous jette-t-il pas vers l'éternité, tous nos moments ne sont-ils pas comptés ? » L'horloge se mit à sonner. — Lavater s'arrête, laisse compter les coups mesurés, puis reprend la parole avec solennité. — « Ecoutez, frères, — l'heure est écoulée, oui, cette heure même est écoulée et sans retour ; nous sommes tous plus près d'une heure de celle de notre mort ; etc. »

Celui qui sait profiter du moment avec autant d'âme et d'à-propos en prêchant pour la seconde fois, est certainement appelé à s'acquitter dignement de la mission qu'il a acceptée, et saura exercer une grande influence.

Peu de temps après sa consécration au saint ministère, il écrivit à son ami Félix Hess, qui venait de débuter à son tour : « Est-il vrai ? Quoi ! tu as prêché aujourd'hui ? As-tu réussi ? — je veux le croire ; dis-le-moi. — Ah ! pense à ce que c'est que de parler au nom de Dieu à des êtres immortels ! Que ces paroles de saint Paul te soient toujours présentes : — Nous ne nous prêchons pas nous-mêmes, mais Jésus-Christ. Oh oui ! cher ami, pense avec calme et avec toute la force de ta raison à ce que c'est que de se dire serviteur et ambassadeur de Christ, afin que tu ne sois jamais tenté de te relâcher, de renier le Seigneur, mais plutôt que tu te tiennes prêt à paraître devant lui plein de joie et en état de lui dire ce qu'il a dit lui-même à son Père : *J'ai achevé l'ouvrage que tu m'as donné à faire ; je t'ai glorifié sur la terre.*

» Quoique toutes ces choses te soient familières, je ne cesserai pas de te les répéter, et si ces choses sont vraiment en ton cœur, tu ne te lasseras pas de les entendre. Plaise à Dieu que tu saches aussi me rappeler ces vérités et nos devoirs, qui devraient m'être déjà plus familiers qu'à toi. »

CHAPITRE III.

Affaire du bailli prévaricateur. — Succès de Lavater et de Fussly. — Leur départ pour Berlin. — Séjour à Barth. — Premiers travaux littéraires. — Correspondance. — Retour de Lavater à Zurich.

Parmi les hommes d'une piété ardente, on en voit demeurer très-sensibles au mouvement social et s'y mêler volontiers lorsque leur conscience les porte à agir. Ce genre d'énergie n'est point en contradiction *réelle* avec une profonde préoccupation religieuse, puisque les intérêts de l'humanité sont intimement liés à l'amour du prochain, devoir qui fait partie de l'amour de Dieu et dont les nuances sont infinies. Lavater était d'un naturel trop passionné pour ne pas se montrer l'un des chrétiens les plus actifs de son époque, et nous allons le voir, saisi d'une violente indignation, y donner carrière avec l'impétuosité de la jeunesse. Il aurait pu, afin d'atteindre son but, suivre une autre marche ou du moins réprimer l'excès de sa colère ; mais où est l'homme que les penchants qu'il eût dû combattre n'entraînent pas quelquefois, même lorsqu'il veut agir pour le bien du prochain et qu'il s'expose, pour y parvenir, à de véritables dangers ? Voici le fait ; grave épisode dans la vie de Lavater, et que son biographe raconte avec toutes les pièces du procès.

L'un des baillis de campagne choisis par la ville de Zurich, commettait depuis maintes années des exactions si criantes sur le peuple livré à sa merci, que la voix publique le désignait ouvertement comme un magistrat indigne ; mais le gouvernement le laissait continuer ses vols manifestes, et personne n'avait osé plaider la cause des opprimés. Deux amis courageux se liguèrent contre lui : Lavater, dont les parents étaient en relations intimes avec le bourgmestre en charge, premier magistrat de la ville de Zurich et beau-père du bailli coupable, et Henri Fussly, qui se fit un nom dans la peinture. Ils concertèrent ensemble une attaque anonyme dont l'effet devait répondre à leur attente. Lavater pensait avec raison qu'il était à propos d'agir de la sorte afin de ne pas compromettre son père et sa mère à l'égard de la famille qu'il voulait attaquer ; mais il abusa peut-être de la force qu'il puisait dans le mystère , et le sentit plus tard.

Le bailli , ayant accompli les six ans de sa charge, était de retour à Zurich, où il continuait à faire partie du gouvernement, supposant que les plaintes vagues qui s'élevaient contre lui demeureraient sans effet et seraient oubliées. Tout-à-coup il reçoit une volumineuse lettre signée J. G. L. , initiales du nom de Lavater, qui probablement se figurait qu'il serait deviné. Nous en citerons quelques phrases , afin de donner une idée du morceau tout entier.

27 août 1762.

C'est avec tremblement que je saisis la plume pour t'écrire, tyran, méchant hypocrite, le plus injuste de tous les magistrats, parjure, blasphémateur ; — mais c'est afin de t'engager à réparer tes injustices, autant du moins que tu le pourras. Tu peux encore trouver grâce, oui, tu le peux. J'ai quelque peine à ne pas employer envers toi des moyens plus énergiques que mes paroles, mais je veux attaquer ta mauvaise conscience en ne m'adressant qu'à elle.

Malheureux ! s'il te reste encore une étincelle d'humanité, une lueur de ce repentir que les cris redoublés de la conscience du méchant doivent faire naître, reconnais tes crimes, tes exactions redoublées, et repens-toi en examinant le registre de tes méchancetés. Vois les pleurs que tu fais couler, la misère dont tu es l'auteur; la douleur de tout un peuple. — Ouvre enfin les oreilles à tous les gémissements poussés vers le ciel, à toutes les malédictions et les amers reproches que tant de victimes de ton avidité, de ton égoïsme, de ta cruauté, répètent nuit et jour.

Peux-tu contempler les souffrances dont tu es la première cause et entendre les cris qui doivent te poursuivre, sans être saisi d'indignation contre toi-même, sans voir avec horreur l'argent que tu as volé, et sans te décider, s'il reste quelque vie dans ton mauvais cœur, à restituer le fruit de tes longues rapines?

Crois-tu, monstre, que Dieu te laissera encore longtemps impuni? Non : ton jugement est prononcé ; non : la vengeance divine approche : elle étend ses bras contre toi ; elle est lasse de tes injustices criantes ; peut-être est-il encore temps de retenir ce bras vengeur ; hâte-toi ; ne perds pas un jour ; ce que tu ne pourras plus restituer aux opprimés eux-mêmes, donne-le aux pauvres afin qu'ils prient pour toi et que le jugement de Dieu ne tombe pas sur ta tête coupable. Si tu méprises mes avertissements, il t'arrivera ce que tu n'attends pas : d'autres citoyens courageux t'accuseront hautement avec moi; nous nommerons toutes tes victimes, et je ne prendrai aucun repos que tu n'aies restitué ce qui ne t'appartient pas; et que l'épée de la justice ne nous ait rendu raison de ton indignité.

Cet appel formidable se prolonge et se varie sur le même ton. Lavater finit par donner deux mois au coupable, en lui promettant le silence s'il se décide à restituer les biens mal acquis, et, dans le cas contraire, lui annonce qu'il ne lui sera fait aucun quartier. Le terme accordé s'écoula sans que le bailli eût donné la moindre marque de repentir ; il se flattait que les choses en resteraient là ; mais Lavater n'était pas homme à ne point tenir sa parole. Le 24 octobre, les principaux magistrats de Zurich reçurent un pli cacheté, mystérieusement introduit dans leurs maisons, et contenant une pétition imprimée ou plutôt une plainte, écrite avec autant d'énergie que l'adresse au bailli, et qui, pour chacun, était accompagnée d'une devise ou sentence, appliquée avec une justesse si parfaite, que plusieurs de ces messieurs en furent plus vivement blessés que des reproches adressés à tous par la plume des deux amis. Ces sentences étaient, pour ainsi dire, le cachet de Lavater, la signature du physionomiste profitant de l'occasion d'exercer le talent supérieur qui prit plus tard un si grand développement.

On ne peut se figurer l'effet produit par l'écrit anonyme, non-seulement parmi les familles de la magistrature, mais dans la ville entière. Les exactions du bailli étaient assez connues pour que la voix publique se déclarât en faveur de l'audacieux inconnu qui en appelait à la justice du gouvernement ; aussi vit-on bientôt paraître un décret qui constatait l'existence de la pétition clandestine et demandait que les plaintes fondées sur la conduite du magistrat accusé fussent légalement transmises au bourgmestre en charge.

C'était déjà un grand succès obtenu par les deux amis, ignorés du public, quoique l'élégance de leur style eût fait supposer que l'auteur caché appartenait à l'école de Bodmer. Lavater entendait de toutes parts porter des jugements divers sur son entreprise et souffrait beaucoup du mystère qu'il gardait envers sa famille, dont les relations avec les principaux magistrats compliquaient la position à l'égard de leur fils L'appel adressé par le gouvernement forçait les deux amis à reconnaître leur œuvre; ils ne reculèrent pas devant cette nécessité, mais ce ne fut pas sans angoisse que Lavater se décida à se déclarer à ses parents comme l'instigateur de l'orage qui grondait sur la tête du bailli. La mère de cet indigne magistrat, femme du bourgmestre, était marraine de Lavater, qui avait reçu d'elle de nombreux témoignages d'affection. Ce n'était pas sans de fréquentes prières que Lavater se préparait à subir les conséquences de son acte patriotique; il était affligé à la pensée du chagrin que ses parents ressentiraient peut-être, et se décida, afin d'adoucir leur surprise, à se confier à l'un de leurs amis, M. David Weiss, antistès, dont il connaissait l'heureuse influence sur son père et l'excellent jugement. Plus de vingt réclamations avaient déjà été présentées au gouvernement ; le bailli avait pris la fuite ; le moment semblait favorable pour s'avouer l'auteur d'un acte de justice que les découvertes de chaque jour légitimaient, même aux yeux des personnes intéressées à la justification, que le coupable ne tenta par aucun moyen. Lavater, après avoir parlé à M. Weiss, qui voulut à son tour se rendre immédiatement chez le docteur, père du bouillant accusateur, alla se dévoiler lui-même au bourgmestre et à sa marraine ; de son côté M. Weiss s'acquitta de sa mission de manière à la faire réussir.

« Je viens, dit-il, vous féliciter de tout mon cœur de ce que vous avez un fils qui, non-seulement s'élève dans l'estime publique, mais qui est déjà grand par son action patriotique. » — Le père, vivement ému, écoutait avec anxiété la révélation qu'il lui fallait entendre; elle se termina par ces mots : « Félicitez-vous, M. le docteur, de posséder un fils qui a osé parler quand chacun se taisait; la justice, pour l'amour de laquelle il a osé s'exposer, le couvrira de ses ailes.»

A son retour chez lui, Lavater rencontra sa mère ; elle lui dit, avec une bienveillance et une dignité qu'il n'oublia jamais : « Mon Gaspard, je sais que tu n'as pas mis la main à l'œuvre sans Dieu et sans prières. — Tu seras aidé jusqu'à la fin. »

Alors arriva le jour où la commission, chargée de la poursuite de cette grande affaire, devait se rassembler. Lavater et Fussly comparurent et développèrent leurs motifs de conscience avec force et simplicité. Ils déclarèrent n'avoir pu garder le silence après avoir été instruits de la scélératesse du bailli et des souffrances de ses victimes ; ils firent enfin connaître leur première démarche, savoir, la lettre d'avertissement, qui n'avait amené aucune restitution. On leur demanda pourquoi, au lieu de choisir une marche aussi extraordinaire et aussi propre à irriter les esprits, ils n'avaient pas adressé leurs plaintes d'une façon moins violente et plus légale. Lavater répondit en lisant un éloquent plaidoyer dans lequel il prouvait que l'amour de la justice devait être plus fortement réveillé par leurs démarches énergiques que par des réclamations ordinaires, et que la douleur des opprimés recevait quelque soulagement par l'indignation publique. Une telle secousse était propre à ranimer le sentiment du devoir chez tous les magistrats et à redoubler la reconnaissance des administrés, qui voyaient leurs droits soutenus et leurs oppresseurs punis.

Ainsi Lavater rattachait son entreprise, taxée par quelques esprits étroits d'espièglerie de jeunesse, d'impertinence ou d'intolérable hardiesse, à des vues élevées et philanthropiques ; il n'avait été mu que par l'amour de l'humanité, tout en se servant d'expressions assez fortes pour que l'on pût accuser l'impétueux plaignant de manquer de mesure et de charité.

Le jour où Lavater devait paraître, on l'entendit prêcher avec la plus parfaite présence d'esprit, tandis que ses amis redoutaient pour lui quelque punition sévère ; on ne peut se figurer de nos jours ce qu'il fallait alors de courage pour oser attaquer en Suisse un employé supérieur de l'Etat, allié aux premiers magistrats. Il était naturel de craindre pour Lavater une rude expiation de sa courageuse franchise, mais les fâcheuses prévisions de ses partisans ne furent point réalisées.

Un autre bailli, coupable de malversations comme celui dont on instruisait le procès, saisi de remords, restitua plusieurs milliers de florins à ceux qu'il avait rançonnés ; ce fut encore un noble fruit de l'entreprise de Lavater et de Fussly.

Il était temps que ce jeune homme ardent étudiât le monde hors de l'enceinte de Zurich ; il lui tardait d'entreprendre quelqu'un de ces voyages d'instruction dont l'heureuse influence se répand quelquefois sur la vie entière ; s'il eût été seul, une jouisance de cette nature ne l'aurait satisfait qu'à demi ; ses compagnons d'étude, Félix Hess et Henri Fussly, son associé dans l'affaire importante dont nous venons de parler, se décidèrent à l'accompagner.

Les voyageurs novices choisirent Berlin comme premier foyer scientifique à visiter ; la gloire du grand Frédéric y jetait, à cette époque, l'éclat le plus vif. Un auteur chrétien, alors fort célèbre, Spalding, attirait aussi les trois amis, qui se proposaient de lui rendre visite à Barth, petite ville de la Poméranie suédoise, où il occupait le poste de premier pasteur ; ils ne doutaient pas qu'ils ne fussent favorablement reçus par cet éminent prédicateur, et se proposaient de profiter de ses lumières en conversant familièrement avec lui. Deux autres Suisses, le professeur Sulzer, de Winterthur, et M. Iezeler, de Schaffouse, se joignirent à eux ; on les accompagna en grande pompe d'amitié jusqu'à Winterthur. Lavater y rencontra son plus intime ami, Henri Hess, et lui dit adieu en consacrant les moments qui leur étaient accordés à un entretien élevé et sérieux, qui fut terminé par la prière.

Il est inutile de raconter que les voyageurs

recherchèrent avec empressement l'occasion de faire la connaissance des hommes marquants établis dans les villes qu'ils durent traverser ; quoique les entrevues accordées ne pussent être que de courte durée, Lavater sut en tirer parti et développa, en causant avec ces puissances intellectuelles, son esprit d'observation et sa connaissance du cœur humain. Il vit ainsi le savant théologien Ernesti, l'aimable et pieux Gellert, Zollikofer, Oeser, Gleim, l'un des meilleurs poètes de l'époque, mais sa plus vive curiosité se portait toujours sur Spalding [1], à ses yeux l'un des esprits les mieux doués et les plus lumineux, ainsi que l'un des plus zélés serviteurs de Christ.

[1] Jean-Joachim Spalding, célèbre prédicateur protestant et l'un des auteurs classiques de la littérature allemande, naquit, le 1er novembre 1714, à Tribbesees, ville de la Poméranie suédoise où son père était pasteur, et mourut à Berlin le 26 mai 1804 à l'âge de quatre-vingt-dix ans. Ses travaux littéraires furent nombreux et variés ; il publia plusieurs traductions du français et de l'anglais et vit à son tour ses ouvrages traduits en plusieurs langues ; les plus célèbres sont : *La destination de l'homme*, *Théorie de la morale, telle que peut l'enseigner une philosophie épurée par la religion*, et *Pensées sur l'importance des sentiments religieux*. Ses sermons sont encore comptés parmi les meilleurs que possède l'Allemagne ; une figure imposante, un extérieur distingué augmentaient l'effet de son éloquence ; il exerça une grande influence et fut plus d'une fois appelé à remplir des fonctions importantes dans le gouvernement de l'Eglise et dans ses rapports avec l'Etat.

Pendant son séjour à Leipzig, Lavater traça le portrait de plusieurs hommes remarquables ; c'était toujours par la partie noble et intéressante des âmes, dont il cherchait à découvrir les traces sur les traits du visage, qu'il se mettait en rapport avec elles ; l'intuition du bien était en lui la plus développée ; il éprouvait un grand besoin d'admirer, de donner des louanges, et ne s'efforçait point de rembrunir l'ombre de ses tableaux : nous citerons comme l'une de ses premières esquisses ce qu'il écrivit sur Gellert, alors à l'apogée de sa réputation littéraire :

Gellert, que nous n'avons vu que pendant quelques moments, trop rapidement écoulés, a la physionomie d'un chrétien à la pensée forte et philosophique. La raison et le jugement brillent dans son regard, un sentiment de probité et d'humanité sur ses lèvres... Toute sa personne décèle la faiblesse corporelle unie à une grande culture intellectuelle. On ne découvre dans ses traits aucune trace de la grande vivacité de ses pensées et de la légèreté de son style. Son *Cours de morale*, qui a charmé et attendri tout Leipzig, ne tardera pas à paraître.

Le 27 mars 1763, la petite *confédération intellectuelle* fit son entrée à Berlin à neuf heures du soir, par un beau clair de lune. Ils furent accueillis avec bienveillance par les hommes marquants dans les arts et les sciences. Fussly s'attacha particulièrement à visiter les artistes et les collections de tableaux et de statues; mais il goûtait aussi la conversation des hommes de lettres et des théologiens.

Lavater, de son côté, aimait le dessin, pour lequel il avait une aptitude particulière, et s'instruisait dans cette branche de l'étude des arts avec le peintre original qui, plus tard, obtint de grands succès en Angleterre.

Je dois à Fussly, dit-il quelque part, de bien bons conseils; il m'engagea souvent à ne pas dissiper mon temps en écrivant des choses inutiles et futiles : il ne voulait pas que je prisse l'habitude d'écrire sans penser avec quelque profondeur, etc.

Parmi les connaisseurs de Berlin, les trois amis eurent à se louer du baron d'Arnim, qui possédait une collection de peintures. Lavater vit chez lui le portrait de Spalding; il traça, en l'examinant, une des esquisses morales qu'il se plaisait à composer, et dont la parfaite vérité causa autant de surprise que de satisfaction à M. d'Arnim.

C'était surtout le grand Frédéric en personne que Lavater eût été curieux de voir; mais malgré toute l'importance morale de ce personnage historique, le physionomiste républicain ne supporta pas volontiers les ennuis d'une journée consacrée à l'attente du passage de Sa Majesté. Il écrivit dans son journal, le 30 mars, les lignes suivantes : « Notre appartement étant situé dans l'une des rues que le roi devait traverser, nous l'avons attendu pendant toute la matinée, cheminant au milieu de la foule. Le caractère de la physionomie des Berlinois, si toutefois on peut s'y fier, n'offre rien d'intéressant ; quelque chose de rude, de rampant, de sensuel, se mêle à l'ensemble de leurs traits. Nous passâmes toute l'après-dînée dans une vaine attente, rien ne parut. La nuit arriva ; les rues étaient mal éclairées, la foule errante et dispersée ; nous ne pûmes savoir si le roi avait passé devant notre maison ou s'il avait pris une autre route pour se rendre au château. Si je n'étais parvenu à me restaurer l'âme de temps à autre au moyen de l'un des volumes de Spalding, je ne sais comment j'aurais supporté l'ennui de cette bruyante journée. »

Lavater eut à se réjouir d'avoir subi les inconvénients causés par le retard de Frédéric, lorsqu'il en apprit la cause. Le roi rentrait dans sa capitale après avoir accompli quelques-uns de ses plus beaux faits d'armes ; il rapportait *la paix;* cette grande nouvelle devait être célébrée par les prédicateurs, orateurs et poètes ; mais il se plut à s'occuper, chemin faisant, du pauvre peuple, et s'arrêta, dans chacun des villages semés sur sa route, pour rassembler leurs habitants et s'entretenir avec eux de leurs intérêts les plus familiers en leur accordant d'abondantes aumônes; ainsi se prépara son entrée triomphale à Berlin.

Pendant plusieurs jours ce ne fut dans cette grande ville que fêtes publiques et particulières; Lavater recueillait avec avidité tout ce qui se racontait des faits et gestes du monarque; il se flattait toujours de le voir quelque part, mais la pompe royale déployée dans tout son éclat ne lui parut point mériter l'intérêt qu'elle excite, quoiqu'elle eût pour lui celui de la nouveauté.

« Nous avons vu l'illumination, écrivit-il à ses parents, et nous avons attendu devant le château le moment où le roi devait monter en carrosse L'orgueil de ses chevaux, richement enharnachés, nous parut fort drôle; nous ne vîmes Frédéric qu'*en gros;* le crépuscule et la foule nous empêchèrent de discerner ses traits; nous fûmes entraînés par la foule au travers des voitures et des chevaux de la suite royale, et qu'avons-nous vu? Des milliers de lampions suspendus aux maisons; puis des transparents de toutes grandeurs, de toutes espèces; les uns colorés, les autres blancs et noirs; de papier, de toile, de satin, que sais-je? Ces tableaux de mille couleurs ne signifiaient pas grand'chose, et, pour variété, il y avait des centaines d'insipides *vivat*.

» En rentrant à la maison je m'évanouis, grâce aux vingt chandelles qui brûlaient dans notre chambre; puis, je me félicitai d'avoir échappé au tumulte et à tous les dangers que nous avions courus. »

Le 25 avril il raconte encore ses impressions de cour. « Nous nous sommes merveilleusement brossés et parés pour faire honneur à l'invitation du prince royal. Le professeur Sulzer nous protégeait et nous introduisit chez son altesse. Nous vîmes un grand jeune homme tout entouré d'une atmosphère parfumée; le prince nous adressa un petit salut; nous fîmes une silencieuse et profonde révérence. J'ai l'honneur, dit Sulzer, de présenter mes compatriotes à votre altesse royale. — De quel canton sont-ils? — Etes-vous tous de Zurich? — Comment vous trouvez-vous à Berlin? — Avez-vous parcouru la ville? — Etes-vous allés à Potsdam? — Puis un bonjour, et la puissance terrestre disparut. C'est quelque chose pourtant que d'avoir vu un futur roi, mais ce fut tout. »

Une des tristes conséquences de la position des princes est certainement de ne pouvoir juger du mérite d'un grand nombre de personnes qui leur sont présentées, et de n'échanger, le plus souvent, avec des hommes supérieurs que quelques paroles insignifiantes. Le neveu du grand Frédéric ne se douta point que parmi les Suisses obscurs auxquels il voulut bien adresser quelques questions insignifiantes, une des plus vives intelligences du siècle le regardait avec curiosité, et, si ce prince eût été un homme éminent, Lavater, à son tour, ne s'en serait guère aperçu dans une aussi courte entrevue.

Les vives jouissances qu'il savait goûter dans la contemplation de la nature, celle des objets d'art et la conversation des hommes distingués, le rendaient exigeant envers les choses extérieures qui n'excitaient qu'à demi les facultés dont il était doué; il exprime ce genre de mécompte à l'égard du Thiergarten, le plus beau jardin public de Berlin. « Les longues allées de sapins et de hêtres qui se croisent en tous sens, la perspective qui se découvre à travers les jeux de l'ombre et de la lumière, la variété des arbrisseaux, la course rapide des daims et des lièvres font de ce jardin un lieu fort agréable à parcourir; je suis frappé de sa beauté sérieuse, mais je voudrais en jouir seul. Nous éprouvons au sein des pensées que la contemplation d'un pareil lieu fait naître, un secret ennui, une sorte d'irritation que l'inévitable mouvement extérieur amène; j'aime mieux être assis dans une sombre chambre d'étude que d'errer dans un lieu où je ne puis parvenir à rassembler mes idées. »

On ne peut qu'admirer l'habileté et la suite avec lesquelles Lavater savait profiter de toutes les occasions qui se présentaient à lui pour s'instruire dans la connaissance des hommes et des choses. Dès sa jeunesse il avait compris qu'il faut mettre chacun sur le terrain qui lui est propre afin de tirer le meilleur parti possible de toutes les individualités. « Il faut demander à chacun, disait-il, ce que chacun peut donner ; c'est la manière la plus sage de recueillir ce qui peut nous être utile de la part de nos semblables. » On aurait pu dire de Lavater, à propos de son séjour à Berlin, ce qu'il écrivit lui-même sur son ami Fussly.

Fussly passa quatre semaines à Berlin, mais il sut les mettre à profit autant que s'il était demeuré six mois dans cette intéressante capitale; il parvint à travailler beaucoup sans se refuser au plaisir de visiter les objets d'art et de participer aux amusements qu'un étranger recherche; il ne se mettait jamais au lit sans avoir écrit les observations les plus importantes qu'il avait faites pendant la journée, et raconté ce qui l'avait le plus frappé; il évita les sociétés dangereuses ou frivoles; on le rencontrait le plus souvent près d'un savant ou d'un homme utile à la société, dans sa chambre d'étude ou dans quelque promenade peu fréquentée.

Il cheminait à sa guise, directement et simplement, en vrai Suisse, à travers la foule des insensés chamarrés d'or et d'argent, qui, de tous les coins du monde, affluaient à Berlin. Quelque agréable que lui fût le séjour de cette ville, en ce qu'il offrait d'intéressant et de bon à connaître, il se sentait saisi de dégoût à la vue de l'esprit de vertige qui semblait tourner toutes les têtes ; du luxe qui recouvrait comme une eau fugitive tant de déserts habités par la pauvreté ; de l'air soucieux et même du secret désespoir dont on lisait l'empreinte sur plus d'un visage, et des lamentables trophées qui suivent le char de la guerre. Un regard jeté sur sa patrie remplissait son cœur de la plus vive gratitude envers la Providence ; il jouissait avec transport du bonheur d'être né Suisse, et d'être bourgeois d'une ville libre où la culture des sciences et le sentiment du beau étaient plus étroitement liés aux bonnes mœurs et aux habitudes domestiques qu'ils ne l'étaient alors dans aucune autre ville, grande ou petite.

Tout ce qui se rapportait à la nature intime de l'homme, à ses forces cachées, à ses instincts secrets ou à ses pressentiments attirait particulièrement l'attention de Lavater. Il recueillait volontiers les traits qui se rattachaient à ce genre d'investigation auquel se plaisaient son imagination ardente et sa curiosité intellectuelle ; mais à travers la nouveauté de ses impressions et l'étourdissement qui aurait pu s'emparer de lui, sa profonde et tendre piété ne faiblissait point au fond de son âme; les saintes joies qu'il avait goûtées auprès de son meilleur ami, Henri Hess, faisaient naître en lui d'inutiles désirs, exprimés avec une singulière tendresse dans une des lettres qu'il adressait au bien-aimé de sa jeunesse.

« Tu sais, cher ami, combien j'ai toujours aimé à célébrer avec toi les joies saintes et célestes de nos grands jours de fête. Aujourd'hui je pense à ces effusions de notre amitié et mon cœur est affligé, tristement replié sur luimême. Une foule de pensées et de sentiments se pressent dans mon âme; je n'ai près de moi aucun ami auquel je puisse les confier; point de Henri Hess à qui je puisse les exprimer, avec qui je puisse chanter les louanges de l'Agneau mis à mort pour nous.... Ah! quand pourrai-je de nouveau célébrer la semaine de Pâques, le vendredi saint avec la solennité que je regrette; — la distraction m'environne; je dois, pour ainsi dire, porter mon âme sur mes mains afin de la maintenir en haleine..... Si j'osais seulement rappeler aux hommes, sans redouter leurs moqueries, qu'ils doivent chercher à se faire inscrire parmi les vrais confesseurs de la foi chrétienne! — Mais qui suis-je? Un plus grand pécheur que tous les autres. — Quelle insensibilité s'empare de moi ! — Ah ! cher ami, rends-moi les larmes de notre enfance chrétienne, ces nobles, ces précieuses larmes ! — alors que nos cœurs étaient simples et remplis d'amour pour Jésus ! »

Ce fut le 3 mars 1763 que Lavater et ses deux amis quittèrent Berlin pour se rendre à Barth auprès de Spalding qui les attendait et qui les reçut à bras ouverts. C'était là le but suprême du voyage, pour Lavater du moins ; en l'atteignant il vit ses espérances accomplies, car il écrivit en ces termes à son ami Sulzer. « Nous sommes ici, près de votre digne ami qui déjà est le nôtre, et, si parfaitement heureux qu'il ne nous reste plus aucun souhait à former ; nos plus belles espérances sont surpassées.

Lavater avait adressé à Spalding une ode composée à Berlin ; les premiers vers montrent à quelle hauteur ce philosophe chrétien était placé dans son esprit.

O toi, le plus noble parmi les hommes, qui, isolé sur les bords de la Baltique, brilles comme un phare au sein des ténèbres, tu vis plus heureux que les rois entourés de fêtes brillantes et d'hommages adulateurs, plus heureux que le héros couronné de lauriers, célébré par l'éternelle voix de la renommée, ou que celui dont on proclame l'excellence et les vertus. — Oui, tu es plus heureux, parce que ce ne sont point les joies de la terre, ses gloires et ses richesses qui composent ton bonheur, parce que tu n'aimes que la sagesse et que ton Dieu !

Cette ode fut écrite avant que Lavater eût appris à connaître Spalding lui-même ; plus tard il traça le même éloge en prose et dans des termes parfaitement en harmonie avec son premier et poétique enthousiasme.

Il est inutile de raconter que la fièvre d'étude ordinaire à Lavater redoubla sous le toit de Spalding ; toute la fougue de ses vingt-deux ans se dépensait à lire, à extraire, à compulser les meilleurs écrits théologiques, philosophiques et poétiques qu'il put se procurer ; — sa correspondance n'était pas négligée et ses plus grandes joies puisées dans ses entretiens avec le maître dont il admirait le profond savoir, la noble sérénité, la fermeté de principes et la rare simplicité.

« Nous avons longuement discuté, écrivit-il dans son journal, sur la nécessité de poèmes consacrés au développement des sentiments élevés et religieux, — comme les *Nuits* d'Young, le *Messie* de Klopstock, etc. Nous avons déploré l'inutilité et la puérilité de la poésie niaise et légère, si peu propre à nourrir des âmes immortelles qui doivent se préparer à une vie future, et qui, à la fin de leur course terrestre, peuvent si difficilement trouver quelque consolation à la pensée du temps mal employé. » — Lavater se montra fidèle aux convictions ainsi énoncées. « Sa lyre féconde, dit un de ses critiques, fut toujours consacrée à la morale, à la sagesse ; même au milieu des épanchements de sa douce gaîté (Lavater était enjoué par nature,) il ne s'en échappa jamais une seule note à laquelle la muse des grâces morales n'eût pas accordé son bienveillant sourire. »

On peut attribuer à l'intimité qui régna entre Spalding et Lavater la fermeté de la tolérance religieuse que le dernier montra pendant sa vie entière ; sans doute il était disposé à mettre en pratique cette partie importante de la charité chrétienne, mais ses entretiens avec Spalding lui firent comprendre avec une entière évidence combien cette manière d'aimer le prochain est en rapport avec notre misère personnelle, notre espérance dans l'expiation opérée par Christ seul et la nécessité de vivifier la foi par l'amour, l'amour actif et consolant, qui à son tour ne peut vivre qu'à l'ombre de la foi.

Spalding rendit à Lavater, dans l'un de ses écrits, un témoignage qu'il est à propos de recueillir : — « Lavater était l'oracle et le mentro de ses deux amis ; ils avaient pour lui une sorte de respect filial dont il n'avait pas l'air de s'apercevoir et qui ne troublait nullement l'intimité qui régnait entre eux. Jamais, peut-être, respect ne fut mieux mérité. Je n'avais pas vu jusqu'alors et j'ajoute que je n'ai pas vu depuis, surtout dans une si grande jeunesse, une âme si pure, un sentiment moral si vif et si actif, un si sincère épanchement des pensées les plus intimes, tant de douceur et d'aménité de mœurs, un christianisme si vrai, si éclairé. »

Ce fut aussi sous l'influence du célèbre théologien que Lavater commença ses travaux littéraires; il envoya sans se nommer de nombreux articles à un journal qui se publiait à Francfort, à Leipzig et à Lindau et dont les rédacteurs annonçaient les livres nouveaux comme le font aujourd'hui les revues; plusieurs de ses analyses et critiques d'ouvrage de théologie et de morale furent ainsi publiées et préparèrent sa renommée.

Nous citerons un petit poème de cette époque dans lequel le caractère des vues religieuses de Lavater se montre à découvert.

LA MORT DU CHRÉTIEN.

Un jour la Mort rencontra un homme de bien : Je te salue, messager de l'immortalité, je te salue, s'écria ce mortel.

Qui donc es-tu, fils du Péché? ne t'effraies-tu pas en me voyant paraître?

Non, celui qui ne s'effraie pas de lui-même ne doit point trembler devant toi.

Ne redoutes-tu pas les souffrances qui me précèdent, la sueur froide qui découle de mes ailes sinistres?

Non, répondit encore l'homme de bien.

Et pourquoi ne crains-tu pas ces terribles avant-coureurs de ma venue?

Parce que la souffrance et les angoisses m'annoncent que tu t'approches de moi.

Qui donc es-tu, mortel, qui me vois sans frayeur ?

Je suis chrétien, dit en souriant le fils d'Adam.

Tout-à-coup la Mort souffla sur lui, une fosse s'ouvrit sous leurs pieds; quelque chose y tomba, je ne pus retenir mes larmes ; mais bientôt des voix célestes se firent entendre; je levai les yeux et je vis le chrétien dans les cieux. Il souriait encore comme il l'avait fait en saluant la Mort, et joignait les mains ; des esprits lumineux voltigeaient autour de lui ; lui-même entra dans la lumière ; je regardai encore la fosse et ne reconnus plus l'objet qu'elle contenait ; ce n'était que l'enveloppe usée du chrétien qui venait de mourir.

Lavater, au temps de la chevalerie, eût été sans doute un redresseur de torts singulièrement actif et loyalement inspiré dans toutes ses entreprises : nous l'avons déjà vu remplir ce rôle sous une forme assez étrange lors de l'affaire du bailli prévaricateur; il saisit pendant son séjour à Barth une occasion moins importante de venger un opprimé. Un théologien, nommé

Frédéric Bardtt, eut la fantaisie de publier une édition corrigée d'un ouvrage écrit par un auteur vivant et se permit d'attaquer le livre d'une manière assez forte pour que l'indignation de Lavater se réveillât de nouveau. Il attaqua le prévaricateur littéraire avec l'énergie et la franchise qui avaient mis Zurich en émoi; la défense fut virulente, grossière et de mauvaise foi. M. Bardtt se permit d'interpeller Lavater au sujet de ses sentiments religieux, et ce dernier lui adressa, comme dernière réponse, une profession de foi qu'il nous semble à propos de traduire en rappelant à nos lecteurs qu'ils doivent en attribuer les lacunes à ce que Lavater répondait spécialement à certaines accusations, qui ne méritaient point de sa part une aussi noble confiance.

Après avoir expliqué le motif de sa démarche, Lavater rend compte de la manière dont il comprend les doctrines du christianisme.

Je crois que le Dieu éternel, notre père, a envoyé dans ce monde son Fils unique et éternel comme lui, par lequel il a créé toutes choses, pour qu'il y revêtit notre nature, pour qu'il y devînt notre maître, notre modèle et notre rédempteur, et pour qu'il nous montrât le chemin de la félicité éternelle, afin que nous pussions rentrer en possession de nos droits au bonheur et a l'immortalité, droits perdus par le péché d'Adam et nos propres péchés, droits qui ne peuvent être reconquis par nos mérites et nos bonnes œuvres, si nous avons pu en accomplir. Je crois que Jésus, par sa mort, a réconcilié l'homme avec Dieu ; c'est-à-dire qu'il a opéré par son sacrifice ce que les bons mouvements de nos cœurs ou les œuvres de la vertu humaine ne peuvent jamais accomplir, le paiement, la rançon de nos dettes ; ce n'est qu'en acceptant le sacrifice de Jésus que nous pouvons vivre en paix et que notre espérance d'une *félicité réelle* sera véritablement basée sur un solide fondement. Ce salut gratuit appartient à tous ceux qui croient en Jésus-Christ, c'est-à-dire à tous ceux qui acceptent de cœur toute la doctrine évangélique, et qui, après l'avoir étudiée avec impartialité, demeurent convaincus de son divin caractère ; il appartient à ceux qui sacrifient à cette doctrine, à ses arrêts et à ses décisions suprêmes, les préjugés de leur cœur et ceux de leur raison, les objections de peu d'importance qu'ils pourraient opposer à cette doctrine avec quelque apparence de vérité Cette manière de sentir et de raisonner est conforme au système moral le plus éclairé ; ce n'est pas seulement un puissant secours dans l'exercice des vertus, mais c'est encore la vertu même, la seule possibilité d'une vraie félicité intérieure, de celle de l'âme, qui ne saurait la trouver ailleurs ; c'est par ces convictions que l'homme peut travailler à son propre bonheur ; ce qui revient à dire que c'est là ce que Dieu nous demande, ce qu'il veut de nous, afin de nous trouver prêts à profiter de la grâce qui nous est offerte.

Je trouve aussi dans la doctrine évangélique de nombreuses promesses des secours que nous pouvons obtenir par l'action active et variée du Saint-Esprit sur nos âmes ; action toujours pleine de consolations et d'encouragement à faire le bien. Cette influence m'est complètement prouvée par l'Evangile, qui, d'autre part, n'annonce point la continuation non interrompue des dons merveilleux qui n'ont été accordés qu'aux premiers chrétiens ; l'action du Saint-Esprit, troisième personne de la Trinité, se fait sentir dans toute bonne inspiration.

Voilà ce que je crois et ce que je confesserai devant le monde entier.

Lavater demeura fidèle à cette confession de sa jeunesse, mais combien de fois ne fut-il pas accusé de s'en être écarté.

Sa correspondance avec ses parents n'avait point à souffrir de son empressement à recueillir une multitude d'observations sur tout ce qui venait à le frapper, ni du zèle qu'il mettait à poursuivre ses travaux de cabinet; il adressait à Zurich de fort longues lettres remplies de détails familiers dont les parents sont toujours avides, mais aussi, fidèle à son principe à l'égard de communications épistolaires, il mêlait à ses récits naïfs quelques pensées élevées et profondes, sans lesquelles on n'aurait pu l'y retrouver entièrement lui-même.

« Je ne m'inquiète pas, écrit-il à son père, que mes lettres puissent vous sembler trop longues ou trop détaillées ; je me figure plutôt que vous les relisez après le souper et que vous vous transportez ainsi près de moi, à l'aide de tous les petits détails que je vous raconte. Je vous vois sourire et vous égayer à la pensée du bonheur dont je jouis ; et puis arrive mon cher frère Dithelm qui s'empresse de s'informer des nouvelles que vous devez avoir reçues. — N'avez-vous point de lettres de Barth ? — Assieds-toi ; relis celle-ci. — N'est-ce pas ainsi ? — Ce tableau de famille suffira, aussi longtemps que je serai en voyage, à me faire écrire pour vous tout ce qui pourra vous intéresser. »

Henri Hess, si cher à Lavater, et ce frère Dithelm qu'il n'aimait pas moins, se prêtaient les lettres de l'intelligent voyageur ; celui-ci écrivait à sa mère, en un jour que sa famille avait coutume de célébrer, quelques mots que nous nous plaisons à citer :

« Au moment où j'ai écrit la date de cette lettre, je me suis souvenu que c'est le jour de naissance de ma mère bien-aimée ; cette pensée réveille en moi plus de sentiments de joie et de reconnaissance que je ne puis en exprimer. — Combien cette seule idée, *c'est aujourd'hui le jour de naissance de celle qui est ma mère,* est émouvante et solennelle pour son fils !

» Pourrais-je songer à l'heureux commencement de cette précieuse existence sans être touché et réjoui ! — Vous m'avez introduit dans ce monde, vous vivez encore, et voici le retour d'un jour sacré que nous aimions à passer ensemble. — Je m'empresserai de mériter la continuation de votre tendresse par la plus respectueuse obéissance et par le désir de remplir consciencieusement mes devoirs envers vous... »

Dans une de ses réponses à son fils, Mme Lavater lui témoignait son déplaisir de quelques phrases relatives à la sanctification de l'âme après la mort ; elle lui recommandait de ne pas chercher à approfondir de pareils sujets. « Il est vrai, chère mère, répondit-il, que je ferai bien de ne pas trop creuser le sujet de la sanctification de l'âme après la mort et du renouvellement de toutes choses ; cependant je voudrais pouvoir dire à l'oreille à tous ceux qui sont angoissés à l'occasion de ce point mystérieux, qu'il est tout-à-fait conforme à la carrière de l'homme et tout-à-fait en rapport avec la volonté de Dieu, de croire à ces deux vérités ; je conviens que si l'on en parlait trop ouvertement et trop affirmativement, la plupart des hommes seraient assez légers, assez faibles d'esprit pour en faire un mauvais usage. »

Malgré l'abondance d'idées et de sujets qui se pressaient sous la plume de Lavater il ne manquait jamais de répondre à chaque point des lettres reçues, supposant avec raison que les personnes qui en écrivent sont bien aises que leurs correspondants en usent de la sorte ; il apportait la même exactitude à tenir son père au courant de ses dépenses et ne connaissait pas de plus agréable emploi du surplus qui pouvait lui demeurer que d'en soulager les malheureux qu'il cherchait autour de lui. « La seule chose qui m'afflige, écrivait-il encore à ses parents, c'est le sentiment de la fuite du temps ; — mais lorsque je pense que cette même fuite amènera le moment de mon retour dans ma patrie et près de vous, mon chagrin diminue beaucoup.

» Spalding m'a demandé si nous étions satisfaits de notre séjour chez lui, me priant de lui dire ce qui pouvait nous manquer ; je lui ai répondu que nous ne saurions que désirer, et que tout, chez lui, a surpassé notre attente. — Il est si bon, si affectueux ! — « Je n'ose penser à votre départ, a-t-il bien voulu ajouter. — J'aurais plus de courage si je pouvais espérer que je vous reverrai un jour dans ma solitude uniforme et tranquille. — Si je le pouvais, j'irais vous faire de fréquentes visites, et, comme l'abeille, j'emporterais le miel recueilli. » — Oh ! j'ai trouvé dans cet homme excellent bien plus que je n'osais attendre, — bien plus que ses écrits ne m'avaient fait espérer. — Nous sommes si intimement liés qu'il n'a rien de secret pour moi ; — il me parle de ses défauts, de ses faiblesses, et me permet de lui dire, avec la plus grande liberté, ce que je pense de ses sermons et de ses ouvrages. »

Les relations qui s'établirent entre Spalding et ses jeunes hôtes étaient d'une nature si complètement intellectuelle qu'ils n'avaient réciproquement pas songé à prendre les arrangements pécuniaires naturels en pareille circonstance. Spalding dit un jour à Lavater qu'il espérait que lui et ses amis lui feraient l'amitié de ne pas le quitter encore (il les avait chez lui depuis quatre mois), pour peu que la chose leur fût agréable, et qu'il s'estimerait heureux de les voir prolonger leur visite pendant tout l'hiver, sans qu'il fût question de lui payer une pension. — Lavater se récria à l'idée que Spalding avait pu supposer que lui et ses amis se croyaient en visite chez lui depuis si longtemps ; de leur côté, les jeunes Suisses étaient désireux de s'acquitter convenablement de la dette ainsi contractée ; le débat fut noble, à coup sûr, et l'on ne sait ce qui plaît davantage de la noble hospitalité de Spalding ou de la naïve confiance que les sérieux écoliers avaient mise à en profiter.

Citons encore, avant de quitter la demeure du sage si vivement apprécié par eux, une page de l'une des lettres de Lavater à sa famille. « Nous avons passé une soirée trop douce pour que je ne vous en parle pas. — Figurez-vous notre petit cercle jouissant de la grave beauté d'un crépuscule d'automne ; nous parlions de la prière et nous disions que la faculté de penser à Dieu, accordée à l'âme humaine, est sans doute un honneur si grand qu'il devrait nous rendre indifférents aux choses de peu de valeur, mais que la possibilité de nous approcher du Père éternel avec un entier abandon et celle de pouvoir lui exposer toutes nos intentions, tous nos sentiments, tous nos souhaits, celle de nous élever par la contemplation de la grandeur divine, et de nous perfectionner par celle de ses perfections infinies, sont des priviléges tellement précieux qu'ils suffisent à remplir d'une joie ineffable un être capable de réflexion. — Combien l'homme doit paraître digne de respect aux yeux de la pure raison, par la possibilité de s'entretenir comme un fils avec un père tendre, quand il s'agit du Dieu éternel, infini, de l'être des êtres, par qui nous sommes et en qui sont toutes choses !...

» N'est-il pas vrai, chers parents, que traiter ainsi avec ses amis des choses les plus intimes et les plus profondes de la religion, ouvrir son cœur entièrement sur des sujets si profonds et si beaux, c'est une jouissance qui peut être sentie bien mieux que racontée... »

La correspondance de Lavater et de son intime ami, Henri Hess, ne semblerait pas complète s'il ne s'entretenait avec lui des choses auxquelles un homme de son âge devait penser à travers ses préoccupations religieuses et philosophiques ; un jour il traça, pour lui seulement, le portrait de la compagne à laquelle il aimerait à associer sa vie ; il ne connaissait encore aucune jeune personne qui lui fût particulièrement agréable et se plut à peindre une idéale amie qui ne tarda pas à lui être accordée ; c'est une sorte d'instruction qui peut être utile à plusieurs de ceux qui la liront.

Je n'aime pas à me livrer à des abstractions à propos de la femme que je voudrais épouser ; mais je ne veux pas être pris au dépourvu, et voici comme je la voudrais. — En premier lieu, je désire qu'elle soit agréable à mes parents ; à mon tour je voudrais plaire aux siens. Sa famille, sa position et son âge ne doivent pas trop différer des miens ; elle doit être à l'abri de tout soupçon à l'égard de ses mœurs, de ses inclinations et de la légèreté d'esprit si souvent dangereuse. Il faut qu'elle soit douce, paisible, modeste.

Elle devra être exempte de vanité et de l'amour du luxe, et ne jamais s'écarter des règles de la convenance et de la décence.

Elle ne doit pas être bonne seulement par goût, mais par tempérament, mais par crainte de Dieu.

Il n'est pas à désirer qu'elle soit belle ; il suffira que son extérieur soit agréable, son expression douce et bienveillante, et surtout qu'elle jouisse d'une bonne santé.

Je ne souhaite nullement qu'elle ait beaucoup de courage et d'énergie, mais je ne veux pas qu'elle soit frivole et belle dame. Elle devra connaître l'économie domestique, et ne pas donner dans les travaux des femmes savantes ; je ne pourrais supporter une pedante. Un goût prononcé pour les bonnes et solides lectures me paraît indispensable.

Je me contenterais de bon sens, de raison, si elle possédait les qualités mentionnées ; plus elle serait douce et plus j'en aurais de plaisir. Elle devra aimer à s'instruire et montrer de la persévérance dans la pratique du bien ; il ne faudra pas qu'elle cherche à entraver l'accomplissement de mes devoirs dans ma paroisse.

Il ne faut pas non plus qu'elle veuille m'empêcher de prendre un poste de campagne, quand même il serait mal situé et que les appointements en seraient minimes.

Je désire qu'elle traite mes parents avec respect et qu'elle ne leur fasse pas sentir qu'elle s'aperçoit de leurs faiblesses. Elle devra être bien disposée à l'égard de mes frères et ne mépriser aucun de mes amis, ni se plaindre de mes relations avec eux lors même qu'ils seraient pauvres et délaissés. Ses amies et ses compagnes devront être d'un bon caractère.

Elle ne lira aucun roman dangereux, possédera des notions saines sur l'éducation, et s'entendra avec moi sur cet important sujet. Son affection pour moi devra être mesurée et point fondée sur la vanité. Il faut qu'elle m'aime plus que toute autre personne, parce qu'en s'unissant à moi, elle doit désirer que nous devenions plus vertueux ensemble.

Elle s'associera à moi pour les visites à faire aux malades et aux affligés. — J'écris ces conditions sans ordre et je n'en retranche aucune ; si ma future amie possède toutes ces qualités, elle peut attendre de moi tout l'amour, la tendresse, la fidélité et la délicatesse dont je suis capable.

On le voit, les études métaphysiques de Lavater, les pieuses extases de son cœur, ses recherches sur la misère humaine, et la vivacité de son esprit et de son imagination, ne l'empêchaient nullement de voir les choses pratiques sous leurs côtés les plus vrais et d'entrer dans les détails les plus familiers à l'égard des devoirs de tous les moments : le soin qu'il met à composer d'avance le caractère de sa compagne, *afin, dit-il, de n'être pas pris au dépourvu*, est certainement d'un fort bon exemple, et le modèle ainsi tracé fait grand honneur au poète chrétien qui ne mettait pas encore beaucoup d'empressement à en découvrir l'original.

Parmi les fragments de sa correspondance, datée du toit de Spalding, nous choisissons encore quelques passages propres à montrer à quel point la foi de Lavater était une foi vivante, une foi attachée, mêlée à ses sentiments les plus intimes et les plus chers.

Le christianisme me transporte vraiment au ciel lorsque j'étudie sa divinité avec un ami aussi pieux que toi, mon cher Henri ; l'amitié m'est aussi plus douce lorsque je la sens basée sur la foi en Christ.

Je te vois, mon bien-aimé, agenouillé aux pieds du Rédempteur et lui ouvrant ton cœur sans aucune réserve. — J'agis de même en esprit avec toi, et combien je me réjouis à cette pensée ! — Notre Médiateur nous voit tous les deux ; — il nous voit aussi dans l'avenir plus rapproché de lui ; il s'en réjouit, car cette communion avec les siens est une partie de la récompense attachée à son abaissement parmi nous.

J'aime à méditer sur cette vérité : *Jésus nous enseigne lui-même.* — Combien l'homme ne doit-il pas être digne d'attention et d'intérêt aux yeux de Dieu pour qu'il ait pu en être ainsi, et combien notre destination finale doit nous sembler élevée et désirable !

D'autres fois je me sens ravi à la pensée que je contemplerai Jésus, son âme, son essence — et qu'en lui je verrai Dieu ! Nul ne verra Dieu que par le Fils ; il est en son Père comme son Père est en lui. Nous le verrons tel qu'il est, nous connaîtrons comme nous avons été connus, ce qui veut dire, en prenant le sens symbolique, que la connaissance immédiate nous appartiendra et que nous verrons Dieu face à face.

Les vues de Lavater sur les miracles du Sauveur ont été plus d'une fois mal interprétées ; il les explique dans une lettre à son père avec autant de clarté que de profondeur.

Nous devrions aimer et respecter Jésus bien plus que nous ne le faisons, et, par cela même, étudier avec une sérieuse attention son passage sur la terre. Il fut parmi nous semblable à l'homme, et ses vertus étaient indépendantes de son union avec Dieu, c'est-à-dire qu'il exerça en tant qu'homme, dans sa nature exempte de péché, la douceur, la bonté, la patience et l'humilité. Un homme qui agirait ainsi que Jésus ne pourrait être un imposteur ou un fanatique ; c'est la première conclusion qu'un esprit consciencieux doit admettre en examinant sa vie. S'il n'a pu être imposteur ou fanatique, il en résulte qu'il doit avoir été un envoyé de Dieu, revêtu de forces divines, que ses affirmations étaient parfaitement fondées, qu'il était bien le Messie, le fils unique de Dieu.

On ne peut séparer ces conclusions.

Plus j'étudie Jésus du côté moral et pratique, plus je suis pénétré de respect pour lui. Je m'étonne davantage, je suis plus ému, plus attendri lorsque je l'entends prier sur la croix pour ses ennemis, que lorsque je le vois calmer la tempête et la mer en furie. Ses miracles me paraissent plus admirables et plus précieux parce qu'ils furent des actions généreuses et bienfaisantes que par leur côté merveilleux ; actions généreuses et bienfaisantes dont le but était, non-seulement d'attirer l'attention et la reconnaissance des hommes, mais de les engager à embrasser les doctrines dont l'adoption doit nécessairement les rendre heureux.

C'est toujours la tendresse de cœur qui domine en Lavater ; l'orthodoxie chez lui est sœur de la charité ; sa raison, ses efforts pour saisir la vérité le ramènent sans cesse à l'amour, trait dominant de son caractère ; on finit par ne plus s'étonner des heureux effets qui découlent de cette impulsion première, de ce *moi* si saillant en lui et qui ne sait comprendre et croire qu'en aimant, tant on est vite convaincu qu'il était doué d'une richesse d'affection surabondante, que Dieu lui-même entretenait dans son être.

Avant de s'éloigner de Barth où il avait passé tant de jours bénis, Lavater traça dans son journal les lignes suivantes : « Au milieu des émotions qui agitent mon âme et lui ôtent la faculté de penser avec quelque suite, je veux, ô mon Dieu, te rendre grâces pendant les dernières heures de mon séjour ici. — Oh ! oui, que mille grâces te soient rendues, père tendre qui m'as guidé si paternellement !

» Je devrais répandre des larmes de reconnaissance et je ne puis pleurer. — Mais tu connais mon cœur et tu sais que je te rendrai éternellement grâces pour cette direction toute particulière. »

Lavater n'eut pas la douleur de quitter Spalding en s'éloignant de Barth ; son digne ami se rendait à Berlin où il devait remplir une place dans le consistoire général. Son admiration pour le célèbre prédicateur ne fit que s'accroître en le voyant diriger des affaires épineuses, et recevoir, avec une parfaite modestie, les nombreux hommages que lui attiraient ses ouvrages et la considération personnelle dont il jouissait.

Lavater apprit à Berlin que son ami Henri

Hess se proposait de se marier, tandis que Spalding demandait la main d'une demoiselle de Sodenstern à laquelle il désirait confier l'éducation de ses enfants. — Lavater écrivit à sa mère :
— « Je suis bien chagrin d'être éloigné de Henri Hess ; mais je me dédommage de ce contre-temps avec Spalding. — Si Hess ne peut m'enseigner à être aimable fiancé, je prendrai des leçons de mon cher Spalding, qui sera encore un meilleur maître. »

Enfin arriva le jour de la séparation des nouveaux amis ; laissons Lavater en parler à Henri Hess :

Spalding a dû s'arracher aujourd'hui de nos bras. — Avec quel déchirement de cœur ne viens-je pas te dire que je ne verrai plus de mes yeux cet homme excellent ! — Lui a cherché à me consoler. — Prenez courage, cher ami, m'a-t-il dit, ne vous laissez pas abattre à la pensée du temps et de la distance qui vont nous séparer peut-être de cette heure douloureuse à celle qui nous rapprochera du revoir éternel ! Nous serons toujours ensemble ; aucun éloignement ne peut nous séparer. — Rappelez-vous que nous habiterons la même maison ; Zurich sera votre appartement, et Berlin le mien.

Tu me croiras, n'est-ce pas ? quand je t'avouerai que mes forces suffisent à peine à supporter la pensée qu'en ce monde mes bras ne presseront plus Spalding. — Je cherche à me consoler en me répétant sa dernière demande. Il veut que nous lui écrivions souvent, aussi souvent que si nous nous entretenions avec lui ; il nous assure que jamais nous ne lui écrirons trop ou plutôt assez; pourtant, je ne le verrai plus!

Mais toi, mon bien-aimé, mon plus cher trésor entre les amis de ce monde, je vais te retrouver! A cette pensée mon cœur se remplit d'une émotion qui m'est nouvelle, — toi vers qui j'ai si souvent étendu les bras dans le silence des nuits, tandis que mes yeux se remplissaient de larmes à ton souvenir, — toi, que Spalding seul pouvait remplacer dans mon âme, et encore fallait-il que tu fusses entre nous pour que je pusse lui parler de toi. — O mon cher Henri, je vais te revoir, te serrer sur mon cœur, — m'entretenir avec toi de nos âmes, de notre Dieu et de notre Rédempteur, du temps et de l'éternité!

Fussly, qui n'avait pas séjourné à Barth pendant l'hiver, rejoignit Lavater à Berlin; ils passèrent encore quelques jours dans cette ville et les employèrent à voir les hommes et les choses dignes d'intérêt. Du reste, la curiosité naturelle à Lavater lui faisait tirer parti de tout, et la badauderie, en particulier, lui fournit plus d'une occasion d'étudier le cœur humain et la physionomie, sujet d'observation qui partout excitait son attention intelligente.

Il est de fait, écrivit-il à sa famille à propos du plaisir qu'il goûtait à converser avec des hommes remarquables, que je n'ai jamais rencontré un homme supérieur sans en avoir tiré quelque chose d'utile. — Je suis dominé par le désir d'employer mes facultés aussi bien que je le pourrai; — je voudrais faire honneur à mon Créateur, à *la nature*, diraient certaines gens. Je ne cherche point à acquérir de la célébrité, ce serait à la fois orgueil et bêtise que de m'en croire capable et que de la chercher, mais je crois pourtant que ne jamais sentir jusqu'où l'on peut arriver en cherchant à parvenir au point de perfection qui peut devenir le nôtre, c'est une preuve de petit esprit ; celui qui veut grandir, intellectuellement parlant, doit en découvrir en lui-même la possibilité. Je vais plus loin : il doit s'apercevoir des progrès de sa grandeur morale, et ce n'est jamais par sotte vanité qu'il cherchera à faire des progrès, s'il possède quelque droiture, s'il a des vues saines et vraiment philosophiques. Je ne me trouve jamais plus heureusement doué que lorsque je considère les vertus que je cherche à mettre en pratique ; mais il faut que je sois assuré de la force et de la sincérité de ma volonté.

Lavater eut l'avantage de rencontrer à Berlin le célèbre mathématicien Euler, suisse comme lui ; il esquissa ses traits pour sa collection naissante et les décrivit en ces termes : « Un visage assez singulier, d'une expression ouverte et dans lequel on ne découvre pas trace de profondeur philosophique ; un front richement empreint du genre de pénétration qui porte aux calculs mathématiques. Il est enjoué, même gai, sans aucune affectation ni pédanterie, d'une humeur bienveillante et parlant avec esprit et facilité sur toutes choses. Il a plaisanté, en s'en faisant un demi-cas de conscience, sur la convenance qu'il y avait pour deux pasteurs réformés à voyager avec un luthérien après s'être longtemps arrêtés chez ce dernier. — Avez-vous réformatisé Spalding, nous demanda-t-il, ou bien vous a-t-il luthéranisés ? — Nous appartenons tous les trois à la chrétienté, lui ai-je répondu. »

A cette époque Lavater vit aussi un théologien de grand renom, Sack, et lut avec fruit son ouvrage intitulé : *Défense de la foi chrétienne*.

« Je ne comprends pas, dit-il, comment un interprète de la Parole de Dieu, quelque peu versé qu'il soit dans cette étude, peut arriver à conclure que les mots *expiation, réconciliation,* signifient, dans l'Ancien et le Nouveau-Testament, l'action de moraliser les hommes et les remettre ainsi dans un état de paix avec Dieu. Cela ne veut point dire non plus que Dieu est disposé à pardonner ou qu'il veut accepter de notre part une sorte de satisfaction, telle que nous pourrions en offrir à nos semblables. Cela signifie plutôt remettre la peine due au péché. Nous sommes réconciliés avec Dieu parce qu'il ne nous châtie pas suivant nos péchés, parce qu'il ne nous les porte pas en compte ; cela veut dire que Christ par sa mort, par son sang, nous a réconciliés avec le Père ; je ne puis en conclure autre chose sinon que ce mystère est un moyen puissant pour nous faire éviter la punition due au péché, moyen que la sagesse et la bonté de Dieu a jugé le plus convenable, le meilleur, pour rendre possible la réconciliation avec lui. Nous ne sommes point en état de connaître quelles sont toutes les suites du péché qui sont abolies ou qui prennent fin par la vertu de la mort de Jésus, ni de comprendre pourquoi c'est à l'acceptation de ce divin sacrifice que Dieu a voulu attacher les conditions du pardon et de la félicité de ses enfants.

» Je ne saurais rien voir de petit et de borné dans cette interprétation, qui seule peut me faire saisir le sens d'un grand nombre de passages de l'Ecriture-Sainte.

» Nous pouvons donc, d'après les lumières de notre raison, car cette manière de nous exprimer est d'accord avec elle, dire que la mort de Jésus est un sacrifice offert pour les péchés du monde, un sacrifice que les plus sincères pénitents, ainsi que les hommes les plus vertueux, considèrent comme l'unique moyen d'avoir part aux grâces de l'Evangile. »

Il est intéressant de comparer ce que Lavater disait à cette époque sur la doctrine de l'expiation avec ce qu'il écrivit sur le même sujet trente-huit ans plus tard; mêmes convictions, mêmes conclusions.

Il eut à Quedlinbourg la joie de rendre visite au grand poète de l'Allemagne, Klopstock. — Celui-ci accueillit les jeunes amis avec une parfaite bienveillance, et pendant trois jours entiers Lavater put satisfaire son désir de voir et d'entendre l'auteur de la Messiade. « Il est impossible, dit-il, de rencontrer un homme plus agréable et plus affable que ne l'est Klopstock. Il parle de tout avec une singulière justesse et beaucoup d'amabilité; son humeur est sereine, son cœur confiant. »

On aime à voir rendre de pareils témoignages aux chrétiens éminents que le caractère de leurs ouvrages pourrait faire supposer atteints d'insociabilité ou de tristesse.

Trop souvent une profonde préoccupation des vérités du christianisme, en concentrant l'âme dans ce suprême intérêt, semble la dépouiller, l'attrister, et l'éloigne réellement de tout ce qui ne se rattache pas immédiatement à cet ordre d'idées. Lavater était lui-même un puissant exemple du développement de la foi et des plus hautes facultés unis à la plus douce gaîté, à la bonhomie, à une candeur presque enfantine.

Ces caractères-là charment et reposent; on les admire sans aucun effort; on les aime; leur influence doit être étendue parce qu'elle répond aux besoins des faibles et des forts.

Ce fut à Gœttingue que Fussly dit adieu à ses compagnons de voyage; il se proposait de se rendre à Londres où de grands succès le fixèrent. Le tête-à-tête de Hess et de Lavater devint pour eux une occasion de jouissances mutuelles; ils avaient été continuellement distraits l'un de l'autre par la quantité de sujets d'intérêt qui les avaient occupés; maintenant les voilà seuls, regrettant Fussly, sans doute, mais heureux de resserrer les liens de leur amitié d'enfance à mesure qu'ils s'approchaient des frontières de la Suisse. La lune éclairait l'intérieur de leur voiture pendant le premier entretien intime auquel il se livrèrent. — « Oh! cette nuit, éclairée par la lune, comme si elle était pour nous un solennel témoin, s'écrie Lavater, cette nuit, je ne l'oublierai jamais.... — Hess saisit ma main, la serra, leva les yeux au ciel et me dit d'une voix profondément émue : — Si Dieu le permet, Lavater, nous allons travailler ensemble, en nous donnant la main, à répandre parmi les hommes l'amour du bien et de la vérité. Nous ne nous abandonnerons jamais, nous ne serons qu'un cœur et qu'une âme. — Je redis après lui : Ne soyons qu'un cœur et qu'une âme. »

N'est-ce pas déjà travailler à répandre l'amour du bien parmi les hommes que de s'exprimer ainsi loin de ceux que les deux amis voulaient amener à Dieu, et Lavater n'a-t-il pas eu raison de parler de ce noble et touchant tête-à-tête?

Il n'avait cessé d'exprimer à ses parents son bonheur de les rejoindre après une année d'absence pendant laquelle ceux-ci lui avaient fourni libéralement les moyens de satisfaire son intelligente et sa bonne curiosité; il leur promettait la reconnaissance et le dévouement, si naturels à son âme toujours attentive à sentir les grâces dont il était l'objet; il les assurait que l'expérience acquise avait fortifié en lui l'amour de la vertu, l'horreur du vice, et qu'il sentait, plus que jamais, combien les principes qu'il leur devait étaient justes et inattaquables.

Son cœur bondissait de joie en arrivant à Bâle, mais une lettre lui apprit que son père se mourait.

Il rentra dans Zurich oppressé par la crainte de ne plus pouvoir obtenir la bénédiction paternelle. — Le malade semblait être parvenu au moment suprême lorsque son fils tomba presque sans connaissance auprès de son lit. — « Mon Dieu, je revois encore mon Gaspard, » s'écria-t-il. Dieu lui rendit la vie; il ne tarda pas à guérir.

CHAPITRE IV.

Lavater chez son père. — Mariage de Félix Hess. — Celui de Lavater. — Bonheur domestique. — Les *Chants helvétiques*. — Traduction de la *Palingénésie* de Bonnet. — Moses Mendelssohn.

Ce fut donc après de violentes émotions que Lavater rentra dans ses habitudes sous le toit paternel; il n'avait pas d'emploi public à remplir, mais la récolte qu'il venait de faire était assez abondante pour l'occuper longtemps. Sa correspondance avec les frères Hess reprit une activité nouvelle; il leur confiait les chagrins domestiques qui troublaient son bonheur et tout ce qu'il ne pouvait communiquer à ses parents, qui ne comprenaient pas toujours ses vues et ses travaux.

Sa mère, quoique douée d'une haute raison, exerçait son autorité domestique avec partialité, avec despotisme; chacun de ses enfants était tour-à-tour, et sans raison, l'objet de ses préférences ou de ses préventions; tout en reconnaissant le mérite supérieur de son fils Gaspard et tout en le chérissant comme il le méritait, elle le faisait souffrir; lui, de son côté, devenait plus habile à découvrir les misères morales de sa mère, à mesure qu'il apprenait à mieux connaître le cœur humain.

Mme Lavater n'ignorait pas la correspondance active dont on ne lui faisait jamais part; son fils avait imaginé de déposer les lettres de ses amis dans une sorte de corbeille placée au-dessus d'un poêle qui touchait presque au plafond de sa chambre; cet asile lui semblait parfaitement sûr; mais, un beau jour, quelle ne fut pas sa surprise, lorsqu'en rentrant chez lui, il vit sa mère debout sur une table et en possession des lettres, qu'elle jetait dans son panier à ouvrage.
— Enfin, les voici, ces fameuses lettres, je les tiens, dit-elle. — Lavater, comme frappé de la foudre, ne répond pas un mot, mais entre dans son cabinet, tombe à genoux et prie avec ferveur, ainsi qu'il le faisait aux jours de sa jeunesse dans les moments d'angoisse ou de danger, puis il revient près de sa mère. — Celle-ci regardait les lettres, les rassemblait, et les lui rendit toutes sans en avoir ouvert une seule. Ce fut encore une expérience bien propre à

confirmer Lavater dans sa confiance en la prière faite avec foi et avec un entier abandon. Il disait que plus ses inquiétudes étaient grandes, plus il priait avec ferveur, et que la délivrance ne lui avait jamais été refusée.

Lavater ressentit une vive joie en assistant au mariage de son ami Henri Hess béni par Félix Hess. Le bonheur du nouveau ménage et les difficultés qu'il avait lui-même à vaincre chez ses parents réveillèrent en lui la pensée de se donner aussi une compagne; mais il n'avait point encore fait de choix, et cherchait toujours l'original d'un portrait qu'il avait d'avance tracé. Il se rappelait de quelles conditions il avait fait à son ami la longue énumération. *Elle doit plaire à mes parents,* n'était pas la plus facile à réaliser; décidé à ne contracter ni un mariage de pure inclination, ni une union de convenance, il attendait avec calme les indications qui lui viendraient de son Père céleste, et demeurait attentif sans essayer d'agir.

L'une des amies de Mme Hess, Mlle Anna Schinz, fille d'un négociant respectable, réunissait les qualités désirées par Lavater. Henri Hess étudia son caractère, puis se décida à ménager une première entrevue dont la jeune personne ignorerait le but. Elle avait entendu parler de Lavater, surtout à l'occasion de la grande

affaire du bailli, et se montra fort aise de faire
sa connaissance lorsque Félix Hess vint annoncer à sa belle-sœur que leur ami ne tarderait
pas à venir. Une belle soirée de printemps rassembla une société d'amis intimes, tous occupés d'une grave pensée à laquelle, seule entre
tous, la future compagne de Lavater demeurait encore étrangère. On se promena ; Lavater
offrit son bras à Mlle Schinz et ne tarda pas à
l'entretenir des sujets religieux qui remplissaient
son âme ; c'est à cette pierre de touche qu'il
voulait apprécier la justesse des prévisions de
ses amis ; il fut réjoui des réponses qu'il obtint
et vivement ému à la pensée qu'il allait avoir à
prendre la sérieuse détermination à laquelle il
se préparait depuis quelque temps, non sans se
dire à lui-même : *Mets ton plaisir en l'Eternel,
il te donnera ce que ton cœur désire.*

Il apprit quelques jours après que Mlle Schinz,
lorsque Félix Hess avait cherché à pénétrer sa
pensée au sujet de Lavater, avait dit qu'elle ne
pouvait donner de réponse dans le cas où M. Lavater songerait vraiment à elle, qu'il fallait se
connaître davantage, qu'elle avait besoin de connaître l'opinion de ses parents, de réfléchir et de
prier. — Henri Hess avait écrit à Lavater, avant
son retour à Zurich, qu'il se flattait d'avoir
rencontré l'amie imaginaire décrite par le der-

nier; la sage réponse de Mlle Schinz fit espérer à tous les deux que la supposition de Henri était fondée.

Une seconde soirée de dimanche, encore plus fleurie et plus lumineuse que la première, compléta le prologue de ce pieux roman. Comment Lavater n'eût-il pas été aimé, et quelle ne dut pas être la joie de la jeune personne à laquelle il promettait amour et protection?

Aucun obstacle n'entrava le développement du projet si facilement ébauché; les parents de part et d'autre se réjouirent du choix de leurs enfants, et Lavater s'écria, le cœur plein de reconnaissance : — O mon Dieu! que pourrais-tu ajouter à tout ce que tu m'as déjà donné!

Le jour des fiançailles, fête de famille qui se célébrait avec quelque appareil, fut fixé au 6 mai 1765, anniversaire du père de Lavater; le nouveau fiancé écrivit le lendemain à son Anna une lettre dont nous citerons quelques passages. « De quelle émotion mon cœur n'est-il pas pénétré à la pensée que je puis enfin te considérer comme mon bien! — Oh! oui, ce bonheur m'est accordé; tu es bien à moi, — je t'ai reçue de la main de mon Dieu par celle de mon père; toute mon âme est ébranlée à l'idée que tu vas me rendre heureux, plus heureux que je ne puis me le figurer, mais, toi aussi, tu le seras par moi. — De quelle belle victoire ma foi est couronnée ! — Je pourrais verser des pleurs de joie en pensant à la bonté et à la fidélité de mon Dieu. Oh ! que bien arrière de moi soient désormais la défiance, les inquiétudes, l'impatience, les misérables petitesses qui ne doivent plus agiter mon cœur, rempli d'une félicité si grande ! — Je ne puis qu'élever les yeux et les mains vers toi, ô mon Dieu, et redire : Que tu es bon pour moi, mon Dieu ! comment te rendrai-je grâces !

» Oui, plus je pense, ma bien-aimée, à notre vie passée, aux temps qui s'ouvrent devant nous, à l'Eglise!, à la patrie, à nos familles et à nos amis, plus je sens avec force, avec reconnaissance, avec ravissement, la direction providentielle qui nous a unis. — Il me semble que je t'aime tous les jours davantage ; je puis aimer beaucoup, passionnément même, et comment n'aimerai-je pas en toi ta douceur, ta bonté, ta modestie ? — Combien de fois nous élèverons ensemble nos prières à Dieu ! — Ta main s'unira aussi à la mienne pour porter quelques secours à nos frères malheureux et pour sécher leurs larmes. — Ce n'est pas seulement mon cœur que tu partageras, mais mon état, mes devoirs. Tu m'encourageras à faire le bien, et tu me relèveras lorsque tu me verras languissant, abattu. »

Le jour de l'Ascension, Lavater écrivit à son Anna, pendant les premières heures de la matinée :

« Journée bienheureuse et bénie..... Comme les oiseaux chantent joyeusement !.... Il fait clair dans mon âme ainsi que dans le ciel. — Toi, chère amie, tu es pour moi un astre terrestre que j'aime à voir s'élever vers le ciel. — Oui, c'est un beau jour que celui-ci, un grand jour pour tous les chrétiens. — Nous sommes aussi chrétiens, — nous avons partout là-haut un ami qui nous veut du bien, dont l'amour pour nous dépasse toute croyance ; il est plein de miséricorde envers toi et envers moi ; il nous voit et nous bénit. — Ce divin ami nous prépare une demeure dans la maison de son Père, et dans cet asile céleste nous jouirons d'un bonheur éternel ; il nous prendra à lui afin que *là où il sera nous y soyons aussi.*

» Oh ! pensons tous les jours, pensons, ma bien-aimée, à ces félicités certaines, prochaines, magnifiques, éternelles. — Contemplons-les du même œil, — réjouissons-nous-en du même cœur. — Nous aimerons à nous entretenir du Seigneur comme de notre ami ; nous marcherons en esprit sous son regard. »

Une des plus douces joies de Lavater pendant la période heureuse qui précéda son mariage, fut d'associer son amie à ses travaux ou plutôt de travailler près d'elle; il se plaisait à anticiper ainsi sur les plaisirs de l'intimité conjugale. Il nous souvient que le grand Haller aimait aussi à continuer ses profondes études à côté de sa fiancée, Marianne, qui lui fut sitôt enlevée.

Le mariage de Lavater fut béni dans l'église de Greifensée, village situé à deux lieues de Zurich, par le pasteur de la paroisse, beau-frère de la mariée. Il est presque superflu de parler de la sainte joie des deux époux, de la prière prononcée par Lavater avant de se rendre à l'église, et dans laquelle sa vive reconnaissance envers Dieu se mêle aux ferventes promesses qui s'échappaient de son cœur; promesses de foi, de piété, de soumission pour lui et sa compagne, promesses qui furent tenues autant que la faiblesse humaine le leur permit. — « Fais, ô Dieu! qu'il ne nous arrive jamais d'oublier, dit-il, que c'est par ta volonté providentielle que nous sommes unis. — Sois toujours présent à notre pensée; nous voulons nous réjouir ensemble de tes grâces infinies; nous voulons réunir notre affection et nos efforts pour te servir en toute sincérité de cœur, avec une inébranlable fidélité et avec un zèle joyeux. — Ne permets pas que nous nous séparions jamais de toi, maintiens toi-même l'union de nos cœurs; sois notre plus grand bien, que ta Parole soit notre aliment et la vertu notre bonheur. Préserve-nous des piéges du péché. Fais que nous soyons vigilants envers nous-mêmes, maîtres de nos passions, actifs à ton service, fervents dans la prière, modérés dans la jouissance des biens de ce monde, sincères et courageux, doux et fidèles l'un à l'autre, dans ta crainte, ô Dieu présent partout et toujours bon envers les hommes. »

Le texte choisi par le pasteur était bien adapté au couple intéressant qui devait donner l'exemple d'une union vraiment chrétienne : *Que votre lumière luise devant les hommes, afin qu'ils voient vos bonnes œuvres et qu'ils glorifient votre Père qui est dans les cieux.*

Certainement Lavater fut une lumière devant les hommes, lumière qui s'éteignit au milieu de l'orage révolutionnaire après avoir brillé d'un éclat toujours plus pur et plus digne du maître qu'il voulut servir. On aime à le voir rayonner à travers les tristes vapeurs que l'incrédulité, la philosophie vaine et creuse, l'indifférence et tant d'autres misères font sans cesse renaître. De tel exemples consolent et rafraîchissent l'âme abattue et fatiguée ; ces vies humaines empreintes de grandeur et de simplicité raniment les

espérances qui se rattachent à la vie à venir ;
elles font comprendre ce que l'on a appelé *le
ciel sur la terre* et réalisent, autant que la vie
terrestre le comporte, ces rapports d'affection,
de sanctification et cette communauté de bonheur dont la plénitude est réservée à la demeure
des justes.

Lavater ne tarda pas à voir se réaliser ses espérances à l'égard de la compagne qu'il avait
choisie sous le regard de Dieu; elle sut bien vite
le deviner, le rendre heureux et plaire à ses
parents; le jeune ménage passa sept ans sous
le toit paternel; le désir d'une plus grande indépendance ne troubla point le bonheur de
Lavater; il savait supporter quelques frottements
pénibles et ne pensa jamais que vivre entièrement à sa fantaisie fût un solide moyen de félicité domestique.

La maison de son père offrait encore l'image
de ces mœurs patriarcales si rares aujourd'hui.
Après le souper, la prière se faisait en commun,
mais c'était surtout la veille du jour de l'an que
cet acte de dévotion devenait particulièrement
solennel; après la prière, le père et la mère se
plaçaient au haut de la table, les enfants en
cercle à quelque distance; puis l'aîné, c'était
notre Gaspard, prenait la parole pour souhaiter,
au nom de tous, une heureuse année à leurs

parents, leur exprimer la reconnaissance due à leurs bontés envers leurs enfants et leur demander pardon pour les manquements de chacun, pour les oublis et les offenses qui avaient pu les affliger.

Il est aisé de se figurer combien Lavater devait mettre de vie et de réalité dans cette coutume excellente en elle-même, mais dont la forme n'était assurément pas exempte de contrainte et de raideur.

Nous citerons ici quelques strophes d'une pièce de vers qu'il adressa à sa femme le jour de sa fête; il commence par ne lui parler que de son bonheur, de son amour; puis la terre disparaît à ses yeux; il se transporte dans l'éternité, l'un des grands objets de sa pensée; c'est toujours l'homme qui vit en ce monde et dans le ciel et pour lequel la première partie de l'existence n'est que le prélude de la grande et éternelle réalité.

« Laisse en ce jour mon cœur épancher toute sa joie ; que tout ce que je dirai s'échappe de ce cœur ému pour pénétrer dans le tien ; il ne saurait se refuser à partager ce que j'éprouve. — Non, car tu sais avec quelle ardeur je t'aime, — tu connais, tu sens toute mon affection pour toi.

» Aucune âme ne me semble aussi belle que

la tienne, ma bien-aimée. — Je n'ai qu'à prononcer ton nom pour que mon cœur s'émeuve.
— Le doux éclat de tes yeux m'attire à toi avec une irrésistible force; — aucun plaisir ne me réjouit autant que celui que je goûte à me sentir près de toi. — Comme un seul jour, se sont écoulées les cinquante journées de notre heureuse union; aucune plainte, aucun ennui n'en ont troublé les douceurs. A peine comprenons-nous ce que c'est que la douleur; — les années passeront comme un rêve du matin dans l'atmosphère bénie qui nous entoure.

» Et, dans peu d'années seulement, lorsque ce jour reviendra, nous aurons appris comment Dieu bénit ceux qui le servent de tout leur cœur. — Mère, mère, s'écrieront des enfants aussi beaux que toi ; et moi je les prendrai dans mes bras pour les porter à ta mère, à toi. — Chère amie, que chacun de nos jours soit consacré à Dieu. — Je chemine joyeusement à tes côtés, à travers le temps, pour atteindre l'éternité. — Eternité! c'est d'un œil serein que nous devons te contempler toujours; rien ne repose autant le pèlerin que de sentir qu'il approche du terme de son voyage.

» Tu seras à moi aussi longtemps que je vivrai; après la mort, peut-être, tu m'appartiendras encore; — et moi, je suis, je serai aussi à toi dans cette vie et après ma mort. — Làhaut où nous nous retrouverons, où rien ne pourra nous séparer, libres du péché, nous adorerons ensemble notre Seigneur, nous l'adorerons éternellement. »

L'un des vœux les plus chers de Lavater s'accomplit à la fin de sa première année de mariage ; une fille vint réjouir l'heureux ménage ; mais elle ne vécut que deux ans et demi. Lavater a eu huit enfants ; cinq sont morts en bas âge ; trois seulement lui ont survécu : Henri, docteur en médecine ; Annette, qui épousa le pasteur Georges Gessner, auteur de la biographie de Lavater ; et Louise, la cadette, née en 1780 ; ce fut à elle qu'appartint le douloureux bonheur de prendre soin de son père à son lit de souffrance et de mort.

Retournons à Lavater théologien, poëte, critique infatigable et judicieux. Sa carrière littéraire se modifia d'après ses impressions et ses découvertes ; il se mit à écrire sans avoir formé d'autre plan que celui de pousser aussi loin que possible sa culture intellectuelle et de rendre gloire à Dieu par l'usage des dons qu'il en avait reçus. Ses sermons attirèrent assez l'attention publique pour que l'on en imprimât plusieurs sans sa participation ; on peut supposer que ses amis se permirent ce genre de larcin, qui ne pouvait guère déplaire au jeune prédicateur. A la même époque il continuait à composer des poèmes religieux; ses relations avec Klopstock, Cramer, Bodmer et Breitinger avaient fortement développé en lui le goût de la poésie; mais il ne se borna pas à traduire en vers ses propres pensées, il essaya une traduction des Psaumes, publiée de 1765 à 1768, et sans doute il dut à cette noble étude les progrès qui le placèrent au rang élevé qu'il conservera parmi les poètes suisses. Il avait un grand respect pour la beauté de la forme; il écrivait avec une simplicité franche et mâle, que jamais ne séduisirent les ornements ambitieux ni l'élégance frivole; ce que l'on peut lui reprocher c'est d'avoir imprimé trop de petits poèmes, destinés à ses amis, et qui, aujourd'hui, ont perdu leur principal mérite en perdant celui de l'à-propos; il écrivait avec une si grande facilité que les vers ne lui coûtaient pas plus de travail que la prose; sa fécondité poétique a nui à la perfection de ses œuvres, mais un grand nombre de ses cantiques et de ses chants patriotiques prouvent la réalité aussi bien que la remarquable flexibilité de son talent poétique.

Ce fut pendant un séjour à Schinznach, berceau de la première Société helvétique, que Lavater se prit d'enthousiasme pour la poésie nationale; la Muse de la patrie à laquelle il dut l'inspiration des *Schweizerlieder* (chants helvétiques), le visita dans ces beaux lieux; M. de Planta, l'un des fondateurs de la société naissante, l'entretint longuement de l'heureuse influence qu'un poète national pourrait obtenir en Suisse, de l'importance que des chants à la fois historiques et moraux, simples et élevés, acquerraient aux yeux de tout bon juge, et de l'intérêt qu'il y aurait à se charger d'une pareille tâche.

Il n'en fallait pas davantage pour enflammer l'imagination de Lavater; un nouveau champ s'ouvrit à lui. Il publia, en 1767, la première édition de ce recueil, qui fut reçu avec acclamation et dont le succès, soutenu et mérité, a plus d'une fois porté atteinte à celui de plusieurs de ses écrits, tant on avait pris l'habitude d'élever d'avance les *Chants patriotiques* au-dessus de tout ce que leur auteur pourrait ajouter à ce monument de son talent poétique. Il nous semble à propos d'appeler l'attention sur ces chants populaires, modèles du genre, s'il est question de la Suisse, et qui, depuis lors, n'ont pas été égalés. Lavater possédait toutes les facultés nécessaires pour réussir dans la composition de morceaux qui doivent réunir la simplicité dans la forme à l'élévation dans la pensée et une grande vérité de détails à une haute moralité. Il a traité des sujets variés dont l'ensemble compose toute une série de faits historiques et de scènes domestiques. Guillaume Tell, Nicolas de Flue et les grandes batailles gagnées par les Suisses, sont racontés avec une énergie et souvent une beauté d'expression bien propres à réveiller l'amour de la patrie et la reconnaissance envers Dieu. A ces morceaux historiques se lient les chants guerriers avant et après le combat, ceux de l'heureuse république, des agriculteurs, des jeunes filles, du pasteur, du magistrat, des jeunes milices, de la landsgemeinde, etc. C'est un cours complet de la vie helvétique, précieux recueil, trop tôt oublié, après le grand succès qu'il a obtenu dans la Suisse allemande. Chez nous il est à peu près ignoré; peut-être serait-il bon de le réimprimer pour les nombreux écoliers qui, enfin, apprennent la langue allemande; aucun cours de poésie ne pourrait être plus utile par son côté national et moral, tandis que les beautés poétiques satisferaient les esprits capables d'en goûter le charme.

Lavater chanta les vertus et les hauts faits des anciens Suisses avec l'enthousiasme qui n'appartient qu'aux vrais poètes et que la patrie seule peut inspirer à un si haut degré; en analysant froidement ses poèmes, dédiés a ses compatriotes, on pourrait leur faire essuyer de sévères critiques, mais lorsqu'ils parurent, on ne songea pas à lui dire qu'il peignait avec de trop belles couleurs les scènes du temps passé ; les conseils qui, dans ses poèmes, s'appliquaient aux chanteurs eux-mêmes, furent reçus avec reconnaissance.

Essayons d'imiter, tout simplement en prose, l'un de ces poèmes, en choisissant le sujet le plus connu, le plus usé, Guillaume Tell ; — mieux encore que nos appréciations critiques, cette imparfaite traduction fera connaître le mérite des chants de Lavater.

Non, non, méchant, devant ton chapeau, élevé sur une perche, aucun homme de cœur, aucun homme d'honneur ne s'inclinera, — Guillaume Tell ne s'inclinera pas.

Tu as beau grincer des dents, ô tyran! celui qui est libre demeure libre, et, ne possédât-il rien, il lui reste encore le courage et la fidélité.

Le bailli plein de colère s'emporte et s'écrie : — Tell, tu tireras là-bas ; tu viseras la pomme que je te ferai placer sur la tête de ton fils ; sinon, vous périrez tous deux.

Tell écoute et supplie en vain : Tue-moi, dit-il, me voici ; — inutiles prières ; — il regarda son fils et pleura amèrement.

Puis il pressa l'enfant contre son cœur, — quel moment d'angoisse! — et lui dit à voix basse : Tiens-toi tranquille, ne crains pas ; je ne te ferai point de mal, tiens-toi tranquille.

Il le conduit doucement près d'un arbre, pose la pomme sur sa tête, et parcourt rapidement l'intervalle mesuré.

Il se hâte de saisir son arbalète et sa flèche ; il tend la corde, vise avec calme ; l'enfant demeure immobile ; par un mouvement à peine visible, Tell lâche le ressort, la flèche siffle, la pomme tombe.

L'enfant, transporté d'une joie enfantine, se précipite dans les bras de son père en lui apportant la pomme au bout de la flèche.

Jamais son père ne l'embrassa avec autant de tendresse ; jamais il ne rendit de telles grâces à Dieu ; jamais le bonheur ne naquit ainsi pour lui d'une douleur poignante, jamais l'honneur ne rejaillit ainsi pour lui de l'insulte et du mépris.

Mais, hélas, à peine le danger, si glorieusement surmonté, a-t-il cessé, que le gouverneur, apercevant une seconde flèche, demande d'un ton menaçant : Pour qui ?

Tell répond avec ironie : C'est l'usage des tireurs ; mais Gessler a surpris son sourire, et répète : *Pour qui ?* — Elle était mise à part pour ton cœur, répondit Tell.

Gessler, saisi d'une fureur nouvelle, fait lier les pieds et les mains de Tell ; il menace, il écume, il jure de le jeter en prison.

On l'entraîne dans une barque : Au donjon de Kussnacht! s'écrie le maître ; il se place près de sa victime et lui dit en ricanant : Te reposes-tu maintenant ?

Le héros enchaîné se conduit en héros ; Tell dans les fers est toujours Tell, et Dieu devant qui l'opprimé trouve grâce le voit, et l'aidera bientôt. Il fait lever la tempête ; elle se déchaîne ; les bateliers pâlissent et s'écrient : Si Tell ne prend le gouvernail, nous périrons tous.

La mort les menace de près ; l'angoisse et le danger redoublent ; Gessler, saisi d'effroi, en murmurant dit à ses serviteurs : Détachez ses liens.

Le bras libre du brave Tell travaille avec succès ; il s'élance sur le rocher, ivre de joie ; il repousse la barque sur l'onde agitée.

Les vagues en courroux mugissent aux oreilles du tyran ; Tell se recommande à Dieu, respire un instant, puis s'enfuit à la rencontre de son ennemi. — Gessler se flatte de l'atteindre ; il le poursuit, l'œil en fureur, le front chargé de soucis et de haine ; il entre dans le sentier ombragé de buissons et de ronces.

Tell, immobile, caché sous le feuillage, l'arbalète en main, pense à son fils, aux malheurs de la patrie, et prépare son arme.

Il vise encore une fois et lance sa flèche dans le cœur de Gessler ; il regarde avec joie couler le sang du meurtrier.

Son ennemi pâlit et tombe de cheval. — Tell s'agenouille, et rend grâces de toute son âme, car lui et les siens sont sauvés.

La liberté de la patrie naquit de cet évènement ; bientôt elle brilla au loin, et partout se répandit sa lumière.

Ajoutons à cette dramatique esquisse, si remplie du sentiment poétique et si dénuée de tout ornement, quelques strophes du *Chant d'adieu* adressé à un jeune Suisse qui se met en voyage.

Reçois notre adieu, ô frère, serrons-nous la main ; pars et voyage comme on doit voyager dans les Alpes de notre Suisse ; respire au sommet de nos monts, comme au fond de nos vallées, la liberté que nul ne nous enlève; que la joie se lise dans ton regard.

Contemple la nature avec un saint respect. Arrête-toi sur le champ de bataille ; souviens-toi des actions de nos pères et considère ces lieux sacrés; remercie Dieu à genoux; chante le courage des héros et promets de verser ton sang pour la cause de la liberté.

Apprends à connaître les lois et les coutumes de chacune des villes confédérées, et que les hommes droits de cœur et de langage te deviennent chers; admire la force, honore la patience avec lesquelles le laboureur cultive le terrain aride; quoique la sueur inonde son visage, il est heureux et bien portant.

Ne te laisse pas dominer par l'envie de visiter les royaumes lointains et d'aller, comme tant d'autres, voir de près la puissance des rois. Tu n'apprendras pas à être utile à ton pays en te livrant aux jeux et aux plaisirs; méprise, ô jeune Suisse, le vain éclat des grandeurs et l'attrait des jouissances que la douleur suit de près.

Tes sentiments patriotiques s'altéreraient dans la sphère du grand monde; la simplicité des mœurs s'efface où règne la volupté. Si ta patrie ne te suffit pas, tu n'es pas digne de lui appartenir; tu n'es pas digne que le soc d'une charrue suisse te nourrisse des produits d'une terre libre.

Non, non, retiens ton pied, — détourne ton regard, — interroge ton cœur; ne faiblis pas, reviens; n'écoute pas la voix séductrice; si tu balances, tu céderas; crois que ceux qui te promettent le plus de bonheur ont eux-mêmes le cœur déchiré.

Lavater suppose ensuite que le voyageur s'égare dans les délices de Paris, alors bien plus séduisantes, plus étranges et plus nouvelles qu'elles ne le sont aujourd'hui, et qu'il s'est écrié : *Je ne suis plus patriote.*

Alors nous pleurerons sur toi ; — alors nous serons forcés de te mépriser. — Tu sais combien nous t'aimons maintenant, combien nous sommes frères, — alors nous te dirons : Ha! ha! — il ne veut plus être Suisse ; voyez donc cette poupée française, — voyez cette jambe qui ne sait plus que danser. — Non, non, fi, donnez-nous encore la main et jure que toujours la Patrie te sera aussi chère que la Liberté. — Reviens honnête, comme tu l'es aujourd'hui ; plus vertueux, plus fort encore, toujours suisse, toujours chrétien, reviens te jeter dans nos bras.

Et maintenant porte-toi bien. — Que Dieu t'accompagne. Qu'il soit avec toi dans les heures du danger. Ainsi, nous demeurerons tes amis, si tu ne te pervertis pas ; oui, nous comptons sur toi, nous t'embrassons de cœur ; n'oublie jamais notre dernier serrement de main, ne l'oublie pas, adieu (1).

C'est un puissant moyen d'écucation populaire

---

(1) L'exemplaire des *Schweizer-Lieder*, duquel nous avons traduit quelques strophes, nous a été prêté par M. Charles Monnard ; il l'a beaucoup lu pendant son enfance et lui doit ses premières impressions poétiques et patriotiques Ainsi Lavater a développé en lui l'impulsion qui domine sa vie et qui le soutient aujourd'hui dans la composition des trois derniers volumes de l'*Histoire de la Confédération suisse*, partie importante, qui n'a pas encore été traitée et qui présente de nombreuses difficultés.

que de pareils chants; pourquoi les laisser tomber dans l'oubli? A coup sûr leur étude ne pourrait que nous être avantageuse, et le bon Lavater revivrait ainsi parmi nous.

La patrie qu'il chantait était, à ses yeux du moins, plus forte, plus unie que celle d'aujourd'hui; il en a célébré l'idéal plus que la réalité; cependant, malgré toutes les révolutions nouvelles, malgré toutes les causes de faiblesse et de malheur qui s'agitent au sein de nos cantons, les grands traits du tableau sont toujours les mêmes, les sentiments n'ont guère changé; au sein de l'orage, *la Suisse est toujours la Suisse*, comme Lavater le disait de Tell dans la barque de Gessler; mais tout ce qui peut ranimer ou entretenir le feu sacré, tout ce qui peut servir de digue aux flots envahissants, est bon à remettre en lumière.

La vie entière de Lavater prouva que son patriotisme n'était pas un élan de jeunesse ou un aveugle enthousiasme; il sentait les misères du présent aussi vivement que les beautés historiques du passé; il ne se dissimulait point les erreurs et les fautes qui devaient être réparées pour que le bonheur conquis par les ancêtres pût être conservé à leurs descendants; nous le verrons, saisi d'effroi à la vue des excès commis au nom de la liberté, blâmer hautement l'esprit de destruction qui domine les grandes crises révolutionnaires.

Il publia, à peu près en même temps que les *Chants helvétiques*, en 1767, son *Manuel chrétien*, *Christliches Handbüchlein*, le premier de ses ouvrages de dévotion; ce livre fut accueilli avec empressement et porta de bons fruits; cette utile semence, déposée sans bruit dans le sol, produisit une riche récolte.

Peu après, en 1769, parut la traduction de la *Palingénésie* de Bonnet. Lavater, si riche lui-même d'idées et de connaissances, se plaisait néanmoins à traduire; les esprits supérieurs se livrent parfois avec plaisir à ce genre de travail littéraire, trop souvent abandonné à des écrivains qui n'en sentent pas assez les difficultés et qui s'en acquittent sans discernement.

Parmi les traducteurs de cette classe, citons, en passant : Mme Necker de Saussure, à laquelle on doit une traduction du *Cours de littérature* de Schlegel; M. Edgar Quinet, qui a fondé sa réputation par celle des *Idées sur la philosophie de l'humanité* de Herder; et M. de Lamenais, dont la traduction de l'Imitation de Jésus-Christ l'emporte incontestablement sur presque toutes les versions françaises de cet admirable livre.

Pendant son séjour à Berlin, Lavater avait

cherché à faire la connaissance d'un Israélite alors fort célèbre, Moïse Mendelssohn (1), qui, alliant les soins du négoce à de profondes études littéraires, était employé dans la maison de M. Bernhard, grand marchand de soieries. Lavater fut très-étonné de trouver le philosophe occupé dans le magasin à peser de la soie, mais la conversation ne tarda pas à s'engager au gré de Lavater, et dans leur premier tête-à-tête la discussion tomba sur les matières de foi, chè-

---

(1) Moïse Mendelssohn, né à Dessau de parents israélites, en 1729, mort à Berlin en 1786, se distingua par son profond savoir et par l'élévation de son caractère; il écrivit un grand nombre d'ouvrages remarquables sur la philosophie, la morale, la littérature, les arts, la loi mosaïque et les intérêts sociaux de la nation juive : la pureté de son style le place parmi les classiques allemands. Il s'occupa avec persévérance de l'éducation de ses coreligionnaires et propagea au milieu d'eux l'étude de la langue allemande, moyen de communication alors ignoré des Juifs ; il est à remarquer que Mendelssohn contribua fortement au perfectionnement de cette langue, dont il ne dut qu'à lui-même la connaissance approfondie ; tout en demeurant fidèle aux observances judaïques, il sut se concilier l'estime et l'admiration des chrétiens les plus éclairés.

Mendelssohn était de petite stature et bossu, mais sa physionomie était pleine d'expression et de vivacité. Ses yeux noirs, son front élevé annonçaient une imagination et un esprit rares. Il portait une barbe courte, selon l'usage des Juifs de son temps ; ses manières patriarcales s'alliaient d'une façon piquante avec l'urbanité, on peut dire l'atticisme, que lui donna l'étude des Grecs. Le célèbre compositeur Félix Mendelssohn-Bartholdy est son petit-fils.

res au jeune voyageur. Mendelssohn parla du caractère moral de Jésus-Christ avec une grande vénération ; Lavater emporta l'espérance de l'amener un jour à reconnaître la divinité du Seigneur.

Suivant son habitude il écrivit leurs entretiens et rendit compte à son père, dans l'une de ses lettres, de ce qu'il pensait de ce Juif distingué. « C'est un homme, dit-il, d'une instruction fort étendue, d'un goût très-fin, et dont les vues ne sont pas seulement ingénieuses, mais élevées et profondes ; il est vraiment le frère de ses frères les Juifs, qui, à leur tour, l'aiment et le considèrent. Mendelssohn est simple, ouvert, modeste, et juge avec impartialité les œuvres de l'art et celles de l'esprit. »

Lavater se persuada que la *Palingénésie* de Bonnet pourrait contribuer à éclairer Mendelssohn sur la vérité des doctrines chrétiennes ; il se fit un plaisir de lui dédier sa traduction de ce livre et se permit de publier quelques parties des entretiens qu'ils avaient eus ensemble sur les grandes questions que chacun continuait à résoudre d'après ses propres convictions. Il n'en fallut pas davantage pour soulever tout un orage littéraire : Mendelssohn se vit publiquement accusé de faiblir dans son judaïsme ; on cita, on défigura les propos que Lavater aurait dû conserver dans son portefeuille, et les deux sages se virent obligés de se donner des explications, dont le résultat rétablit leur bienveillance réciproque. L'Israélite se plaignit avec beaucoup de douceur et de dignité ; Lavater lui demanda pardon avec l'humilité d'un vrai chrétien. Sa lettre d'excuse se termine par ces mots tout-à-fait caractéristiques : « Pardonnez-moi donc. — Et quoi ? — mon affection, ma haute considération pour vous, mon ardent désir de vous voir heureux dans ce monde et dans celui qui est à venir ? Non ; mais pardonnez-moi le moyen fâcheux dont j'ai fait usage pour témoigner de mes sentiments à votre égard. »

Les lettres que Mendelssohn et Lavater échangèrent à l'occasion de la dédicace de la *Palingénésie* forment un recueil remarquable et qui obtint une grande vogue ; elles apprirent aux folliculaires, qui avaient cherché à semer la discorde entre les deux correspondants, que Mendelssohn savait apprécier Lavater. « Je reconnais, dit Mendelssohn, dans la conduite de Lavater à mon égard, son amitié et ses bonnes intentions ; les réponses qu'il m'a faites montrent, à mon avis du moins, sous le point de vue le plus favorable, la haute moralité de son caractère ; on y reconnaît l'empreinte du plus sincère amour des hommes et de la crainte de

Dieu ; un zèle ardent pour le bien et la vérité, une parfaite droiture et une modestie qui est presque de l'humilité. Je m'estime singulièrement heureux de n'avoir jamais méconnu le mérite de cette belle âme. »

Tandis que Mendelssohn et Lavater se donnaient satisfaction avec tant de noblesse et de charité, on se permettait envers le dernier d'étranges impertinences. Un collaborateur de la *Gazette d'Iéna* publia en latin une relation du journal de voyage de Lavater, dans laquelle sa première entrevue avec Mendelssohn était racontée au gré de l'inventeur. Lavater repoussa avec énergie, dans le même journal, cette grossière imposture : la patience devait lui échapper ; mais en bien d'autres occasions il eut à repousser de pareilles attaques : son caractère, trop confiant, l'exposait à la malice de ses envieux ; il fut sans cesse traduit à la barre du public, tantôt par de simples calomniateurs, tantôt par des amis indiscrets, ainsi qu'il en arriva lors de la première publication de son journal intime. Ses enfants trouvèrent après sa mort de grandes lacunes dans ce journal, et plusieurs amis du défunt leur renvoyèrent des fragments de cet intéressant écrit que Lavater leur avait prêtés ou donnés ; ce fait prouve à quel point il se livrait volontiers et combien peu il attachait d'importance à la conservation des pages qu'il écrivait pour lui-même.

Il ne faut pas nier que cet homme excellent n'ait en ce point subi la loi qu'on exprime assez bien en disant d'une personne qui sort de la ligne ordinaire, qu'elle a les défauts de ses qualités. De l'indiscrétion à l'égard de soi-même et quelquefois envers autrui, trop de complaisance à se scruter, à se raconter, trop d'indulgence pour les pensées qui n'étaient que les derniers reflets de ses meilleurs sentiments, ont nui, dans une certaine partie du public, à la réputation littéraire et même à la considération personnelle de Lavater. Il n'a pas assez recherché le silence et l'obscurité; mais, encore une fois, lui seul a souffert de cette exubérance de sentiments, de paroles et de pages; de telles natures sont infiniment rares et précieuses à rencontrer; on doit en admirer la beauté avant d'examiner à la rigueur toutes les conséquences que peut avoir cette chaleur d'âme, cette obligeance infatigable, cette disposition à ne jamais craindre ni soupçonner le mal.

Plus on étudie de près la vie et les écrits de cet homme éminent, plus ces misères tout humaines s'effacent. Il ne s'attache plus à son souvenir qu'un attendrissement mêlé de joie : le cœur se dilate en vivant dans l'atmosphère de cet homme excellent; tant d'amour, de bonhomie, d'enthousiasme, d'énergie et de douceur restaurent les âmes fatiguées d'elles-mêmes. Lavater est un des pèlerins qui montrent le chemin du ciel avec le plus de constance; il ne faiblit jamais; il sourit bien souvent; ses pleurs sont taris par la prière; et sa reconnaissance pour les bienfaits reçus est un appel au même sentiment chez ceux qui en lisent, dans ses écrits, l'expression touchante et naïve.

CHAPITRE V.

Vue sur l'éternité. — Opinions religieuses de Lavater. — Controverse. — Son journal intime. — Fondation d'une société ascétique. — Lavater accepte le diaconat de la maison des orphelins.

L'un des ouvrages les plus connus de Lavater, la *Vue sur l'éternité, Aussicht in die ewigkeit,* suivit de près la traduction de la *Palingénésie,* avec laquelle il n'est pas sans rapports, quoique les deux auteurs, jaloux de pénétrer dans les secrets de l'avenir, aient suivi une marche différente. Le livre de Lavater présente plutôt le plan d'un poème qui n'a jamais été exécuté qu'un ouvrage achevé; il le publia successivement en trois volumes. Il se compose de vingt-quatre lettres adressées au célèbre docteur Zimmerman, qui était à cette époque médecin de la cour de Hanovre ; Lavater abandonna l'idée de transformer en vers cette prose déjà si poétique ; le livre est demeuré en son premier état et a contribué puissamment à fonder la réputation littéraire de son auteur. Toutes les hypothèses de Lavater sur la vie à venir sont fondées sur les promesses et les indications contenues à ce sujet dans l'Ecriture-Sainte ; il fut accusé d'avoir poussé trop loin ses conjectures, mais ceux qui n'ont pu le suivre dans les régions élevées qu'il se plut à décrire telles qu'il les supposait, ne perdirent point, en le lisant, le juste sentiment des réalités de ce monde et ne reçurent de son livre aucune impression dangereuse. Les bornes que nous devons nous prescrire ne nous permettent pas de donner des fragments de ce noble ouvrage, mais il nous semble à propos d'indiquer les sujets traités dans chacune des lettres ; cette esquisse fait comprendre la marche suivie par Lavater.

1. Idées générales sur la composition d'un poème sur la vie future. — 2. Sources qui peuvent fournir ces idées. — 3. Plan et forme du poème. — 4. Preuves d'une vie à venir. — 5. Examen de la divine autorité de l'Ecriture-Sainte à propos de ce sujet. — 6. Doctrines bibliques sur la vie à venir considérée comme la continuation de la vie présente. — 7. Etat de l'âme après la mort jusques à la résurrection de la chair. — 8. Résurrection des morts

et jugement qui la suivra. — 9. Du ciel et des demeures célestes. — 10. De la perfection future des chrétiens — 11. Des qualités supérieures des corps célestes. — 12. Agrandissement de nos facultés physiques. — 13. De nos facultés mentales, — 14. morales, — 15. politiques. — 16. Du langage du ciel. — 17. Bonheur social. — 18. Réflexions sur le pardon des péchés. — 19. Occupations des bienheureux. — 20. De la contemplation de Dieu et de nos rapports avec Jésus-Christ. — 21. De la misère des damnés. — 22. Sentiments des élus à l'égard des damnés. — 23. Du temps et de l'éternité. — 24. Pensées nocturnes et conjectures.

Nous nous bornerons à citer l'opinion de l'excellent pasteur Oberlin sur cet ouvrage célèbre; une lettre datée de Waldbach, du 28 juillet 1774, commença la relation qui devait s'établir entre deux hommes si bien faits pour s'aimer et se comprendre.

Ami cher et honoré, qui ne m'êtes point connu personnellement, mais beaucoup par votre caractère, qu'il soit permis au pasteur de Waldbach de vous offrir ses remerciments affectueux sur deux sujets différents.

Quoique nous vous soyons étrangers, vous avez reçu dernièrement avec une grande bienveillance la personne chargée de recueillir des dons pour l'église de Fouday, et vous avez contribué vous-même à notre quête avec votre générosité habituelle, générosité qui n'est pas proportionnée à votre état de fortune. Le Seigneur n'oubliera pas cette offrande dans le registre des bonnes œuvres que vous prenez tant de plaisir à multiplier.

L'autre sujet de ma gratitude envers vous se rapporte

à votre sublime et pieux ouvrage, *Vue sur l'éternité*; nous lui avons dû de l'édification, des encouragements, un désir nouveau de chercher à imiter le Seigneur Jésus. Puisse la bénédiction du Sauveur reposer sur vous, bien-aimé serviteur et disciple, et vous récompenser ainsi de tout le bien que ce livre nous a fait, à moi, à ma femme, à mes élèves et à bon nombre de mes paroissiens.

Vous ne pouvez vous figurer combien d'heures délicieuses vous nous avez ainsi procurées.

J'avais déjà formé, avant d'avoir parcouru votre ouvrage, et d'après mes faibles connaissances, quelques conjectures sur le ciel, un peu différentes des notions obscures répandues à ce sujet. Je les ai retrouvées dans votre livre favori, développées et agrandies par de nouveaux arguments auxquels se joignent tant d'autres idées dont l'ensemble est sans prix à mes yeux. Je n'ignore pas la plupart des objections que l'on vous présente et qui sont dues surtout à l'ignorance qui prévaut en pareille matière, même chez les chrétiens qui ont l'habitude de la lecture. Ils sont si fortement absorbés par les affaires de ce monde, les visites à faire et à recevoir, les plaisirs et les vanités de la vie, qu'ils osent à peine, excepté durant leurs heures de mécompte ou d'ennui, penser à la mort et à un autre monde. Oh ! ne vous laissez pas décourager par ces objections et ces subterfuges. Les générations futures vous béniront, et vos enfants rendront grâces à Dieu de vous appartenir; ils rendront grâces pour tous les biens qui leur sont accordés par vous.

Lavater engagea, à l'occasion de ce livre, plusieurs correspondances d'un grand intérêt; il s'exprime en termes remarquables sur la question du bonheur de la vie à venir, en répondant à l'abbé Jérusalem, savant théologien qui vivait à Brunswick.

Dans une partie de sa correspondance, il explique sa pensée sur le règne de mille ans, au sujet duquel tant de contestations se sont élevées et s'élèvent encore. — « J'y crois, dit-il, en qualité de théologien : on ne peut en préciser les détails, sans doute, mais le fait est positivement annoncé dans l'Ancien-Testament. » Après en avoir développé les preuves, puisées dans les prophéties de Daniel et de David, et rendu raison des contradictions apparentes qui se trouvent entre les espérances du règne attendu par les Juifs et la mort et les souffrances du Messie, Lavater conclut en ces termes :

« Mais voyons comment les Apôtres expliquent cette grande énigme. Ils nous enseignent qu'il y aura une double venue du Seigneur sur la terre: la première a eu lieu; elle a accompli toutes les prophéties relatives à la Passion du Sauveur; la seconde aura lieu de même, et c'est alors que les prédictions qui concernent son règne sur la terre recevront leur accomplissement; ainsi tout s'éclaircit et tout s'explique. Tous les passages du Nouveau-Testament relatifs au retour du Messie, servent à prouver qu'une part seulement de ces prophéties a reçu son accomplissement par sa première venue. Les écrits des premiers Pères de l'Eglise sont aussi empreints de cette croyance, de cette certitude. Lorsque les Juifs disaient, en forme de reproche, que les chrétiens se trompaient en assurant que le Messie était déjà venu, puisque le règne qui leur est promis n'avait pas eu lieu, on leur répondait : *Il reviendra,* et avec lui les temps de rafraîchissement.

Ce n'était pas sans combats intérieurs et sans de profondes recherches que Lavater était parvenu à cette clarté de vues, à cette fermeté de conviction sur un point d'une si grande importance. Il dit lui-même, qu'avant d'avoir ainsi compris cette haute et mystérieuse question, il ne pouvait lire les prophéties sans effroi, qu'il était tourmenté par de pénibles doutes et que même le fait de la résurrection lui causait de douloureuses incertitudes; mais, une fois parvenu à la solution qui le satisfit pleinement, il demeura inébranlable dans cette manière de voir et se sentit à jamais délivré de ses angoisses passées.

On imaginera aisément que le public peu nombreux qui s'occupe de pareilles matières ne les comprenait pas toujours comme lui. Son livre sur l'éternité souleva de nombreuses oppositions; une multitude d'amères et grossières critiques lui furent adressées et plusieurs livrées à l'impression. Un pasteur de la campagne en vint même à solliciter de la part du Consistoire une sévère enquête sur les doctrines pernicieuses enseignées par Lavater; l'enquête eut lieu, mais le prétendu coupable fut déclaré innocent. A travers ce déluge d'interprétations erronées, Lavater eut à supporter les observations et quelquefois le blâme de quelques-uns de ses amis; il ne se consolait pas facilement de les avoir étonnés ou même choqués; ses convictions n'étaient point affaiblies par leur manque de sympathie à son égard, mais son cœur gémissait beaucoup plus de ces atteintes à leur intimité intellectuelle, que son amour-propre ou sa raison ne souffraient des attaques du dehors.

Il était encore en butte à un genre d'agression qui se rattachait à sa grande entreprise contre le bailli prévaricateur. Plusieurs jeunes gens, plusieurs personnes, qui se croyaient aussi appelées à faire connaître des torts réels ou imaginaires, adressaient des plaintes et des réclamations aux magistrats et aux particuliers. On ne manquait pas d'accuser Lavater d'avoir fomenté ces actes de chevalerie civique, le plus souvent déplacés; on l'interpellait en face, ou bien on le sommait de prendre part à quelque entreprise que l'on assimilait à la sienne; en un mot, il payait en détail les heures de détresse qu'il avait suscitées au magistrat coupable qui s'était enfui, mais il n'est pas probable que les ennuis causés par de fâcheux imitateurs l'aient porté à se repentir de la sérieuse démarche qui avait obtenu le succès désiré.

Ce fut pendant les années 1767 et 1768 que les idées de Lavater sur l'influence et la force active de la foi, sur la prière et le Saint-Esprit, se fixèrent; dès-lors elles ne subirent aucun changement de quelque importance, mais il ne s'épargna pas le fatigant labeur dont on se charge quand on veut compulser les écrits, les comparer ou seulement les connaître; sa diligente curiosité le porta à s'enquérir de tous les ouvrages de théologie qu'il put se procurer, et même il fit de nombreuses démarches pour se mettre en rapport avec les docteurs en cette science, ainsi que nous l'a déjà appris son voyage en Allemagne; mais après toutes ses recherches il revenait toujours à la source par excellence, à la Parole de Dieu, et s'étonnait, le plus souvent, de la variété d'opinions et de vues que les chrétiens vont y puiser.

Les réponses qu'il demandait à ses correspondants en théologie sur plusieurs questions importantes posées par lui, ne le satisfaisaient point, parce qu'elles lui semblaient inspirées par l'esprit de système et par des opinions préconçues, plutôt que par l'étude des livres saints. Il se désolait de ne recevoir que des phrases plus ou moins creuses ou sonores, au lieu d'avoir provoqué de sérieuses investigations et d'avoir obtenu quelque lumière nouvelle dont il aurait profité lui-même. La *science qui enfle,* suivant l'expression de Saint Paul, lui causait une sorte d'irritation, de colère même. « J'ai reçu, dit-il, un assez grand nombre de prétendues réponses à mes diverses questions ; je dis prétendues, parce que je n'ai pu parvenir à en obtenir de directes; personne n'a voulu demeurer sur la grande route, quoique j'eusse pris tout le soin possible pour y porter la discussion; on ne m'a envoyé que des observations, des considérations, des objections, des avertissements, des déclamations, des soupirs, des plaintes, des humiliations même, mais de réponse, point. — Etablissez-moi donc des *faits :* la puissance de la foi et son application à toutes choses, la réalité des promesses du Saint-Esprit, etc., etc. Prouvez-moi, si vous le pouvez, que les vérités positivement exprimées veulent dire toute autre chose que ce que je crois qu'elles signifient, etc. »

Il est aisé de comprendre le peu de satisfaction que Lavater goûtait à l'espèce de lutte et aux *vaines contestations* qu'il semblait cependant prendre plaisir à faire naître ; les citernes crevassées auxquelles il allait puiser ne pouvaient le désaltérer, et elles le renvoyaient d'autant plus tôt à la source toujours vivifiante ; mais il retournait volontiers aux premières, parce que l'activité de son esprit était prodigieuse et qu'il aimait, par conséquent, à connaître la pensée d'autrui, à pénétrer aussi avant que possible dans les replis des âmes occupées des mêmes sujets que la sienne : c'était toujours l'observateur qui se trahissait ; l'amour de la vérité était au fond son principal mobile, et c'était cette *vérité* qu'il demandait à chacun, pour revenir ensuite, fatigué de l'ignorance d'autrui comme de la sienne, au livre à la fois lumineux et mystérieux qui réchauffait son cœur en éclairant son âme ; il lisait assidûment le Nouveau-Testament en grec, et regrettait fort de ne pas connaître l'hébreu, afin de pouvoir étudier dans cette langue les livres de l'ancienne alliance.

Une page de son journal explique parfaitement l'état de son âme après tous les efforts qu'il avait faits pour recevoir quelque instruction des hommes ; c'est un avertissement salutaire à recueillir pour tous les chrétiens occupés comme lui de leur avancement spirituel et trop avides, peut-être, d'apprendre par leurs semblables ce que Dieu a voulu nous faire connaître en nous annonçant *lui-même* sa volonté et la part de mystères qu'il lui a plu de nous révéler.

Comment se fait-il, dit Lavater, que j'aie été, il y a dix ans, plus avancé dans la connaissance du christianisme que je ne le suis maintenant; et cela uniquement par la force et les moyens divers de la grâce, et que j'aie cependant conservé, au même degré, le désir vif et sincère de pratiquer le bien, d'aspirer à la vertu seule? J'ai cherché avec une sérieuse impartialité la cause de ce triste état moral et je crois l'avoir découverte; c'est que j'ai désiré avec ardeur entrer en relation avec les hommes les plus distingués, surtout avec les théologiens les plus estimés. J'ai réussi à me mettre en rapport avec quelques-uns des plus célèbres En les voyant de près, j'ai dû reconnaître qu'au fond ils étaient aussi mondains, aussi adonnés aux jouissances, j'entends à celles que l'on nomme les plus élevées et les meilleures, que je l'étais moi-même. Ils cherchaient, non pas sans doute comme la grande masse, à plaire à tout le monde, mais ils essayaient, à leur manière, d'atteindre le même but.

Cette découverte me donna peu à peu, après m'avoir inspiré quelque repoussement, une bonne opinion de moi-même. Ces hommes distingués, si recherchés; si estimés, me disais-je, sont sérieux et moraux lorsqu'ils se trouvent en société avec des personnes sérieuses, à peu près comme j'essaie de le faire lorsque je suis avec eux; près des hommes spirituels et légers on les voit s'animer et se livrer à de brillantes saillies; si l'on parle de religion, ils présentent quelques réflexions froides et rebattues; ils ne disent que des choses qui sentent la gêne et qui rappellent ce qu'on a lu ici ou là ; on ne se dit pas qu'en agissant ainsi on se conforme au goût de chacun ; c'est plutôt, assure-t-on, se *faire tout à tous ;* ce n'est point servir Dieu et Mammon, mais c'est *être joyeux avec ceux qui sont dans la joie.* — Quant à moi, en rentrant dans ma retraite, je me félicitais de n'avoir pas tenu des propos déplacés et d'avoir figuré convenablement dans la société de ces hommes supérieurs.

Mais qu'avais-je fait de bon ? qu'avais-je entendu ou dit moi-même qui fût de quelque valeur ? — Le plus souvent rien ou à peu près rien ; j'étais au fond tout aussi distrait, tout aussi vain, tout aussi mauvais qu'auparavant, mais pourtant tout aussi bon que ces messieurs.

Peu à peu ces relations savantes exercèrent une fâcheuse influence sur moi ; je devins indifférent à l'égard de la piété chrétienne, paresseux à faire le bien, éloigné de chacune des vertus qui exigent un redoublement d'efforts et de vigilance. Un préjugé fort dangereux ne tarda pas à obscurcir ma raison et à se rendre maître de mon cœur ; je me persuadai que les exhortations solennelles et les grandes promesses de l'Evangile ne concernaient que les premiers chrétiens. J'avais si souvent entendu soutenir cette thèse per les plus habiles docteurs, tantôt ouvertement, tantôt d'une manière détournée, que ma primitive foi dans l'autorité absolue des saintes Ecritures s'effaçait peu à peu ; j'avais si souvent écouté de longues discussions sur l'incrédulité et le déisme, sans avoir exprimé mes opinions, qu'à mon tour j'avais fini par adopter, sous une forme voilée, ce même déisme qui m'était autrefois si étranger.

L'une des maximes favorites de Lavater répond à cet égarement passager. — « Lorsque nous nous comparons aux hommes, et point à notre grand modèle, nous nous trompons nous-mêmes de la manière la plus grave. »

Mais si Lavater se sentit mal à l'aise dans l'atmosphère plus raisonneuse que religieuse dont il avait consenti à subir l'influence, il se laissa peut-être trop fortement dominer par l'exaltation qu'il puisait dans ses méditations solitaires. Sa foi à la prompte efficacité de la prière, aux secours du Saint-Esprit, à la communion de l'âme avec Dieu, au degré possible de ressemblance habituelle avec le divin modèle du chrétien, le fit passer pour un enthousiaste et un visionnaire aux yeux du public qui ne le suivait que de loin dans ces régions élevées. On l'accusa de croire aux miracles et aux apparitions; il ne niait pas les dernières, tout en disant n'en avoir jamais vu, et, quant aux miracles, il s'appuyait sur les paroles de l'Evangile qui promettent aux disciples de Christ le privilége de réaliser *les œuvres* que lui-même est venu accomplir. *Celui qui croit en moi fera aussi les œuvres que je fais, et il en fera même de plus grandes que celles-ci, parce que je m'en vais à mon Père.* C'est ainsi qu'il justifiait les espérances particulières qu'il se permettait, sans préciser quand et comment cette partie des promesses divines peut recevoir son accomplissement. Quant à l'action du Saint-Esprit et de la prière, il ne parlait que par expérience; de nos jours tout ce que Lavater a dit sur ces importantes doctrines serait jugé tout autrement qu'à l'époque où, presque seul, il demandait et recevait avec une grande abondance les secours mystérieux auxquels peu d'hommes croyaient comme lui. — Ses opinions religieuses perdent entièrement leur caractère enthousiaste lorsqu'on étudie les détails de sa vie et que l'on parcourt son journal intime ; là se développe un homme éminemment pratique, parfaitement simple et vrai, naïf parfois jusqu'à l'enfantillage, et passant des vues les plus élevées et les plus poétiques aux réalités les plus vulgaires ; il se livre à l'observation de lui-même en scrutateur habitué à poursuivre dans leurs plus légers replis les effets et les causes; on peut dire que Lavater s'écrivait lui-même tout entier et sans cesse; rien ne lui semblait inutile à constater ; l'activité de sa plume ne se lassait jamais; de là, une multitude d'écrits dont un grand nombre n'étaient pas destinés à l'impression ou au grand public; on pouvait lui appliquer à la lettre ce mot si profond et si vrai : de *l'abondance du cœur la bouche parle,* en ajoutant qu'écrire et parler étaient pour lui une même chose ; son cœur était certainement doué d'une chaleur tout-à-fait exceptionnelle et qui tendait sans cesse à se répandre au-dehors. Il y a peut-être quelque faiblesse ou trop de confiance en autrui dans cet abandon de sentiments et de pensées, mais un auteur de la trempe de Lavater se fait ainsi plus de tort à lui-même, littérairement parlant, qu'il ne se rend coupable à l'égard du public.

Ses vrais titres à l'attention de la postérité surgirent au milieu de cette foule de publications diverses ; on publie maintenant un nouveau choix de ses sermons ; sa *Physiognomonie* est souvent réimprimée en diverses langues et gagnera toujours à être comparée aux systèmes qui se forment et se varient sans parvenir à s'élever à la dignité d'une science positive ; ses cantiques et les plus beaux de ses chants resteront en honneur en Suisse et en Allemagne ; en un mot le trop-plein de sa riche corbeille n'a pu faire méconnaître la beauté des fleurs et la saveur des fruits éclos sous sa main laborieuse.

Son journal intime, *Tagebuch eines Beobachters seiner selbst*, eut un sort bien différent de celui d'Albert de Haller, qui ne parut que dix ans après la mort de son auteur et fit alors peu de sensation. Un ami indiscret en usa à l'égard de ces cahiers à peu près comme MM. Gibbon et d'Eyverdun à l'égard du manuscrit de Caroline de Lichtfield. Lavater avait prêté à M. Zollikofer son journal d'un seul mois (celui de janvier) de l'année 1769 ; ce cahier se trouva assez intéressant pour que l'on pût en extraire un volume, auquel l'éditeur se permit de faire des additions et des retranchements destinés à détourner les soupçons et à cacher le nom du véritable auteur. Lavater reçut par la poste, en 1771, un volume anonyme dans lequel il reconnut avec la plus grande surprise son propre travail, dont une volonté étrangère, quoique bien intentionnée à son égard, avait disposé sans lui ; il ne se nomma point et resta témoin silencieux du succès qu'obtinrent ses études sur lui-même, mais il s'en déclara l'auteur dès la seconde édition et donna une préface dans laquelle il signalait les changements les plus importants qu'avait subis son texte primitif, tout en disant qu'ils avaient été calculés avec beaucoup de sagesse et qu'il les pardonnait volontiers à son bienveillant éditeur.

Il insiste cependant sur le fâcheux effet que pouvait produire un ouvrage de cette nature. « Le public, dit-il, n'est-il pas en droit de blâmer hautement celui qui vient l'entretenir de toutes ses impressions, de toutes ses affaires ? Si chacun en faisait autant, où en serait-on ? » Lavater avait trop d'esprit et de connaissance du monde pour ne pas prévoir les objections que l'on peut faire contre une publication de ce genre ; il était en droit de se plaindre doucement de l'indiscrétion commise, mais il savait aussi combien cette première partie de son journal excitait d'intérêt et produisait d'édification ; il se laissa donc entraîner à suivre la voie tracée par Zollikofer, et confia, en 1773, c'est-à-dire deux ans après la publication du premier volume, les matériaux d'un second volume à l'éditeur intelligent qu'il laissait maître de les publier. Il était évident que cette suite, avouée par l'auteur, serait promptement imprimée, mais il faut convenir qu'elle eût gagné beaucoup à être considérablement abrégée ; elle contient un grand nombre de détails insignifiants et même des pages entières couvertes de chiffres. A quoi bon exciter la curiosité du lecteur par des signes qui ne sont destinés qu'à lui cacher notre pensée? Ce langage énigmatique, inventé par Lavater pour son propre usage, et intelligible pour lui seul, qu'a-t-il à faire dans un livre? C'est un enfantillage sérieux, un témoignage de cette faiblesse humaine aussi durable que la vie entière et dont la forme seule varie d'un individu à l'autre, mais qui, nous devons l'avouer, ne se montre pas toujours aussi naïvement qu'elle le fit en cette occasion chez le bon Lavater. Le second volume de son journal peut servir d'avertissement à tous ceux qui se racontent eux-mêmes ; il renferme sans doute beaucoup de pages précieuses, mais le *trop* se fait sentir, et l'on ne peut s'empêcher de croire que cette fois-ci l'auteur, en écrivant sa vie intime, pensait au public.

Le premier volume commence par le plan de conduite que Lavater s'était tracé peu de temps après son mariage : on y retrouve toute la confiance de la jeunesse, si libérale de promesses aux autres et à soi-même, de cet âge où l'on croit que *le pouvoir* est aussi fort que *le vouloir,* erreur que l'expérience ne tarde pas à dissiper.

> Je ne commencerai point à vaquer à mes affaires le matin et l'après-dîner sans m'être retiré un moment à l'écart pour prier Dieu de m'accorder son assistance et sa bénédiction.
>
> Je n'entreprendrai ni n'achèverai aucune chose que je ne pusse continuer si Jésus était visible à mes yeux, ni dont j'eusse à me repentir à l'heure incertaine de la mort.
>
> Je veux, avec l'aide de Dieu, m'accoutumer à faire toutes choses sans exception au nom de Jésus, comme le faisaient ses apôtres.
>
> Je veux implorer à chaque heure les secours du Saint-Esprit et demeurer dans une disposition continuelle à la prière,

Chacune de mes journées doit être marquée par une œuvre de charité particulière. Je veux chaque jour être utile à ceux qui vivent avec moi sans que les choses du dehors puissent l'empêcher.

Où que j'aille, je prierai Dieu de me garantir du péché et je chercherai à laisser une bonne impression. Chaque soir je m'examinerai d'après cette règle de conduite et je marquerai dans mon journal les manquements de la journée.

Mon Dieu, tu vois ce que je viens d'écrire; puissé-je, tous les matins avec droiture et tous les soirs avec joie, repasser ces lignes avec l'approbation de ma conscience !

Ce n'est pas sans une sorte d'effroi que l'on parcourt un plan de conduite tracé d'une main si ferme et si confiante. Qui pourrait s'y conformer atteindrait la perfection et s'y maintiendrait. Tel ne fut pas sans doute le succès de Lavater; ses touchantes promesses peuvent être mises au rang des vœux téméraires. La scène suivante vient à l'appui de cette supposition, car elle nous montre Lavater à une assez grande distance des dispositions qu'il se flattait d'entretenir incessamment dans son cœur.

Il venait de s'entretenir avec sa femme sur le vrai sens de ce passage, choisi pour être l'objet d'une méditation et d'une application particulière pendant le cours de la journée : *Donne à celui qui te demande, et ne te détourne pas de celui qui veut emprunter de toi.*

Comment expliques-tu ces paroles, lui dit sa femme?
— Nous devons les comprendre, répondit-il, comme si nous les entendions tomber de la bouche même de Jésus-Christ. Ce qui est écrit n'a pas d'autre signification que celle qui ressort immédiatement des mots pris dans leur sens ordinaire; *donne à celui qui te demande*, dit Celui auquel appartient la propriété de tous mes biens. Je ne suis que l'intendant et nullement le propriétaire de ma fortune. Cela me parut si clair, si positif, que j'en raisonnai avec une chaleur toute particulière.

Après le dîner, continue Lavater, on m'annonça une veuve âgée; je la fis prier de monter dans ma chambre. — Pardonnez-moi, mon bon monsieur, dit-elle, pardonnez-moi; j'ose à peine vous le dire, mais voilà qu'on me demande le paiement de mon loyer, et il me manque encore six thalers. J'ai été malade pendant un mois, mon pauvre fils a eu bien de la peine à subvenir à mes besoins; j'ai mis de côté chaque sou qui ne m'était pas indispensable, mais au nom de Dieu, venez à mon secours pour ces six thalers; je dois les avoir demain ou après-demain. Voici, dit-elle, tout ce que je puis encore sacrifier (c'était un livre avec un fermoir en argent); c'est bien à regret que je m'en sépare, car mon mari m'a donné ce livre quand nous nous sommes mariés; mais je vois bien que cela ne suffira pas. Ne savez-vous pas quelque moyen de me tirer d'embarras?

Je déclare devant Dieu que je ne puis vous assister, ma bonne femme, répondis-je; en même temps et par habitude, je sortis de ma poche quelques pièces de monnaie qui valaient à peu près deux thalers. Ce n'est point assez, lui dis-je; il vous faut la somme entière, et d'ailleurs quand cet argent pourrait vous tirer d'affaire, je ne vous le donnerais pas, j'en ai besoin moi-même. N'avez-vous point de protecteur ou d'ami qui puisse vous donner ou vous avancer cet argent ?

Non, en vérité, je ne sais à qui m'adresser; je ne puis me résoudre à mendier de porte en porte ; j'aimerais mieux travailler toute la nuit. On m'a dit que vous étiez si bon, si généreux ! Puisque vous ne pouvez venir à mon secours, à la bonne heure, excusez-moi de vous avoir importuné. Je verrai ce que je puis encore tenter; Dieu ne m'a jamais abandonnée, il ne se détournera pas de moi à présent que je suis vieille; j'ai soixante-seize ans.

En ce moment ma femme entra. Je me sentis honteux, mal à l'aise; j'aurais voulu pouvoir m'abriter sous quelque prétexte, car ma conscience me répétait tous bas: *Donne à celui qui te demande et ne te détourne pas de celui qui veut emprunter de toi*. Ma femme me disait en même temps à l'oreille : — « C'est une femme honnête et pieuse; il est très-vrai qu'elle a été malade ; aide-la, si tu le peux. » — La honte, l'avarice, la charité se disputaient mon cœur. — « Je n'ai que deux thalers, répondis-je à voix basse, et cela ne suffit pas, il lui en faut six. » Je voulus serrer la main de ma femme, supposant qu'elle me laisserait tranquille ; elle aussi me serra la main, me sourit amicalement, me regarda avec tendresse, puis elle dit à haute voix ce que ma conscience répétait tout bas: *Donne à celui qui te demande et ne te détourne pas de celui qui veut emprunter de toi*. Je souris à mon tour et je fus assez malin pour lui demander si elle voudrait se priver de la bague qu'elle portait. — Avec grand plaisir, dit-elle, en l'ôtant de son doigt. La vieille femme était assez simple pour ne pas comprendre cette petite scène ou assez modeste pour ne pas l'interpréter en sa faveur. Ma femme la rappela et lui dit d'attendre un moment dans le corridor.

— Parles-tu sérieusement en offrant ta bague, lui dis-je, dès que nous fûmes seuls ? — Très-sérieusement, répondit-elle ; souviens-toi de ce que tu m'as dit il y a un quart d'heure. Tu as encore plus de six thalers dans le bureau. J'embrassai ma femme et mes yeux se remplirent de larmes — Tu vaux mieux que moi, m'écriai-je, je te remercie, garde ta bague, je suis honteux. Je me hâtai d'ouvrir mon bureau et d'en tirer six thalers ; mais au moment où j'allais ouvrir la porte pour rappeler la veuve, je fus saisi d'effroi à la pensée que j'avais oublié mon devoir au point de dire : *Je vous déclare devant Dieu que je ne puis vous aider.* — Oh ! langue menteuse, cœur hypocrite, vous avez obtenu de moi ce que vous vouliez. — Silence, c'est assez, taisez-vous.

Je refermai la porte et je me sentis si humilié que j'osais à peine regarder ma femme. — Ne te chagrine plus, dit-elle, tu as donné de si bonne grâce ! Ecoute, mon ami, tant que j'aurai un seul bijou, il ne faut pas que tu renvoies un seul malheureux en disant que tu ne peux pas l'assister. — Je l'embrassai encore, elle pleurait. Dès que je fus seul, j'écrivis ceci dans mon journal afin d'humilier mon cœur, qui hier pourtant me dictait ces paroles : « Je redouterais par-dessus toutes choses d'être un hypocrite. » Prêcher la morale avec force et ne point la mettre en pratique, n'est-ce pas de l'hypocrisie ? Aurais-je osé refuser la demande de la pauvre femme si j'avais suivi seulement la seconde exhortation de mon passage : Ne te détourne pas de celui qui veut emprunter de toi, et si j'avais prié un instant avant que de répondre ?

Le journal de Lavater doit abonder en scènes semblables à celles-ci ; l'étude sincère du cœur humain, entourée du mouvement familier de la vie, en fait sans doute un manuscrit à part et du plus haut intérêt. M. Gessner a souvent recours à cette riche source qu'il a r'ouverte au public avec un filial discernement. Depuis le volume qui parut en 1773, Lavater ne livra plus son journal à l'impression; il le continua cependant, et, sur la fin de sa vie, commença les *Mémoires* dont nous avons traduit les fragments relatifs à son enfance et à sa première jeunesse; il les écrivait pour sa famille uniquement; cette pensée est réjouissante; l'idée du public devient singulièrement fatigante dès qu'on peut le supposer admis à tous les épanchements d'une âme telle que celle de Lavater; le secret gardé par lui plaira à toutes les âmes délicates, ainsi que le choix fait par son gendre après la mort du vénérable observateur de lui-même.

Son besoin de communications littéraires le porta à travailler à la fondation de la première société ascétique qui prit naissance à Zurich ; il en fut le zélé promoteur, et Breitinger le premier président. Lavater chercha à rassembler sous ce lien les pasteurs qui n'étaient pas encore appelés à desservir des postes de campagne, jugeant avec raison qu'il leur serait utile d'étendre leurs connaissances, autant que possible, avant de s'éloigner du centre commun;

mais, n'oubliant jamais les devoirs de son ministère, il voulut aussi profiter de ces réunions pour donner une impulsion nouvelle aux soins que les pasteurs doivent aux prisonniers et aux condamnés à mort. Il était d'usage que l'on n'abandonnât pas ces malheureux à eux-mêmes lorsque leur jugement avait été prononcé. Lavater fut bientôt convaincu que le but proposé n'était que faiblement atteint en vertu du peu de rapports familiers des pasteurs avec les criminels, de leur ignorance sur la carrière des derniers, et de la froideur que l'on apportait le plus souvent à l'exécution de cet important devoir. Il vaqua donc à l'établissement d'une nouvelle société uniquement consacrée à appliquer et faire prévaloir l'Evangile dans des cas particuliers : cette société prit le nom de *Collegium theologicum casuisticum;* trente-quatre ecclésiastiques répondirent à son appel; il dressa les statuts de cette utile association, et prononça, lors de la première séance, un discours plein de chaleur et de tendre commisération envers les prisonniers. Il insista particulièrement sur la nécessité de l'amour chrétien pour les malfaiteurs lorsque l'on cherche à leur faire quelque bien. « Comment peut-on s'approcher d'un criminel sans être touché de son malheur, dit-il, sans être animé par l'amour chrétien, sans sentir ses entrailles émues à l'aspect du prisonnier? Le Seigneur, notre Maître et notre Modèle, ne verrait-il pas avec mépris le pasteur qui viendrait auprès. du condamné, guidé par un orgueil pharisaïque ou par la conviction de sa propre innocence, et qui ne lui apporterait qu'une compassion semblable à la grâce accordée par un roi, au lieu de venir à lui avec affection et en prenant part avec simplicité à son infortune? Oui, serviteurs de Jésus-Christ, s'il arrivait que vous pussiez oublier que vous ne devez point visiter le prisonnier avec froideur ou même avec tiédeur, transportez-vous en esprit aux pieds de Jésus, du Fils de Dieu, qui vous aima assez pour supporter les traitements indignes en usage à l'égard des meurtriers : quoi, vous, pécheurs vous-mêmes, vous n'auriez pas assez d'humanité dans le cœur pour vous approcher de l'un de vos semblables, plongé dans la douleur à cause de ses crimes, avec empressement, avec charité, avec l'ardent désir de venir à son aide, tandis que vous-mêmes n'en éprouverez ni honte, ni grande affliction, ni même fatigue. — Non, non, vous pensez mieux.... »

Lavater travailla aussi à la propagation de l'étude sérieuse et approfondie de la Parole de Dieu. Il cherchait à exciter les pasteurs à la méditer assez pour pouvoir en parler de manière à rendre fidèlement, dans leur propre langue, les saints Livres transmis par l'intermédiaire des idiomes étrangers. Il répétait souvent que le grand moyen de faire du bien aux hommes était de rendre l'étude du Livre de Dieu aussi générale que possible; on doit le compter parmi les plus zélés et les plus fidèles adeptes de la Parole évangélique; il ne fut jamais homme de parti en théologie; son amour pour ses semblables ne fut jamais altéré par le choc des opinions, par les attaques dont il fut l'objet, ou par la difficulté de faire adopter ses vues à ceux qui ne les comprenaient pas.

Ce fut en 1769 que Lavater entra au service de l'Eglise en qualité de diacre de la Maison des orphelins; il avait nourri jusqu'alors l'espérance de desservir un poste de campagne, mais il en fut décidé autrement. Le séjour de Zurich convenait mieux au développement de ses talents et de son influence que celui d'un village; il accepta avec joie la direction des enfants confiés à ses soins; c'était bien un emploi selon son cœur.

Lavater ne s'était point encore occupé de l'enseignement de la jeunesse; mais il est superflu de dire qu'il possédait au plus haut degré le don de captiver l'attention des enfants et de s'attirer leur affection : sa tendresse de cœur, la vivacité de son imagination, sa facilité à deviner ce qui se passait dans leurs âmes, allégèrent son travail et le lui rendirent agréable. Un autre genre d'élèves réclamaient sa sollicitude chrétienne : il devait catéchiser les prisonniers; tâche bien plus difficile, mais qui répondait aussi à son ardente charité et qui lui fournit l'occasion d'étudier de près l'homme dégradé par ses vices. Son journal, confident de ses chagrins et de ses joies, fut enrichi de belles pages au moment où sa nomination vint imprimer à son activité bienfaisante une direction positive.

« Je reçois de ta main, ô mon Dieu, une petite paroisse où je prêcherai publiquement ton Evangile, où j'enseignerai des âmes pour le salut desquelles ton Fils Jésus-Christ est mort; je devrai chercher à les éloigner du péché, à les garantir de ce poison mortel, pour les conduire au bien et travailler à leur félicité future.

» Tu sais, ô mon Père, combien cette occasion de faire le bien m'est précieuse ! combien je me réjouis de pouvoir, chaque dimanche, parler au nom de ton Fils, et de contribuer à la réalisation de ses vues charitables dans ce monde et dans l'éternité ! Mais tu sais aussi combien je suis inquiet à la pensée des négligences dont je pourrais bientôt me rendre coupable! J'ai déjà si souvent oublié de bonnes résolutions, étouffé une sainte impulsion, ou bien encore laissé se ralentir, expirer un bon mouvement....

» Je me connais, ô mon Père et mon Créateur, je sens toute la faiblesse et la légèreté de mon cœur... je n'ose compter sur moi, mais je suis porté à t'adresser mes humbles supplications, comme un enfant qui éprouve le besoin des secours paternels.....

» Donne-moi la liberté de dire tout ce qui est vrai, tout ce qui est utile aux hommes; qu'aucune lâche complaisance ne me détermine à taire ce qu'il est bon de faire connaître. Que je ne prononce jamais aucun discours qui puisse être nuisible ou manquer de vérité ! Que je parle comme devant toi, ô mon Dieu! je suis ton serviteur et je ne dois point devenir esclave des hommes : ce serait travailler à leur propre perte.... je suis à toi!.... »

Quoique Lavater dût atteindre à un rare degré d'éloquence et de courage dans sa riche et belle carrière de prédicateur, il eut à combattre au début une grande timidité, et ne parvint qu'au prix de longs exercices à fortifier sa mémoire. Il se vit même un jour dans l'impossibilité absolue de continuer à prêcher; il oublia jusqu'à son texte et ne put improviser quoi que ce fût; sa présence d'esprit ne lui fit pourtant pas absolument défaut; il se permit de feindre un saignement de nez et sortit de l'église sans donner à son auditoire le petit scandale dont il aurait redouté l'effet.

CHAPITRE VI.

Mort de Félix et de Henri Hess. — Famine dans le canton de Zurich. — Éducation des enfants de Lavater. — Mort de sa mère. — Singulier incident. — Emploi du temps.

Le cercle heureux formé par les deux frères Hess, Lavater et les compagnes qu'ils avaient choisies, fut promptement rompu par une épreuve cruelle. A peine Lavater avait-il eu la joie de bénir le mariage de son ami Félix Hess, qu'il le vit tomber gravement malade; une fièvre lente ne tarda pas à se déclarer; les progrès de la maladie ne laissèrent aucun doute sur sa prochaine issue, que le malade ne chercha pas à se dissimuler et que ses amis ne lui auraient point cachée.

Lavater eut beaucoup à souffrir en voyant la vigueur morale de son ami atteinte par les effets ordinaires de la consomption : les défaillances de cœur et d'esprit qui font partie de ce mal, donnèrent une nouvelle occasion de développement pratique à leur piété; Hess suppliait Lavater de l'avertir de ses manquements, de le blâmer de ses exigences et surtout de lui rappeler toutes les fautes qu'il avait commises et qu'il pourrait réparer, du moins à l'égard des hommes.

« Cher ami, lui disait-il, je te le demande au nom de Dieu, dis-moi tout ce que tu connais de coupable en moi; ne m'épargne pas; applique-moi les principes que tu voudrais voir suivre à d'autres; tu ne peux me refuser cet important, ce dernier service de ta fidèle amitié ! »

Saints entretiens que ceux de ces hommes à la fleur de l'âge, heureux par les plus doux liens et par les espérances puisées dans l'Evangile! Ils se préparaient, l'un à mourir, l'autre à survivre à l'intime ami qui lui demandait ses exhortations et ses prières. Le mourant supplia Lavater de ne point prononcer d'éloge sur sa tombe, de ne point parler de lui, à moins que ce ne fût pour dire à leurs amis communs de se garder des fautes qu'il avait commises, et pour leur raconter combien il avait souffert, sur son lit de mort, au souvenir des intentions, souvent coupables, qui s'étaient mêlées à l'accomplissement de quelques-unes de ses bonnes actions. « Dis-leur combien les actions changent d'aspect aux yeux de celui qui va mourir; on ne les voit point du même œil que pendant le tumulte de la vie active. Ne m'épargne pas; il sera bon que l'on connaisse mes misères autant que ce qu'il y a eu de passable en moi. »

Lavater passa des heures d'un grand prix au chevet de ce malade bien-aimé; tous ceux qui s'en approchaient s'en retournaient édifiés et consolés; Hess parlait avec modestie, avec simplicité; point d'étalage de piété, de sensibilité; son cœur était touché, sa raison parfaitement lucide.

Ce fut le 3 mars 1768 que la mort vint séparer les deux amis; Lavater écrivit quelques pages sur ce sujet intime et sacré.

Un de mes amis est étendu mourant près de moi, il ne peut parler ni à sa femme ni à moi; c'est lui que j'ai souvent serré dans mes bras, lui qui était si plein de vie et d'activité!

Mais que Dieu en soit loué, le calme et la paix sont répandus dans son âme; le désir silencieux de l'immortalité brille sur ses traits; il soupire après l'instant où il contemplera Celui qu'il a aimé sans l'avoir vu; il éprouve une joie inexprimable et sainte! Oh! puissé-je entrevoir comme lui, sur mon lit de mort, la magnificence du monde invisible! puissé-je attendre le moment suprême avec cette confiance et cet abandon filial!

C'est à dix heures du matin que le dernier combat a

commencé; il respirait à grand bruit; ses yeux étaient ouverts et fixes : agenouillons-nous et prions, m'écriai-je en cachant mon visage contre son lit; des larmes brûlantes se mêlèrent à ma prière.

Seigneur, Seigneur, Dieu de grâce et de miséricorde, prends pitié de ce cher mourant ! Il est ta créature; aie compassion ! Jésus-Christ est mort pour lui ! Verse la lumière dans son âme; soutiens-le, Amour présent partout; qu'il sente puissamment ta miséricorde; qu'au milieu du combat de la mort, il goûte par anticipation la joie de te voir comme tes élus te voient dans le ciel; ô Christ ! toi qui as goûté la mort pour tous, que tu l'aies aussi goûtée pour ce mourant ! Tu sais ce qu'elle est pour tous, ce qu'elle est pour lui; tu es plein de grâce et de puissance pour aider ceux qui luttent contre elle. Purifie-le, sanctifie-le parfaitement; que son esprit, son corps, son âme, soient gardés irrépréhensibles pour le jour de ton avènement. Donne-lui de sentir quelque chose du bonheur de la résurrection et de celui que ton éternel amour veut faire connaître à tes enfants.

C'est à peu près en ces termes que j'ai prié; et, Dieu en soit béni, j'ai pu le faire avec une ferveur profonde et une foi vivante.

Pendant l'agonie de notre ami, midi sonna; sa respiration s'arrêta. Sa pauvre femme s'écria : ô mon Dieu ! il meurt... il meurt; Dieu ! prends pitié de moi, il meurt! Je n'eus que le courage de m'écrier en fondant en larmes : *Je suis la résurrection et la vie. Celui qui croit en moi vivra quand même il serait mort. Et quiconque vit et croit en moi ne mourra point pour toujours !* Ah ! notre ami sentait sans doute la vérité de ces paroles bien plus qu'il ne nous est donné de l'exprimer !

A peine achevais-je ces mots qu'il a expiré. — Ah ! Seigneur Jésus, il est mort, s'écria sa femme en se penchant sur lui. Non, chère amie, il vit, aussi vrai que vit Jésus, le Sauveur ! Mais quand je l'ai regardé moi-même et que j'ai posé ma main sur sa joue, courage et consolation, tout s'est évanoui. Je me suis presque laissé tomber, sans pouvoir m'empêcher de redire en pleurant : *Il est mort !* Oh ! comme je sentis alors toute la réalité de cette terrible parole !

Nous l'avons enveloppé dans son linceul. On m'enveloppera aussi dans un linceul; alors la joie de ma vie, la compagne de ma jeunesse pleurera à son tour avec mes amis ; leurs larmes ne rappelleront pas mon esprit dans mon corps glacé. Oh ! mon Dieu, qu'est-ce que de l'homme ! que suis-je moi, qui vis maintenant ? Cette main qui conduit la plume deviendra à son tour froide et enraidie ; mes yeux pleins de larmes cesseront d'en verser ; ils seront ternes, immobiles, comme les yeux sans regard de mon bien-aimé ; mon cœur cessera de battre, ma bouche de parler ; je serai couché comme lui sans entendre ni le bien ni le mal que l'on dira de moi devant mon cadavre sans âme. Oh ! combien je sens profondément à cette heure ce que mille fois dans ma vie j'ai répété avec indifférence, ce dont j'ai souvent souri en secret, avec une sorte de dégoût, comme d'un lieu commun : *que je suis mortel !* Oh ! quelle différence entre *parler* de la vérité et *sentir* la vérité.

Le souvenir de Félix Hess demeura profondément gravé dans le cœur de Lavater; il aima aussi sa veuve jusqu'à l'heure de sa mort. Plusieurs de ses écrits et particulièrement les lettres de Hess qu'il publia dans ses œuvres mêlées, prouvent combien sa perte était grande, irréparable; mais, hélas! une autre séparation l'attendait. Henri Hess, qu'il aimait encore plus tendrement que Félix, allait suivre son frère. Il y a tout lieu de croire que cette double privation, ce double départ, si déchirant pour le cœur de Lavater, contribua puissamment à développer en lui les pensées relatives au *grand revoir* qui devait lui rendre les deux amis de sa jeunesse. Il fut si promptement appelé à chercher ces doux trésors d'amitié dans le sein du Seigneur, que la vie éternelle se confondit dans toutes ses impressions avec cette vie passagère qu'elle éclairait pour lui d'un reflet sublime. Ce fruit d'un christianisme aussi sincère que celui de Lavater aurait sans doute mûri dans son âme sans cette cause accidentelle, mais on doit croire que ses profonds regrets se changèrent en aspirations tendres, en vives espérances, et qu'ils servirent à donner à ses pieuses rêveries un degré de réalité que peut-être elles n'auraient pas atteint sans la mort des deux confidents les plus chers de toutes ses pensées sur Dieu et sur l'éternité.

Henri Hess succomba le 6 juin 1770 de la même maladie que son frère; deux ans s'écoulèrent à peine entre ces deux morts, annoncées par les mêmes symptômes et les mêmes douleurs. La même voix consola les deux frères ; la même main ferma leurs yeux. Henri eut à lutter plus longtemps que Félix : pendant deux mois entiers il vécut en présence de la mort. Le dernier jour on put encore l'asseoir sur une galerie, d'où il contempla la nature qu'il avait aimée et comprise ; deux heures après il expira. Laissons Lavater parler de ses sensations auprès de ce lit de mort ; son journal reçut encore cette fois le dépôt de sa pensée intime ; son cœur brisé avait besoin de cet épanchement sacré.

Après avoir donné essor à sa douleur, Lavater continue à décrire ce qui se passe en lui.

Je ne sais ce qui m'arrive. Je ne puis absolument pleurer ; mon âme est trop affaiblie et je n'ose jeter un coup-d'œil ni en avant ni en arrière. Je ne vois partout qu'obscurité et que douleur stupide. Ah ! si je pouvais pleurer à l'aise, j'en serais soulagé. Pleurer comme Christ au tombeau de Lazare ou comme j'ai pleuré en te voyant lutter faiblement avec la mort, alors que mon cœur suivait avec anxiété les derniers battements du tien, et que je rendais grâces à Dieu de son infinie miséricorde et du bienfait de notre amitié ! — Mais, hélas ! cette consolation m'est enlevée durant cette heure d'angoisse et d'amère tristesse ; je ne puis ni pleurer ni prier.

Oh ! que tu me parais froid et endurci, faible cœur qui as été tendre et compatissant ! Que sens-tu donc à côté des restes de ton meilleur, de ton plus cher ami ? J'ai peur de moi-même. Mon Dieu ! mais pourquoi te nommer ? — je ne sens plus la force de ton nom ! — O

Dieu ! prends pitié de moi, ouvre mes yeux à d'abondantes larmes, rends à mon cœur la prière et la foi !

Ce cœur soumis et déchiré s'attendrit de nouveau à la pensée des joies qu'il a perdues, de tout le bien qu'il a dû à cet ami sitôt enlevé.

Frère, frère, combien d'heures bénies n'ai-je pas goûtées par toi ! Combien de choses bonnes ne m'as-tu pas enseignées ! Et Dieu soit loué qu'il me soit permis de le dire en face de ton pâle visage, combien de choses utiles ne t'ai-je pas apprises ! — Ton oreille était toujours ouverte à la vérité ; ta soif de tout ce qui est noble et grand, insatiable ; doux comme un agneau, humble comme un serviteur, simple comme un enfant, tu écoutais la voix de la divine justice ; mais aussi, libre comme un homme, prudent comme un sage, plus sincère, plus dévoué qu'un frère, tu jugeais les paroles et les actions de ton ami. Ton opinion était d'un plus grand poids à mes yeux que celle de mille autres ; combien je me sentais fort lorsque tu m'avais dit : Tu t'es bien conduit, Lavater ; et combien j'étais humilié, quand tu disais : Tu n'as pas bien agi, je ne suis pas content de toi !

Je dirai hautement à ceux qui ne t'ont point connu et à ceux qui n'ont jamais su ce que c'est que de posséder un ami : Il n'y en eut jamais comme lui, il n'y en a point comme *nous*. — Oh ! bénie sois-tu, heure sacrée, où je te vis, où je t'aimai ! Il me souvient du battement de mon cœur, du tremblement de ma main, lorsque je serrai la tienne en franchissant pour la première fois, par une noire soirée d'hiver, le seuil de ta maison.

Il y aura bientôt quinze ans que j'ai commencé à jouir de cette douce, précieuse, incomparable amitié.

Comme ce temps s'est vite écoulé ! Depuis deux jours déjà, tu ne me parles plus ; je me suis levé deux fois en te cherchant vainement parmi ceux que j'aime ; toi le premier, le plus chéri parmi ces êtres aimés ! Je te disais il y a huit jours, viens, appuie-toi sur mon bras ; viens encore voir le soleil et sentir cette chaleur bienfaisante qui nous parle du Dieu présent partout, et qui remplit de joie la terre et le ciel. J'essaierai, me répondit-il, en souriant avec tristesse, j'essaierai de jouir un moment de la paisible beauté de cette soirée de dimanche.

Tu t'assis là ; tu répétas que Dieu est amour et que celui qui ne méprise pas le ver de terre ne rejettera pas le pécheur repentant pour l'amour duquel Christ est mort. C'est la dernière fois que nous avons causé ensemble sur cette galerie ; je te reconduisis, je t'aidai à te recoucher sur ton lit de souffrance, et je m'éloignai pour pleurer le meilleur des hommes.

Ne m'oublie pas, ô mon frère ! N'oublie pas le mortel parmi les immortels ; n'oublie pas mes dernières larmes, mes dernières prières, et si tu peux faire encore quelque chose en ma faveur, demande que ma foi ne faiblisse pas, qu'elle se réveille, qu'elle se fortifie ; demande encore qu'il te soit permis de m'envoyer une partie de cet esprit paisible et doux qui était agréable à Dieu. Réunis-toi à ton frère, sanctifié comme toi, pour obtenir le Saint-Esprit. Vous, chers frères, sitôt enlevés à ma tendresse et qui m'avez laissé cheminer seul dans le périlleux sentier de la vertu, en proie à la pénible lutte qu'il faut soutenir jusqu'au bout, je prends Dieu à témoin de mon affection pour vous ; je n'aurais pu vous chérir davantage ; ainsi donc, n'oubliez pas celui que vous avez aimé sur la terre, celui qui vous a vus mourir. Vous avez eu près de votre lit de mort quelqu'un qui vous aimait comme sa propre âme ; mais quand je languirai et combattrai, je ne verrai point le visage de mes bien-aimés, et leurs mains suppliantes ne s'élèveront pas en ma faveur, leurs genoux ne fléchiront pas à mes côtés ; je n'entendrai pas leurs paroles consolatrices, et les promesses de l'Evangile ne viendront pas, en passant par leur bouche, restaurer mon cœur abattu. Et maintenant je dois te dire adieu, sainte poussière, image de l'humilité, de la douceur chrétienne, temple désert d'une âme si affectueuse et si tendre. Je dois te quitter.

Lavater forma d'autres relations assez intimes, assez éprouvées pour qu'elles pussent lui rendre quelques-unes des jouissances qu'il avait goûtées auprès des deux frères, si promptement enlevés à son amitié ; mais jamais il ne retrouva les mêmes émotions ni les mêmes joies. Il est des amitiés fraternelles, sacrées, dont on goûte le charme ineffable une seule fois dans la vie ; elles ne se renouvellent point ; on peut aimer encore, mais c'en est fait de cette mystérieuse alliance, et le cœur est veuf à jamais.

Il est à remarquer que Henri Hess, plus passionnément aimé par Lavater que Félix, était celui des trois étudiants qui renonça au ministère pour devenir négociant. On se rappelle que Lavater contribua à lui faire prendre cette détermination en lui exposant les devoirs et la gravité de l'état que lui-même avait choisi ; on peut conclure de l'intimité qui ne cessa jamais d'exister entre eux, que les affaires ne rabaissèrent nullement l'essor élevé qu'avait pris dès sa jeunesse l'âme de Henri Hess; il demeura aussi sensible, aussi pieux, aussi enthousiaste que dans ses belles années, et Lavater ne vit s'affaiblir en lui aucune des nobles sympathies, aucun des besoins intellectuels que les soucis d'un bureau ou d'un comptoir auraient pu faire évanouir.

Conrad Pfenninger, membre du clergé zuricois, devint, après la mort des frères Hess, l'ami le plus intime de Lavater : c'est dire qu'il possédait une âme élevée et l'amour de ses devoirs. C'était un homme d'un jugement fort sain, d'une grande modestie, et qui, tout en comprenant les nobles élans de l'imagination de Lavater, lui en montrait souvent le côté dangereux : lui aussi mourut avant le noble ami qui se plaisait à l'associer à ses pensées et à ses travaux.

Le canton de Zurich fut visité pendant les années 1770 et 1771 par une disette qui alla jusqu'à la famine; les malheureux, tourmentés par la faim, accouraient en foule à la ville et venaient assiéger les maisons les plus opulentes; celle de Lavater leur fut constamment ouverte; on connaissait sa charité, et, quoique ses ressources personnelles fussent très-bornées, nul indigent ne doutait de son désir de le soulager. A cette époque sa fortune ne se composait que des modestes appointements de sa place de diacre et de la vente de ses ouvrages, plus avantageuse aux libraires qu'à l'auteur.

Sa femme le secondait avec dévouement dans ses charitables efforts, multipliés par la souffrance publique; mais il avait beau donner et demander à de plus riches que lui, l'impossibilité de suffire à tant de pressantes misères l'affligeait profondément. « Mon Dieu! s'écriait-il, pourquoi m'as-tu donné tant de sensibilité et de compassion pour les malheureux et si peu de moyens de les soulager! Rien ne me semble plus à désirer qu'une heureuse proportion entre le pouvoir et le vouloir; c'est la plus belle harmonie possible; s'il ne m'est jamais accordé de la connaître, mon amour pour les hommes finira par devenir une cause de tourments. C'est une souffrance que d'aimer quand on n'a pas les moyens de le témoigner. »

Mais l'affliction de Lavater fut diminuée par la générosité des riches et la confiance que l'on avait en lui; de tous côtés il recevait des denrées, de l'argent, des bijoux ou autres objets précieux que Mme Lavater se hâtait de vendre le plus avantageusement possible. Un jour, entre autres, après un sermon de circonstance, il eut la joie de voir abonder les secours, qu'il distribuait avec les précautions nécessaires, pour que l'intention des donateurs fût remplie. Une grande marmite cuisait tout le jour sur son foyer hospitalier, et pourtant le digne pasteur n'eut pas toujours la satisfaction de servir à temps le potage restaurant. Un matin, sa femme, en ouvrant sa porte, vit un agonisant qui ne tarda pas à exhaler le dernier soupir tandis qu'elle essayait de lui faire prendre quelque nourriture.

Au milieu de tant de fatigues, Lavater goûta les premières joies que le développement moral de ses enfants devait lui procurer; il se hâta d'écrire pour eux un volume intitulé : *petit livre d'A, B, C* (*A, B, C, Büchlein*, 1772), et entretint une correspondance suivie avec Basedow, l'un des hommes qui, à cette époque, s'occupait avec le plus de succès de l'instruction élémentaire.

Sa tendresse paternelle le portait à saisir toutes les occasions qui pouvaient amener une leçon ou un encouragement; il se plaisait à jouer avec ses enfants et pensait que l'un des résultats d'une sage éducation doit être de mettre l'enfant à son aise avec ses supérieurs comme avec ses égaux ou ses inférieurs. « Il leur est fort utile, disait-il, de vivre avec des personnes qui sont au-dessus et au-dessous d'eux ; c'est pour cela que je les envoie volontiers dans des écoles où les rangs sont mêlés, afin qu'ils deviennent de bonne heure sociables; quand ils n'y apprendraient qu'à vivre avec leurs semblables, ce serait déjà savoir une chose éminemment utile ; un tel avantage n'est pas trop payé par quelques mauvaises manières et quelques sots propos. Ce danger-là ne me semble pas comparable à ceux que font naître la sauvagerie, la misanthropie, la disposition à se passer d'autrui ou à mépriser le prochain. D'ailleurs, les défauts contractés au collége se corrigent bien plus facilement que les manies ou les préjugés gagnés dans une existence isolée et trop éloignée du mouvement de la vie publique. Les moralistes et les prédicateurs s'accordent à dire que nous devons apprendre à connaître le monde tel qu'il est; nous ne pouvons en changer les grands traits, les dispositions fondamentales ; nous ne pouvons non plus changer notre situation et nos relations; ces choses-là ont leur raison d'existence ; il faut apprendre à nous y conformer. Il est bon, par conséquent, d'accoutumer l'enfant, comme l'homme, à régler sa conduite d'après les circonstances dans lesquelles il est placé; les enfants ne doivent pas être sages et bons à vivre seulement à la maison, et l'on a tort de se figurer qu'on les élève à merveille en les tenant sans cesse éloignés du bruit et des sottises que se permettent d'autres enfants. Il est beaucoup plus judicieux de leur apprendre à se bien conduire parmi les méchants, parce qu'il est impossible de les préserver toujours de la mauvaise compagnie; il faut qu'ils parviennent à acquérir une moralité indépendante et ferme, une sagesse à eux et confirmée par leur propre expérience; cet avantage capital ne leur sera jamais acquis par une éducation uniquement privée et raisonnée. »

A l'égard des punitions corporelles, Lavater pensait qu'il est aisé de les condamner en théorie, mais que, dans la pratique, les parents les plus éclairés peuvent se les permettre en certaines occasions. *Celui qui épargne la correction à son fils le hait,* dit Salomon. « Par exemple, disait-il, je ne puis toujours éviter que des ciseaux ou des canifs se trouvent à la portée de mes enfants, mais je veux que leur conduite se règle d'après la nature des objets dangereux qu'ils peuvent rencontrer et non point que ces objets soient toujours hors de leur atteinte; mes enfants n'apprendront pas qu'il ne faut point toucher de canif quand ils n'en voient point, mais quand il y en a dix à prendre sur ma table. Je leur laisserais volontiers courir les chances qui leur apprendraient à ne pas jouer avec des instruments tranchants si j'étais certain qu'ils ne se fissent pas trop de mal en les touchant mal à propos ; mais s'ils se disposent à me désobéir, je préfère les punir dans la mesure que je crois bonne, et je leur donnerai un coup sur la main, afin d'empêcher le mal qu'ils étaient prêts à se faire. »

Quel que fût l'amour de Lavater pour ses enfants, il se préparait d'avance et sans en faire bruit à les rendre à Celui de qui il les tenait, s'ils venaient à lui être redemandés. Un jour, après avoir dit à sa femme qu'il craignait que leurs enfants ne leur fussent pas conservés, bien que leur santé parût bonne, il fut profondément touché de la réponse de cette mère dévouée. « Eh bien, il en arrivera ce que Dieu voudra. Bénissons-le de ce qu'ils sont avec nous; ce n'est sans doute pas sans raison. Ils appartiennent à Dieu et à nous; ils peuvent vivre et mourir! »

Lavater se livrait avec ses enfants à l'heureux enjouement qui formait l'un des traits de son caractère. L'heure des repas était pour lui celle des récits amusants, toujours d'ailleurs mêlés d'observations utiles pour ses petits auditeurs. Il se plaisait à aiguiser leur jeune intelligence en leur faisant déchiffrer des lettres mal écrites, en leur donnant à deviner le nom des personnes qui lui en adressaient de tant de lieux divers; il cherchait à leur faire découvrir quel genre de service tel ou tel de ses correspondants exigeait de lui, et la joie était grande lorsque quelqu'un devinait juste. Ces heures d'innocents amusements, aussi bien que celles qui furent consacrées à l'instruction religieuse de la famille, laissèrent des impressions ineffaçables.

Lavater attachait un grand prix au maintien de l'ordre et de la propreté; il désirait que ses enfants comprissent de bonne heure l'importance des habitudes qu'il cherchait à leur faire prendre, et pour cela il imagina une scène qui mérite d'être racontée.

Une des chambres de la maison fut mise par ses soins dans l'état de désordre le plus complet. On voyait sur la table diverses feuilles de papier chiffonnées, tachées, mouillées par de l'eau répandue çà et là; l'encrier penché menaçait de verser son contenu sur un mouchoir blanc; le sablier à moitié vidé était entouré de miettes de pain, voisines de tasses à demi-remplies d'un reste de thé; le sucrier figurait à côté d'une cuvette où l'on s'était lavé les mains, et au bord de cette même table on avait jeté une robe de soie et une paire de bas sales; les cadres suspendus autour de la chambre pendaient de travers ; les chaises étaient poussées en tout sens ; sur l'une d'elles se trouvait un miroir ; sur une autre un bassin ébréché ; les tiroirs et les armoires étaient entr'ouverts et remplis d'objets divers jetés pêle-mêle ; les joujoux des enfants et de beaux livres de gravures semés sur le plancher, ainsi que des souliers dépareillés ; partout, en un mot, on rencontrait des traces de désordre et de saleté ; en face de la porte d'entrée se lisait sur une planche noire le mot *désordre*, écrit en grands caractères, mais en lettres irrégulières et mal posées.

Les enfants furent introduits dans la chambre, ainsi préparée, tandis que leur père examinait derrière un rideau l'expression de leurs visages ; il put se convaincre que leur surprise fut grande et leur répugnance bien sentie ; le souvenir de ce spectacle leur demeura ; mais afin de compléter une aussi bonne leçon, Lavater sortit de sa cachette, leur fit une petite exhortation sur les dangers et les inconvénients attachés au désordre, puis les renvoya pour les faire rappeler au bout de quelques moments. Le changement de décorations se fit rapidement ; plusieurs mains habiles remirent tout en place et préparèrent un repas bien servi, auquel les enfants prirent part avec joie ; sur la planche noire le mot *ordre*, écrit de la plus belle main du père, achevait l'explication.

Tandis que Lavater s'occupait ainsi des réalités de la vie, il poursuivait sans relâche ses investigations dans le domaine des choses extraordinaires et mystérieuses : ses propres expériences ne lui suffisant pas, il adressa, ainsi que nous l'avons déjà dit, à ses amis et à ceux de la vérité, une série de questions relatives aux dons du Saint-Esprit, à l'efficace de la prière, aux miracles et aux impressions surnaturelles. Ce genre de curiosité, propre à une âme ardente, à un cœur habituellement tourné vers les choses d'en haut, contribua beaucoup à faire passer Lavater pour un homme crédule, un partisan de toutes les nouveautés en fait d'inspirations secrètes, d'apparitions, etc. De ce qu'il était porté à étudier particulièrement cette partie de la vie intime, il ne s'ensuit pas qu'il crût implicitement à toutes les choses étranges qu'il pouvait lire ou entendre affirmer. On confondit sans cesse ses croyances et ses recherches, et dès qu'on le voyait en rapport avec quelque personnage excentrique, quelque inspiré, quelque faux prophète, on ne doutait pas qu'il ne partageât leurs opinions.

Il est vrai qu'il fut compromis plusieurs fois d'une manière assez grave ; le ridicule ne lui fut pas épargné; il le supportait sans se plaindre, tout comme les déceptions, qu'il ne cherchait pas à nier; sa curiosité n'en était pas diminuée, et la première occasion le trouvait prêt à étudier de son mieux une nouvelle imposture; il est probablement mort sans être parvenu à poser une barrière entre les choses impénétrables et celles dont sa foi vivante lui donnait l'explication.

Lavater terminait la série des questions adressées à ses correspondants sur toutes ces choses, par une pensée qui prouve la sincérité de ses recherches: « Il est indispensable d'apporter une grande impartialité et beaucoup d'amour de la vérité à des recherches d'une nature aussi sérieuse. Rien ne me semble plus condamnable que de se permettre de tourner en ridicule ou de nier absolument, par incrédulité ou sotte confiance en nous-mêmes, les nombreux mouvements intérieurs, visiblement inspirés par Dieu pour la consolation de l'humanité; ou bien encore, de prétendre, cette fois par fanatisme et par bonne opinion de soi-même, que telles ou telles choses sont inspirées de Dieu, et de vouloir ainsi prouver, par le mensonge, que Dieu est l'auteur de ce qu'il nous plaît d'affirmer. »

Plus d'une fois ses amis lui ont entendu dire, à propos de la facilité à tout croire qu'on lui supposait : « Il y a peu de maximes plus fausses que celle-ci : *On croit volontiers ce que l'on désire*. Je pense absolument le contraire, et c'est lorsque je voudrais être convaincu d'une chose que je me donne le plus de mal pour savoir si je puis vraiment adopter une de mes idées favorites. » Il se faisait des ennemis de tous ceux qui, ayant espéré le tromper, n'y avaient point réussi ; on le vit démasquer ouvertement une veuve qui se prétendait inspirée et qui avait entraîné un jeune pasteur de ses amis à s'associer à ses prédications fanatiques et à ses interminables prières, dans lesquelles cette prophétesse se lamentait sur l'impiété de Lavater, sa manie d'écrire et sa charité appliquée à tout le monde. Il l'entendit un jour proférer à haute voix ces étranges discours. Qui connaît le cœur humain admettra qu'il n'en fallait pas davantage pour l'éclairer sur la nature de la piété de cette femme, dont il avait fait la connaissance près du lit de mort de Félix Hess.

Ce qui demeure positif, c'est que Lavater n'a adopté aucune opinion nouvelle sans l'avoir mûrement examinée, qu'il n'a cru à aucune chose étrange sans l'avoir étudiée autant qu'il lui était donné de le faire, et que l'on a commis de graves injustices à son égard en l'accusant de croire à tous les miracles, à toutes les sorcelleries et à toutes les absurdités dont il a pu s'enquérir par amour de la vérité. Mais en même temps on doit convenir qu'il eût mieux valu ne pas s'occuper de ces choses, pour le moins inutiles, et que toutes les recherches les plus sages, les mieux basées et les plus impartiales ne répandront jamais une lumière suffisante sur certaines obscurités que Lavater se flattait d'éclaircir et de comprendre.

Il y a, de plus, quelque chose de répulsif à ces enquêtes presque publiques, à ces discussions plus ou moins scientifiques sur les mystères de la grâce et de l'action du Saint-Esprit ; nul ne comprend ces questions absolument de même, parce que chacun sent les choses mieux qu'il ne saurait les expliquer par sa propre expérience, presque stérile chez plusieurs, tandis que chez d'autres elle se mêle aux excitations que peuvent donner une imagination ardente, une disposition particulière à s'occuper du merveilleux. Malgré tout le respect que doivent faire naître la sincérité de Lavater et son désir d'ajouter à ses lumières celles des hommes qu'il supposait plus éclairés que lui, on ne peut s'empêcher de blâmer sa curiosité à l'égard des choses sacrées ; il semble qu'en ce point l'imagination, qui tant de fois l'avait mieux inspiré, fit fausse route et s'égara.

Trois ans après la mort de Henri Hess, Lavater perdit sa mère le 16 janvier 1773. Son cœur fut souvent oppressé près du lit où languissait, accablée sous le poids des ans, celle qui lui avait donné la vie ; il déplorait et ne pouvait combattre sans cesse le goût qu'elle avait conservé pour les vains propos, pour les bruits de ville, qui venaient envahir des moments précieux ; mais il apprit à tirer un parti salutaire des entretiens oiseux qu'il ne pouvait empêcher, en les écoutant sans humeur et sans impatience. « J'écoutais, dit-il, les bruits de ville avec attention et comme si je n'avais eu rien de mieux à faire ; cette espèce de bonne volonté a suscité en moi plus d'une réflexion salutaire. J'ai d'ailleurs répété souvent la même expérience ; les choses les plus indifférentes écoutées avec bienveillance, et le support journalier des petites contrariétés, nous sont avantageux ; c'est aller à l'école de l'humilité, à celle de la patience ; excellent moyen pour se rendre utile à autrui ou à soi-même. »

Il est superflu de dire que Lavater se montra, près de sa mère mourante, pasteur fidèle comme il avait été fils tendre et dévoué. Le jour des funérailles, toujours si émouvant dans les familles où règne l'union, Lavater, son frère et sa sœur vinrent ensemble dire leur dernier adieu à leur mère couchée dans son cercueil.

Elle n'était point décomposée, écrivit-il dans son journal ; les traits de son visage étaient plus beaux, plus distincts que je ne les avais jamais remarqués. J'ai encore posé ma main sur ce front refroidi ; mon frère était à côté de moi, les yeux humides, ma sœur pleurait. On a fermé le cercueil, les autres s'en sont allés ; on a vissé les clous ; je suis demeuré seul et je me suis agenouillé. J'ai remercié Dieu avec larmes pour tout le bien qu'il m'a fait par cette mère, maintenant en repos. Oh ! combien j'aurais mieux pu le lui rendre ! Oh ! récompense-la, mon Dieu ! Pardonne, elle aussi a pardonné. Ce fut ma première pensée ; ensuite je me demandai : Quand vissera-t-on mon cercueil ? Quand ma femme, mes amis, mes enfants, mes frères et sœurs l'entoureront-ils ? Que serai-je et où serai-je alors ?

Je me suis rendu dans la réunion des amis rassemblés pour le convoi, mais on y parlait des choses les plus indifférentes ; j'ai descendu l'escalier ; je me suis tenu devant la maison. On a apporté le corps ; j'aurais pleuré de regret de ne pouvoir pleurer d'attendrissement ; mais l'étourdissement me dominait. A l'église j'ai cherché à me distraire le moins possible et au retour j'ai prié de mon mieux.

A souper nous avons parlé de la maladie de ma mère, de la mort, du jugement ; j'étais poursuivi par la même pensée. *Nous, tous* (mon regard errait de l'un à l'autre), chacun de nous sera, à son tour, enlevé par une maladie subite, un accident ou de longues souffrances ; celui qui mourra, ceux qui lui survivront seront-ils courageux, soumis ? J'examinais les yeux chéris qui brillaient autour de moi ; vous vous éteindrez, vous vous fermerez, me disais-je en les contemplant, vous ne verrez plus rien, on ne vous verra plus..... O Dieu! ouvre mes yeux, je t'en supplie, afin que je voie ce que je suis et ce qui adviendra de moi !

Mardi 19 janvier. *Premier matin depuis que ma mère n'est plus dans la maison.*

Des pensées de tendresse pour celle qui n'est plus là, des reproches à moi-même, qui ai tant manqué à son égard, de bonnes résolutions envers ce qui me reste d'elle, mes frères et mes sœurs, mon bon vieux père, un recours à la miséricorde divine, à Jésus-Christ, le Seigneur des vivants, pour qu'au dernier jour il reproduise dans l'assemblée de ses créatures son esprit sans tache ; voilà ce que le public, ce que mes amis du moins étaient en droit d'attendre d'un homme qui prêche au monde en prose et en vers et qui n'est jamais fatigué de moraliser ; mais s'ils l'ont attendu, ils ont été cruellement trompés...

Ce premier matin donc, je me suis trouvé sans aucun sentiment, fatigué, et comme un morceau de chair sans âme, dur comme une pierre, ne pouvant m'arracher au sommeil. Petit à petit je me suis un peu remis et je suis allé à mon travail ; presque tout le jour j'ai vaqué à des affaires domestiques qui ne m'ont pas laissé le temps de penser.

Un mois après la mort de sa mère, Lavater, en récapitulant les évènements et les impressions qui avaient particulièrement marqué cette époque pour lui, s'exprimait ainsi :

Voir mourir un être humain, qui peut être indifférent à ce spectacle ! Et quand cet être est celui de tous sur cette terre avec lequel on s'est trouvé dans le rapport le plus intime, un être qui, au milieu de ses infirmités, possédait tant de qualités bonnes et aimables, un être qui nous a communiqué un peu de sa vie, quelle profonde impression sa fin ne doit-elle pas produire sur nous?

J'ai un cœur disposé à la sensibilité, et cependant la mort de ma mère, qui avait pour moi une affection si particulière, ne m'a pas atteint très-profondément. J'ai cherché à me tranquilliser là-dessus en me disant que les angoisses, la douleur presque intolérable dont j'ai vu la mort délivrer ma pauvre mère, étaient la cause de ma froideur pour sa perte; mais quoiqu'il y ait du vrai en tout cela, un évènement pareil, unique pour moi, aurait dû me porter à plus de réflexion. J'aurais dû faire plus de retours sur tout le bien que la bonté paternelle de mon Dieu m'a accordé par ma mère, pendant plus de trente ans. J'aurais dû faire remarquer plus souvent aux miens ses bonnes qualités, ses soins pour nous tous, dont la pensée me revient si fréquemment; je l'aurais pu bien aisément et sans prendre pour cela le temps employé à autre chose. Je me suis trop abandonné au repos plein de délices que je trouvais à être soulagé de la pensée oppressante de ses douleurs, et cependant ce que je souffrais semblait venir encore plus de sensibilité nerveuse que de véritable tendresse pour elle. Peut-être s'y glissait-il aussi le pressentiment secret d'une plus grande liberté. Enfin, dans tout ceci, mon *moi* a été trop vivant. Je suis trop pour moi-même le but, le point central. Là est incontestablement la source principale de mon inquiétude; moins je vivrai pour moi, plus je vivrai pour les autres, plus la charité, la divinité pourront vivre en moi. Ce n'est pas d'après autrui que je dis ceci; j'en ai fait l'expérience. Je le sais aussi certainement que je sais que je me porte mieux quand je ne mange pas au-delà de mon appétit.

Un incident extraordinaire se passa dans la vie de Lavater six mois après la mort de sa mère. Il était allé à Richterschwyl, village situé de l'autre côté du lac, pour rendre visite à l'un de ses amis. Sa femme reçut une lettre de lui, datée du 18 août, dans laquelle il lui exprimait le plaisir qu'il trouvait à cette petite excursion; le lendemain, Mme Lavater en entrant dans la chambre de son mari fut saisie par une angoisse singulière; il lui sembla que son ami devait être dans un grand danger; son malaise devint si violent qu'elle alla le raconter à son beau-père, qui chercha à la calmer et y réussit ou à peu près; elle rentra dans la chambre où cette vive appréhension s'était emparée d'elle et tomba de nouveau en une sorte de désespoir; elle se jeta à genoux et se tordit les bras en poussant des gémissements, il lui semblait voir le cadavre de son bien-aimé.

Pendant cette heure de frayeur, Lavater, en effet, s'était trouvé en danger de mort. Le bateau dans lequel il se promenait, conduit par deux bateliers, fut presque renversé par un des terribles coups de vent si fréquents sur les lacs de la Suisse. Les bateliers s'écrièrent que tout était perdu ; un rocher menaçant allait compléter le désastre. Lavater, baigné d'une sueur d'angoisse, élève son âme à Dieu ; il pense à sa femme, à ses enfants, il supplie, il est exaucé. On peut se figurer ce que fut la première rencontre des deux époux qui avaient souffert ensemble et que Dieu avait conservés l'un à l'autre.

Un seul fait de cette nature suffirait dans une vie d'homme pour développer au plus haut degré la foi dans l'efficacité de la prière et la persuasion qu'il existe des affinités mystérieuses, des pressentiments, des sympathies impossibles à expliquer et qui doivent appartenir à un ordre de choses dont il ne nous arrive que des indications, des rayons épars au sein de l'obscurité. Lavater avait souvent éprouvé, surtout dans son enfance, le prompt accomplissement de ses vœux ; il avait reçu des réponses immédiates et positives aux prières qui s'échappaient de son cœur ; en parlant de son caractère il écrivait à l'un de ses amis :

« Dieu a toujours été avec moi dès ma plus tendre enfance ; j'étais faible et hardi, imprudent et heureux, plein d'enfantillage et de force, doux et violent ; tous ces contrastes se montraient en moi d'une façon très-prononcée ; eh bien, je le répète, Dieu a toujours été avec moi ; mes plus grandes fautes n'ont jamais été connues que de mes amis les plus intimes, et le bien que j'ai pu faire a toujours été mis en lumière lorsque j'aurais voulu le cacher. Mes plus secrets desseins ont été accomplis quand je n'y songeais plus moi-même. Toutes les fois que j'ai prié dans un véritable besoin, ou seulement avec une confiance entière et toute filiale, Dieu m'a exaucé.

» J'étais d'une incroyable audace dans mes prières enfantines avant qu'il se développât en moi à cet égard une sorte de théorie; dès-lors les belles expériences s'évanouirent peu à peu, l'esprit de prière s'évapora, se dissipa. Je voulus invoquer Dieu avec connaissance de cause, mais il n'entendait que le cri du sentiment intime, l'élan du cœur simple et sincère. Il fut un temps où je portais ce trésor de l'Esprit dans mon sein; il me rendait fort; je le sentais prêt à me donner ce que je désirais ; il me délivra de chacune de mes angoisses; au milieu des ténèbres qui se présentaient à moi, il me faisait découvrir la lumière, je l'attendais avec une entière confiance, une foi silencieuse et bientôt l'étincelle jaillissait là où je ne l'aurais point cherchée.

» Hélas! à peine l'ami de mon cœur, mon bienheureux Hess, a-t-il pu discerner en moi, vers la fin de sa vie, quelques traces de ces beaux mystères de la foi ; mon cœur ne tarda pas à se fermer. Longtemps encore je conservai une partie de ces élans de ma jeunesse, et souvent je priai avec d'heureux pressentiments et de bien douces larmes ; mais enfin j'arrivai à oublier Dieu et ma vocation chrétienne, même le nom que nul ne connaît si ce n'est ceux auxquels il se révèle. Alors arriva la détresse, l'angoisse de l'âme, le labyrinthe dont on ne peut sortir, un abîme.... je n'y tombai pas, je criai au Seigneur, il me répondit, il me délivra. »

Les pressentiments, les lueurs de l'avenir accordées parfois à Lavater ne le concernaient pas uniquement ; il eut des prévisions que l'on pourrait qualifier de prophétie (1). Nous citerons quelques lignes adressées à un ami dans cette même année 1773 : « Je suis bien convaincu que la religion par excellence ne succombera jamais ; mais elle arrivera bien près d'une ruine totale ; le déisme et l'athéisme se répandront partout, et les défenseurs du christianisme seront couverts de ridicule. Plus d'un théologien et bien des hommes célèbres travaillent à préparer ce résultat. J'ai de nombreuses preuves des pro-

---

(1) Ce sont les vues profondes d'un penseur croyant, qui connaît son temps et son Dieu.

grès du déisme, qui n'est que le précurseur de l'athéisme, ainsi que certaines gens le savent bien.

» Celui qui raisonnera logiquement arrivera à l'athéisme s'il ne peut croire au christianisme. Je comprends beaucoup mieux un athée qu'un déiste, car les difficultés à résoudre qui entourent le christianisme sont moindres que celles qui sont attachées au déisme.

» Si la divinité n'a pas parlé par Jésus-Christ, n'a pas agi par Jésus-Christ, on ne peut dire qu'un Dieu ait jamais parlé, ait jamais agi. Si le Christ est un simple hasard, il en est de même de l'homme et du monde entier. Je le répète, l'athéisme doit faire encore de grands progrès, puis Dieu agira de nouveau ; on le reverra visiblement à l'œuvre, on sera forcé de dire : *Dieu est là;* alors le principal article de foi des saintes Ecritures deviendra aussi celui du théologien : « *Dieu lui-même est le rémunérateur de ceux qui le cherchent par Christ.* »

A l'époque de la vie de Lavater où nous sommes parvenus, il était le maître de son temps, à l'exception des devoirs à remplir dans sa paroisse. Il ne prêchait qu'une fois par semaine; mais quoiqu'il eût acquis une grande facilité d'improvisation, il méditait avec soin le plan de chacun de ses sermons, l'écrivait et le développait ensuite ; quant aux discours auxquels il attachait une importance particulière, il ne se contentait pas d'un cadre ainsi préparé, mais il les écrivait en entier avec toute l'application dont il était capable. Il lui arrivait assez souvent, au moment de monter en chaire, de renverser le canevas sur lequel il se proposait de prêcher ; ce mécontentement tardif de son œuvre amenait ordinairement ses meilleures inspirations ; il poussa très-loin l'art de convaincre ses auditeurs, et l'on a entendu un homme d'esprit, qui ne se rangeait point parmi ses partisans, avouer que lorsque Lavater commençait à parler, s'il lui prenait fantaisie de prouver que le blanc est noir, on finirait par le croire.

Il accordait au sommeil le temps nécessaire pour restaurer ses forces, mais il savait multiplier les heures par son habileté à varier à propos les occupations que sa sobriété lui permettait de ne suspendre que pendant ses repas. Son activité était telle qu'il cherchait parfois à la mater en comptant les tuiles des maisons voisines de la sienne ou les pas qu'il faisait en se promenant ; il s'imposait aussi des occupations manuelles afin de forcer son cerveau à se reposer. Son humeur était toujours bienveillante et sereine ; il subissait avec une bonne grâce constante les nombreuses interruptions que sa célébrité croissante augmenta chaque année, et il conservait sa gaîté à travers les contrariétés et les chagrins que nul mortel ne peut éviter. Il ne comprenait pas la piété sombre de certains dévots, et ne pouvait souffrir que l'on se figurât que la vraie religion engendre la tristesse. Plus d'une fois on lui reprocha l'enjouement aimable qui lui était si naturel, et plus d'une fois aussi il secoua le joug que l'on aurait voulu lui imposer comme un complément de son christianisme ; son orthodoxie était trop prononcée pour les gens du monde et blâmée par quelques exagérés comme n'étant pas assez évangélique ; il n'était pas homme à changer d'opinions pour satisfaire les uns ou les autres, et il s'accoutuma sans peine aux nombreuses critiques dont il fut l'objet pendant sa vie entière ; Lavater ne tomba pas à cet égard dans l'indifférence; rien ne put refroidir sa bienveillance naturelle et chrétienne.

CHAPITRE VII.

Etudes et principes physiognomoniques. — Mort du père de Lavater. — Voyage à Ems. — Goethe. — Son opinion sur Lavater. — Retour à Zurich. — Fragments de son journal.

La croyance de Lavater à la traduction fidèle de l'homme intérieur par l'homme extérieur était, nous l'avons déjà vu, très-prononcée dès sa première jeunesse ; ce sentiment, cette sorte d'intuition, facile à comprendre chez un observateur doué d'une imagination aussi vive et d'une sensibilité aussi prononcée, se fortifia à mesure que l'expérience de la vie et de nouvelles études vinrent lui en confirmer la vérité. Peu à peu ce qui n'avait été chez lui qu'impressions, suppositions, effets d'antipathie et de sympathie, justifiés par ceux qui les faisaient naître, se régularisa, se développa et prit à ses yeux l'importance d'une science ou tout au moins d'une découverte. Il est hors de doute que les grands traits de son système, car enfin il faut bien employer ce mot, reposent sur des bases dont la solidité n'a pas été fortement ébranlée par les travaux de même genre entrepris par d'autres naturalistes philosophes, mais on peut dire avec non moins de vérité qu'il était parvenu à se créer un instrument dont chacun ne saurait tirer le même parti que lui.

Les lignes et les formes qui prenaient un langage à ses yeux et lui servaient d'indicateurs fidèles, ne sauraient être interprétées avec la même habileté par tous ceux qui, après avoir étudié les principes et les règles posées par lui, voudraient recommencer les mêmes expériences. Lavater était doué d'une rare perspicacité, d'une finesse d'aperçu et de jugement tout-à-fait exceptionnelle ; il était né physionomiste, et, tout en mettant ses connaissances à la portée du public, il n'a pu cependant lui livrer son secret ; celui-ci n'était pas transmissible ; c'était ce don divin, ce cachet intime, cette propriété inaliénable accordée, sous une forme différente, à tout homme supérieur, et dont les résultats amènent toujours des choses inimitables dans le domaine des arts et dans celui de la pensée. L'idée dominante de Lavater à l'égard de la physionomie humaine est fort simple ; elle est même donnée ou inspirée par un instinct assez général ; chacun se laisse prendre involontairement à l'expression des traits ; il est à remarquer que les enfants sont habiles physionomistes, sans doute, parce qu'ils se livrent sans défiance à leurs impressions. Comme eux, nous sommes entraînés ou repoussés par ce qui apparaît du dedans au dehors ; les illusions peuvent être nombreuses, les préventions ou les sympathies mal justifiées par l'expérience, et le comble de l'art peut intercepter les effets de l'impulsion intérieure : ce que l'âme sent et pourrait exprimer est souvent dissimulé par l'habileté du masque ; mais, en dernière analyse, tout le monde est plus ou moins disciple de Lavater, ou plutôt chacun subit l'inévitable influence de la physionomie.

Ce fut pendant l'année 1770 que Lavater commença à soumettre à certaines règles ses nombreuses observations sur les différentes classes de la société et les individus qui la composent. On se trompe fort en supposant que son regard scrutateur n'interrogeait que la physionomie ; il étudiait la démarche, les gestes, toute la manière d'être et les habitudes des personnes dont il voulait faire le portrait moral ; l'harmonie des qualités et des mouvements, ou celle des défauts et des formes habituelles qui les laissent deviner, était l'objet de ses sérieuses investigations. Ce n'est pas en matérialiste qu'il cherchait à saisir les concordances intimes de l'âme et du corps ; il ne mettait jamais en question la prédominance ou la supériorité de l'hôte invisible forçant la matière à laquelle il est uni à subir son influence, à trahir, pour ainsi dire, l'habitant mystérieux par l'extérieur de la demeure d'argile dont il doit un jour être séparé. On n'a jamais pu se demander, en examinant son système, si l'homme avait tel vice ou telle vertu en raison de la forme de ses traits et de l'air de son visage, ou bien si ce sont les traits qui reçoivent l'empreinte de tel vice ou de telle vertu, genre d'incertitude que le système de Gall admet pleinement. Celui-ci s'égare dans les méandres du cerveau, auxquels il rattache les formes du crâne et de la face : Lavater suppose tout simplement que l'*esprit*, le souffle de vie qui retournera à Dieu, est le maître de la maison, et se fait deviner pour ce qu'il est, malgré la beauté ou la laideur de son enveloppe. Il explique ainsi le peu de charme de certaines beautés et l'attrait de certaines laideurs : c'est toujours l'âme qui ne dit rien dans le premier cas, ou qui, dans le second, embellit la forme ingrate à travers laquelle elle parvient à se faire connaître. Assurément rien n'est plus logique ni plus souvent confirmé par l'expérience ; aussi ce qu'il y a de vrai dans les développements ingénieux que Lavater a donnés à cette idée si pratique et si simple, demeurera et reparaîtra dans toutes les recherches qui suivront les siennes, au sujet de l'alliance de l'âme et du corps.

L'anatomie conteste les rapports des fameuses protubérances de Gall avec les saillies de la surface du cerveau ; le feuillet externe du crâne ne se moule pas sur cet organe de manière à en traduire les circonvolutions ; il y a plus : on nie que celles-ci soient des organes distincts, comme le suppose le système du savant allemand. On voit combien la critique a gagné de terrain sur le domaine conquis par la phrénologie ; ce qui était système redevient problème ; mais le visage humain demeurera l'interprète fidèle de l'impulsion secrète qui le fait sourire et pleurer. Lavater a trop borné peut-être son champ d'observation, relativement à la tête, en ne s'occupant pas davantage de la boîte osseuse tout entière ; mais Gall, qui ne s'est attaché qu'à cette partie, en la supposant cause et maîtresse de l'expression du visage, s'est écarté bien davantage du vrai fondement de leurs recherches communes. Il est assez étrange que tous les deux aient divisé en trois parties le siége des facultés pensantes, sensibles et animales, et que l'un les ait placées uniquement dans le contour de la tête et dans le front sans s'inquiéter du reste du visage, tandis que l'autre a étudié particulièrement la face entière sans se préoccuper beaucoup de l'ensemble de la tête.

Nous reviendrons sur cette partie des travaux de Lavater en parlant de la publication de son grand ouvrage; nous allons, en reprenant le fil de notre histoire, le trouver occupé à creuser la matière, à rassembler ses preuves. Il demeura convaincu, dès le commencement de ses travaux, jusques à la fin de sa vie, de l'utilité de la physiognomonie, sans nier, toutefois, que ce genre de science ne puisse être fort dangereux. Il en est de même de bien d'autres branches des connaissances humaines; ce n'est donc pas une objection de quelque valeur à présenter contre les découvertes de Lavater. L'application de ses principes ne serait dangereuse que lorsqu'elle serait faite par des hommes méchants et vicieux; mais ceux-ci se donnent-ils la peine de chercher avec tant de soin les traces visibles du bien et du mal? ont-ils la conscience assez délicate pour reconnaître en leur prochain les qualités ou les dispositions heureuses qui peuvent le distinguer, et leur cœur est-il animé par un sentiment d'humanité assez prononcé pour que l'homme soit à leurs yeux le digne sujet d'une étude approfondie ?

Les partisans de Lavater ont été nombreux pendant la nouveauté de son système ; aucun n'a marqué après lui ; de nos jours son bel ouvrage est devenu un ornement de bibliothèque, un objet de curiosité ; on le cite encore avec éloge, mais il a fort peu de lecteurs.

Lavater se taisait lorsque son art lui faisait discerner chez un individu des imperfections ou des défauts prononcés ; il en gardait soigneusement le secret. Cette discrétion était chez lui une nuance de la charité chrétienne. Mais lorsque ses observations le conduisaient à reconnaître de grandes qualités ou des dons supérieurs, sa joie était vive ; il se réjouissait en saisissant l'empreinte des bontés de Celui de qui viennent *toute grâce excellente et tout don parfait;* c'était à son Dieu qu'il rendait hommage en la personne des privilégiés dont la physionomie annonçait les hautes facultés ; ainsi, d'une part, le danger de ses découvertes était nul pour les hommes fatalement marqués à ses yeux, et de l'autre, l'envie ou quelque basse jalousie n'était jamais excitée dans son âme à l'aspect des traits indicateurs d'une supériorité quelconque.

« La physiognomonie, dit-il, est la source des moyens les plus prompts et les meilleurs pour parvenir à la connaissance de l'homme; elle est encore celle des sentiments les plus délicats et les plus élevés; c'est une vue nouvelle, un œil nouveau, ouvert sur les mille empreintes que la sagesse et la bonté divines déposent sur la face des créatures humaines et qui témoignent de la vérité et de l'harmonie de l'œuvre créatrice, en nous faisant découvrir des beautés particulières dans ce merveilleux ensemble. La physiognomonie rapproche les cœurs; elle fonde les amitiés les plus nobles et les plus durables; elle embellit les jouissances des relations intimes; elle nous indique le moment de parler et celui de nous taire, celui d'avertir ou d'encourager, de consoler ou de punir. »

Ce qui prouve qu'il y avait dans la science de Lavater plus encore d'instinct et d'impulsion subite que d'étude et d'application régulière des principes établis par lui après de nombreuses expériences, c'est qu'il s'en tenait ordinairement à la première impression, au premier coup-d'œil; ce jugement *ex abrupto* était ordinairement justifié par une étude plus approfondie : les exemples à l'appui de ce fait abondent parmi les anecdotes qui constatent ses succès.

Quoique les nouvelles études de Lavater, au nombre desquelles il faut compter le dessin, prissent toujours plus d'intérêt à ses yeux, il ne se laissa pas dominer par ce genre de travail et n'en fit jamais qu'un accessoire de sa vie intellectuelle. La prodigieuse quantité de ses écrits religieux suffirait pour rendre compte des heures de beaucoup d'auteurs richement doués; tout comme ses études secondaires auraient suffi à la célébrité d'un homme qui se serait livré tout entier aux mêmes investigations artistiques et morales.

Ce fut au printemps de l'année 1774 que Lavater perdit son père, sous le toit duquel il avait toujours vécu. Sa femme, depuis la mort de Mme Lavater, avait redoublé, auprès du respectable vieillard, ses soins tendres et dévoués. Un soir, au retour de ses visites de malades, M. Lavater posa sa canne à pomme dorée en lui disant avec quelque sérieux : Repose-toi : tu m'as fidèlement servi; il ne se doutait pas sans doute que lui aussi rentrait au logis pour la dernière fois; une attaque d'apoplexie le frappa; il y survécut peu de jours et mourut le 4 mai, entouré de ses enfants.

Les funérailles eurent lieu un dimanche ; le temps était beau ; Lavater qui ne pouvait remplir ce jour-là les devoirs de son ministère, alla passer quelques heures de cette solennelle matinée sur une sorte de balcon pratiqué au sommet de la maison ; c'était une création de sa mère ; on y jouissait d'une vue étendue ; ce lieu de repos et de jouissance pour ceux qui se plaisent à la contemplation de la nature répondait particulièrement aux goûts de Lavater ; il y écrivit quelques lignes pendant ces heures de recueillement.

Quelle belle matinée ! La lumière de Dieu se répand sur la cité paisible et les montagnes qui l'environnent, les champs étendus, les arbres immobiles, le ciel profond et sans nuage. Je n'entends que le murmure de la rivière ; çà et là le chant d'un coq ; dans le lointain, le son doux et mélancolique d'une cloche de village ; aucune voix humaine, et là-bas dans la maison il y a un cercueil ; il renferme la dépouille raide et glacée d'un homme, un vieillard qui repose tranquillement ; ses yeux et ses lèvres sont fermés ; ses mains blanches et froides sont à peine jointes ; autour de lui de sérieux préparatifs ; la maison est dans l'attente d'un évènement grave.

Mon frère, ma sœur, ma femme qui va du lit de son fils malade au cercueil du vénérable ami qu'elle a tendrement aimé ; — et moi ici ; — je me suis échappé pour être seul, pour y pleurer à l'aise, en me rappelant un jour semblable à celui-ci et me livrant à ma douleur sans amertume et pleine d'espérance. — J'essaie d'écrire sans ordre ce qui se présente à ma plume, ce qui vient de mon cœur, tantôt vide, tantôt oppressé. — Seigneur Jésus, mon père est mort ! — Mon noble vieillard endormi est appelé à cheminer le long des rues pour atteindre sa fosse. — On descendra son corps dans les profondeurs du tombeau ; la terre et les ossements le recouvriront ; l'herbe et les fleurs croîtront sur son tombeau. — Il reposera dans son noir vêtement, scellé sous la terre. — Celui qui m'a donné la vie, celui qui fut mon protecteur, on l'attend hors de sa maison, parce qu'il est mort. — Ma tête s'appesantit, mon cerveau brûle ; — j'entends toujours cette voix, — et je ne veux plus écrire, mais pleurer.

La douleur de Lavater devint plus calme lorsqu'il fut rentré dans le salon tendu de noir où l'on avait déposé le cercueil ; il reprit sa plume, il écrivit les vers suivants, épanchement de son cœur déchiré.

Qu'écrirai-je sur le cercueil du meilleur des pères ? Quelles expressions seraient dignes de lui ? Quels mots pourront nous apporter des consolations, faire couler nos larmes ou nous réjouir ? Oh ! voyez-le dans ce doux sommeil de la mort, délivré du poids de la vie, libre de toute affliction. Il goûte le repos que Dieu a mis dans la mort ; il nous dit à voix basse du fond de son tombeau : Conduisez-vous avec droiture ; donnez, comme je l'ai fait, l'exemple d'une pieuse activité. Demeurez fidèles à la vocation que Dieu vous a adressée ; rendez-vous dignes de ma bénédiction et méritez le fruit de mon travail laborieusement et honnêtement gagné ; séchez souvent les larmes des malheureux. Les jours qui nous séparent vont s'écouler rapidement ; si vous voulez, comme moi, goûter le repos au sein de Dieu, apprenez à souffrir comme j'ai souffert et à faire le bien comme je l'ai accompli. Alors, peut-être, je viendrai à votre rencontre, quand vous vous approcherez du paradis des justes, délivrés de la poussière humaine. — Les paroles ne peuvent dépeindre le bonheur dont nous jouirons si je vous vois tous près de Dieu, si aucun ne demeure en arrière.

Le sentiment de la misère humaine, et celui du péché commun à tous, semble s'être effacé chez Lavater à l'aspect des restes de son père ; sa tendresse, son respect pour lui idéalisaient à ses yeux la vie de ce sage vieillard; cette douce illusion, ce rêve filial ne seront-ils pas compris et pardonnés par les lecteurs les plus sévèrement pieux? Nous ne saurions en douter.

La santé de Lavater subit une assez forte atteinte pour qu'il se décidât à se rendre aux eaux d'Ems pendant l'été de 1774. Un de ses amis, le célèbre docteur Zimmermann, alors établi à Hanovre, l'engagea fortement à combattre par l'usage de cette source bienfaisante la toux qui le fatiguait ; l'espérance de rendre visite à plusieurs hommes distingués, avec lesquels il était en relation, celle d'étendre ses connaissances physiognomoniques en étudiant d'aussi intéressants modèles diminuèrent la répugnance qu'il pouvait avoir à entreprendre ce voyage. Afin d'en tirer tout le parti possible, il proposa de l'accompagner à un habile dessinateur, M. Schott, qui devait dessiner pour lui les têtes les plus remarquables ; ainsi commença la vaste collection publiée avec le grand ouvrage de Lavater ; le plan de ce travail considérable et dispendieux était à peine formé, lorsqu'il partit pour les eaux d'Ems.

Il s'arrêta quelques jours à Bâle, et les employa tout entiers à visiter et à recevoir les hommes distingués que cette ville possédait alors. Lavater ne se reposait qu'en voiture ; son activité le portait sans cesse à se rendre utile ou à procurer quelque plaisir à ses semblables ; il aimait à semer partout sans s'inquiéter de la manière dont les semences ainsi répandues viendraient à germer.

Il se plaisait à écrire quelques maximes ou pensées édifiantes sur les parois des auberges, si souvent chargées d'indécentes plaisanteries. Quelques mauvais esprits prétendirent que c'était une preuve de sa vanité, de son besoin de faire parler de lui ; mais Lavater pensait que parmi les voyageurs, il devait s'en trouver qui seraient bien aises de lire les lignes qu'il traçait afin de leur être utile.

Son écriture était fort belle, et montrait son goût pour la perfection.

Il rendit visite, à Colmar, à un aveugle de grand renom, Pfeffel, et le trouva entouré de plusieurs jeunes gens. On l'annonça à Pfeffel comme un étranger qui lui apportait des nouvelles de ses amis de Bâle. « — Et vous-même, qui êtes-vous? demanda amicalement l'intéressant aveugle. — Lavater, de Zurich. — Lavater, le pasteur, celui qui a entrevu l'éternité ? — C'est moi. — Oh! mon Dieu, s'écria Pfeffel, en serrant Lavater dans ses bras, vous Lavater, vous, mon ami? Oh! quel bonheur! venez près de moi; faites-lui place, messieurs, laissez-moi m'asseoir près de lui. » Cet accueil plein de sympathie laissa de profondes traces dans le cœur du pieux voyageur.

Le mouvement du voyage et le plaisir que Lavater goûta à voir et à entendre tant de choses nouvelles, agirent heureusement sur sa santé; il fut partout étonné de l'accueil qu'il recevait, mais les éloges dont on l'accabla, loin de lui inspirer de l'orgueil, lui firent faire un retour sévère sur lui-même. « Je suis honteux de moi-même, écrivit-il, je vaux mille fois moins qu'on ne se le figure. »

A Carlsruhe, il fut reçu avec empressement par le margrave de Baden et sa famille; mais ce fut à Francfort que l'une de ses plus vives espérances fut comblée; il y rencontra Gœthe.

Chacun d'eux s'écria : « Est-ce vous? — Oui, c'est moi; » et dès-lors entre ces deux hommes qui plus tard ne devaient plus se comprendre, s'établit une intimité dont l'excellent Lavater fut ravi.

« Tout est esprit et vérité dans ce que me dit Gœthe, écrivit ce dernier ; il m'a lu une grande partie de ses manuscrits, que dis-je ? il ne les lisait pas ; on aurait cru qu'il disait tout cela dans le premier feu de la création ; les scènes qu'il décrit sont pleines de vie, de la vie de la nature, pleines d'une naïveté et d'une vérité vraiment incomparables ; son génie est sans pareil ; il excelle dans tout ce qu'il entreprend. »

Lavater apprit aussi à connaître la respectable amie de Gœthe, Mlle de Klettenberg, dont les sentiments élevés et la fervente piété l'intéressèrent au plus haut degré ; il se plut à copier plusieurs morceaux écrits par elle ; ils exprimaient les sentiments qui l'animaient lui-même.

De Francfort à Ems, il voyagea avec Gœthe ; il est aisé de se figurer les joies intellectuelles que tous les deux goûtèrent en se faisant part de leurs pensées. Gœthe récitait ses poésies, et des fragments de drame et d'épopée. Lavater l'écoutait avec délices ; il se plaisait à recevoir comme à donner, et se livrait avec abandon aux jouissances que lui-même il offrait avec simplicité.

Il eut encore la satisfaction de faire la connaissance de Basedow, avec lequel il était depuis longtemps en correspondance ; les travaux de cet ami de l'enfance lui inspiraient un vrai respect ; aussi montra-t-il autant d'empressement à voir ce paisible sage qu'à jouir de la brillante conversation de Gœthe.

Le 18 juillet, Lavater quitta Ems ; il écrivit à sa femme ces mots tout-à-fait caractéristiques :

« Je vous écris d'Ems pour la dernière fois, mes bien-aimés ; voilà donc ce rêve achevé ; ce sera vraiment un rêve que d'avoir été si loin de vous, et le revoir sera aussi un rêve enchanté. Oui, vraiment, j'ose à peine croire que je possède loin d'ici une femme bien-aimée, deux enfants chéris et tant de véritables amis..... Je me sens trop ému de joie et je crains de prendre le mal du pays tout en allant vous rejoindre.

» Ainsi donc, me dicte Gœthe du fond de son lit, ainsi donc les choses cheminent toujours de même en ce monde ; on dort, on boit, on mange ; on s'aime aussi bien dans un lieu que dans un autre, par conséquent,.... lui continue à écrire ainsi que moi. »

Ne semble-t-il pas que l'on assiste au développement des pensées dominantes de ces deux hommes en lisant ces paroles entrelacées ? L'un, toujours aimant, toujours enthousiaste et répandant sur les choses les plus simples et les plus ordinaires la poésie dont son âme est pleine ; l'autre planant de haut sur la vie humaine et faisant tomber de froides et tristes vérités auxquelles il donne un tour philosophique et légèrement satirique.

Nous devons à l'obligeance d'un ami des lettres, qui a vécu dans des rapports d'intimité avec Lavater, la traduction de quelques pages de Gœthe, relatives au célèbre physionomiste, et nous nous empressons d'enrichir notre travail de ce précieux fragment.

Ma correspondance avec Lavater avait eu son cours lorsqu'il m'annonça, ainsi qu'à quelques autres personnes, qu'il allait faire un voyage sur le Rhin et qu'il viendrait nous voir à Francfort. Cette nouvelle nous mit tous en mouvement ; nous nous faisions une fête de voir un homme qui déjà avait produit dans le public allemand une aussi grande sensation. Les uns espéraient beaucoup de cette visite pour leur culture morale et religieuse. Les incrédules l'attendaient avec des objections préparées à l'avance au moyen desquelles ils se flattaient de l'embarrasser. Tous, pour un motif ou pour un autre, se promettaient quelque chose de cet évènement : les uns pour leur édification, les autres pour leur amusement. Notre première entrevue fut cordiale ; nous nous embrassâmes avec amitié. Je le trouvai tel que je m'y attendais ; j'avais vu beaucoup de portraits de lui ; c'était pour moi un individu distingué et unique dans son espèce, tel que je n'en avais vu aucun qui lui ressemblât et que je n'en devais plus revoir.

Je jouissais de l'entendre parler, de le voir agir devant moi. Quant à lui, dans le premier moment, il laissa échapper quelques mots qui me firent comprendre qu'il s'était attendu à me trouver autre que ce qu'il voyait.

Je lui témoignai à ce sujet, dans mon réalisme natif et acquis, que, puisqu'il avait plu à Dieu et à la nature de me faire tel que j'étais, il fallait en prendre notre parti. Nous abordâmes bientôt ensemble quelques-uns des points les plus importants sur lesquels nous n'avions pu tomber d'accord dans notre correspondance; mais on ne nous laissa pas le temps d'entrer bien avant en matière et il m'arriva ici une chose à laquelle je ne m'attendais pas et qui était nouvelle pour moi.

Lorsque mes amis et moi voulions nous entretenir sur des sujets intéressants pour le cœur et pour l'esprit, nous évitions, pour ces discussions, les sociétés un peu nombreuses ; nous avions l'expérience qu'il s'y manifestait souvent de telles différences d'opinions et de degrés de culture, chez les hommes qui voulaient prendre part à la discussion, qu'il était ordinairement impossible d'arriver à aucun résultat. Le genre de Lavater était tout autre. Il aimait à exercer son action dans une sphère plus large ; il ne se trouvait à son aise que dans un auditoire nombreux, et il avait pour entretenir et pour instruire cet auditoire, un talent tout particulier aidé d'un grand tact physiognomonique. Il jugeait les personnes qui l'entouraient et appréciait la portée de leur esprit avec un discernement remarquable. Une espèce de vue intime lui faisait deviner quelles étaient leurs dispositions à son sujet. Après cela, quelqu'un lui adressait-il dans la sincérité de son âme un aveu ou une question, l'expérience qu'il avait acquise dans la connaissance des hommes, soit intérieure, soit extérieure, lui faisait aisément trouver ce qu'il avait à répondre.

La douce et profonde expression de son regard, celle d'amour plus prononcée encore qui animait le mouvement de ses lèvres, jusqu'à la bonhomie de son dialecte suisse qui perçait au travers du haut allemand dont il se servait, beaucoup d'autres choses encore qu'il est impossible de rendre et qui ne pouvaient aller qu'à lui, tout concourait à produire chez ceux qui l'entouraient une singulière impression de calme et de paix; à cela se joignait une attitude particulière, une poitrine un peu rentrée, le haut du corps courbé et penché en avant comme voulant se rapprocher de son auditoire, sans aucune prétention de domination. Il s'entendait à merveille à repousser avec adresse et avec calme la présomption ou les prétentions de certaines gens. Il avait l'air d'abord d'éluder l'attaque, puis il opposait inopinément à son adversaire, et comme un bouclier de diamant, quelque grande vue à laquelle on n'avait pu s'attendre. Après quoi il savait à propos modérer la grande lumière qu'il avait mise en avant et cela de manière à ce que son adversaire, du moins en sa présence, devait se déclarer éclairé et convaincu. Il est possible que de semblables impressions aient porté quelquefois leur fruit dans la suite. Les hommes vains et égoïstes ne sont pas toujours dépourvus d'un certain degré de bonté et de bonne foi ; il ne s'agit avec eux que d'ouvrir par une douce influence la dure écorce qui doit laisser éclore le bon fruit.

En observant Lavater dans sa manière de traiter avec les hommes, j'ai beaucoup appris sur cette matière, sans avoir beaucoup avancé ma propre culture. Ma position était toute différente de la sienne. Son action était morale, et aucun des efforts qu'il faisait en l'exerçant n'était perdu.

Des grains de semence qu'il confiait à la terre, il en levait un plus grand nombre qu'au semeur de l'Evangile. Mon action à moi est celle de l'art, et je perds tout l'effet de mon travail si mon ouvrage n'est pas reconnu appartenir à l'art. Je sentais donc vivement combien l'activité de Lavater était différente de la mienne. La sienne s'exerçait en présence, la mienne à distance. Tel homme était mécontent de Lavater en le voyant de loin, qui se raccommodait avec lui lorsqu'il le voyait de près. Tel autre me jugeait aimable de loin qui ne trouvait en s'approchant de moi que dureté et repoussement.

Je laissais donc souvent Lavater seul avec les personnes qui allaient lui demander de l'édification; je me dédommageais ensuite de ce que j'avais perdu. Dans le voyage que nous fîmes ensemble à Ems, nous eûmes le plus beau temps du monde. Lavater était tout aimable; la tendance morale et religieuse de son âme n'avait rien de pénible pour ceux qui vivaient avec lui. Il prenait part à la gaîté qu'amènent souvent les petits incidents de la vie et des voyages; animé et spirituel, il aimait à trouver les mêmes dispositions chez les autres, pourvu que rien ne blessât le sentiment délicat des convenances morales qui ne le quittait jamais. Quelqu'un paraissait-il vouloir dépasser cette limite, il frappait doucement sur l'épaule de l'indiscret et le rappelait à l'ordre, en lui disant avec bonhomie dans son dialecte zuricois. *Bisch guet*, sois bon. J'appris beaucoup de choses dans ce voyage, mais qui servirent à me donner des lumières sur le caractère de mon ami, plutôt qu'à régler et améliorer le mien propre.

Je le revis encore à Ems, entouré de curieux de toute espèce et je revins à Francfort reprendre diverses occupations que cette visite avait interrompues.

Le traducteur de ce fragment caractérise lui-même avec bonheur ces deux hommes distingués en disant que Lavater regardait pour *aimer* et Gœthe pour *connaître*. Nous lui emprunterons encore quelques réflexions relatives à la citation qu'on vient de lire.

En lisant dans le fragment qui précède ce que dit Gœthe dans ses *Mémoires* à propos de ce qui se passa entre lui et Lavater lorsqu'ils se virent pour la première fois, on pouvait croire qu'il existait entre ces deux hommes une espèce de fraternité cordiale, un lien d'amour qui, malgré la distance qui séparait ces deux âmes l'une de l'autre, sous le point de vue de leurs opinions religieuses, les réunirait dans le fond de leur existence. En y regardant de plus près, on verrait qu'on se trompe. Gœthe est encore ici le même Gœthe, tel qu'il a toujours été pendant sa longue vie. A côté des facultés puissantes dont son âme avait été douée par la nature, le cœur ou la faculté aimante n'occupait pas une grande place. Dans les premières années de sa jeunesse, Gœthe lui-même avait cru aimer quelquefois, en nous parlant de ses amis, de ses maîtresses : il se faisait illusion ; ce qu'il aimait au fond, c'était lui-même, et ce qu'il croyait rechercher et poursuivre avec amour n'était autre chose que ce qu'il croyait pouvoir être utile ou agréable à Gœthe; *connaître* et *produire* étaient les deux tendances qui dominaient sa vie entière. La nature, les choses et les hommes répondant à cette volonté de connaître et de produire, devenaient les objets de son étude et de son observation. Il était aidé dans ce travail par sa puissante intelligence et par la nature intuitive de son observation ; son regard ne s'arrêtait pas à la forme extérieure de l'objet qu'il observait; il cherchait à pénétrer dans l'intérieur même de cet objet, à se placer dans son centre, à observer de là son organisation intérieure et les développements de sa vie. L'objet ainsi observé allait se placer tout entier dans son entendement; après cela entrait en action sa tendance de production ou plutôt de reproduction au-dehors; son beau talent, qui touchait souvent au génie, lui fournissait les formes qui embellissaient cette représentation.

L'homme et la société étaient souvent aussi pour Gœthe un objet d'étude et d'observation ; le plus souvent ce travail avait un but à côté de celui de connaissance. Il cherchait à découvrir dans l'homme qu'il étudiait ce qui pouvait lui apporter à lui-même du plaisir ou de l'utilité ; c'était une espèce d'exploitation. L'intérêt qu'il mettait à cette étude était bien loin d'être un amour désintéressé. Sitôt qu'il avait tiré de l'objet tout ce qui pouvait servir à son but, il le mettait de côté, comme on jette l'écorce du citron après en avoir exprimé la substance (1).

(1) La même idée est exprimée par M. Leroux dans sa préface de Werther, bibliothèque Charpentier, 1841. — « Quand Lavater et Basedow s'enflammaient devant Gœthe, l'un pour sa régénération du christianisme, l'autre pour ses plans philanthropiques, Gœthe écoutait ses amis, et se recueillait dans le doute. Ne pouvant les suivre dans leurs utopies, il songeait, dans sa force, où si l'on veut dans sa faiblesse, à tirer d'eux un utile parti; avec ces hommes de foi, qu'il avait sous les yeux, il songeait à faire de l'art; il ne s'abandonnait pas à leurs idées, il voulait seulement, comme un miroir fidèle, réfléchir leur image : il travaillait à son Mahomet. Ce Mahomet n'eût pas été celui de Voltaire, il eût ressemblé au vrai Mahomet » Mais pourquoi Gœthe n'acheva-t-il pas cette œuvre ? N'est-ce

Lorsque Gœthe et Lavater se mirent en rapport, ils ne tardèrent pas à voir à quelle immense distance se trouvaient, dans leur nature intime, leurs individualités. Ce qui devait les séparer plus tard apporta, dans leurs relations, pendant quelques années, une activité et un intérêt qui avait quelquefois l'apparence d'une sorte de fraternité. Ils trouvaient du plaisir à s'étudier réciproquement. Du côté de Lavater, dont l'âme était tout amour et sincérité, il y avait bonne foi dans le sentiment qu'il exprimait; mais dans les paroles de Gœthe, il y avait du Méphistophélès.

Gœthe, fatigué sans doute de la persévérance chrétienne de Lavater, toujours désireux de faire partager sa foi aux hommes distingués avec lesquels il était en relation épistolaire, finit par rompre entièrement avec le pasteur suisse qui n'avait plus rien à lui faire *connaître;* il le déclara absurde et mystique, et plus tard passa à Zurich sans daigner lui rendre visite.

Revenons à Lavater prêt à se mettre en route pour rentrer dans ses foyers; ce qu'il continuait à écrire en duo avec Gœthe demeura sur la muraille; il voulait faire ses adieux à la chambre qu'il avait habitée.

---

pas parce que l'incrédulité qui inspira le Mahomet de Voltaire était presque aussi profonde chez Gœthe que chez Voltaire? — Gœthe finit par sentir que ce sujet, comme il l'avait conçu, était au-dessus de ses forces, et il l'abandonna.

Des jours mêlés de paix et d'agitation me furent accordés ici par mon Père céleste. Les bénédictions dont j'ai été l'objet s'étendent au loin ; elles sont aussi profondes ; elles ont réjoui mon cœur et mes yeux. A lui, à tous dans *lui*, j'adresse l'expression de ma reconnaissance ; ici, sur un coin de la muraille, afin que ceux qui s'endormiront et s'éveilleront en ce lieu se réjouissent avec moi dans le sentiment de la bonté du Père. Que le malade qui viendra de loin chercher la source salutaire, bénisse Dieu et reprenne courage.

Lavater s'arrêta à Neuwied pour y voir la princesse d'Isenbourg et quelques frères hernoutes. « J'ai rencontré là, dit-il, de belles physionomies, exprimant la droiture et la simplicité ; des hommes pleins de dignité et d'affection pour leurs semblables. »

A Dusseldorf, il eut un très-grand plaisir à visiter la célèbre galerie qui n'y est pas demeurée, mais à la place de laquelle on trouve aujourd'hui les ateliers de quelques-uns des meilleurs artistes de l'école allemande ; puis une nouvelle entrevue vint combler l'un de ses vœux : il alla chez Jung Stilling où Gœthe l'avait devancé. Le biographe de Lavater emprunte ici les paroles de Jung Stilling lui-même pour raconter la soirée que ces trois hommes remarquables passèrent ensemble.

Les écrits de Lavater sur la vie de saint Jean l'évangéliste lui ont attiré tous les cœurs; on s'est pris pour lui de respect et de tendresse, tandis que sa conversation, pleine d'intérêt et de vivacité, gagne tous ceux qui ne pensent pas que l'on se livre au péché en montrant de l'esprit et de l'enjouement.

Il puise d'ailleurs dans la corne d'abondance de ses expériences physiognomoniques et ne manque pas d'y ajouter quelques traits nouveaux.

Stilling était assis, en proie à de profonds soucis, il parlait de temps en temps et cherchait à se montrer tel qu'il est. Gœthe ne pouvait demeurer en place; il gambadait autour de la table, faisait des grimaces et nous donnait un échantillon de son habileté à divertir les gens. Plusieurs crurent qu'il devait être à moitié fou. Stilling, Lavater et quelques autres, qui le connaissaient mieux, riaient parfois aux éclats quand il se mettait à contempler quelqu'un d'un œil fixe et en même temps compatissant, puis que, tout-à-coup, il lançait à la même personne des regards perçants et lumineux. Au bout d'une demi-heure, Gœthe, Lavater et Stilling se levèrent; ils se promenèrent au coucher du soleil dans la délicieuse vallée en cheminant jusqu'au moulin. Stilling n'oubliera jamais cette promenade pendant laquelle il apprit à connaître Lavater; ils parlèrent beaucoup ensemble et commencèrent à s'aimer.

Lavater se rendit à l'invitation du landgrave de Hesse-Homburg qui, déjà, à Neuwied, l'avait fait engager à venir le voir. L'empressement respectueux avec lequel on le recevait partout lui était sans doute agréable; mais il fallait payer les visites intéressantes par celles d'une cohue d'insipides curieux qui venaient voir Lavater uniquement pour dire qu'ils l'avaient vu et entendu ; cette espèce de mise en scène diminuait fort à ses yeux le plaisir intellectuel de son voyage ; aussi les pages de son journal témoignent-elles souvent de sa fatigue et de son ennui. Il produisit d'ailleurs sur ses amis, sur ses relations nouvelles et sur les indifférents, l'impression la plus favorable. A Darmstadt, à Calsruhe, la cour voulut le voir et lui fit la réception la plus flatteuse; il prêcha dans la dernière de ces villes, à la chapelle du château, sur saint Jean, 1re épître, chap. III, v. 2 : *Mes bien-aimés, nous sommes dès à présent enfants de Dieu, et ce que nous serons n'a pas encore été manifesté ; mais nous savons que quand il paraîtra nous serons semblables à lui, parce que nous le verrons tel qu'il est.*

Son émotion, en approchant des frontières de la Suisse, ne fit que s'accroître jusqu'à son arrivée à Schaffhouse, où il se flattait de rencontrer sa femme, qu'il y trouva en effet.

Le voyage accompli fut avantageux à Lavater; il avait fait la connaissance de plusieurs hommes supérieurs, augmenté sa collection d'observations et de physionomies, formé plusieurs relations qui lui furent précieuses, et développé son goût pour la peinture en étudiant plusieurs des chefs-d'œuvre de l'art ; mais il ne faut pas omettre dans cette récapitulation le danger toujours attaché à de grands succès. Les ennemis de Lavater virent d'un œil jaloux l'accroissement subit de son influence et de sa renommée ; leur méchanceté à son égard ne tarda pas à se manifester ouvertement.

« J'ai rencontré durant mon voyage, écrivit-il peu après son retour, un bien plus grand nombre de bonnes âmes que je ne l'avais espéré ; d'hommes parfaits, pas un, mais une plus grande quantité de personnes tendant à la perfection que, dans mon inexpérience du monde, je n'aurais pu me le figurer. J'ai vu des gens de haut et de bas étage qui m'ont semblé être animés par le désir sincère de devenir meilleurs et de se rendre dignes de leur vocation. Plus d'une fois, en les quittant, je suis demeuré étonné et honteux de moi-même. Ces découvertes sont pour moi un puissant motif pour m'éprouver et pour travailler avec une ardeur nouvelle au bien de mes semblables. Un nouveau courage, une nouvelle vie s'éveillent en moi. — O Dieu, ordonne que les étincelles que tu as allumées deviennent des flammes, et que ces flammes propagent autour de moi un feu qui ne s'éteigne jamais !

» Ma religion a aussi été mise à plus d'une

épreuve. J'ai entendu des objections dont je n'avais aucune idée et auxquelles je ne me serais jamais attendu ; mais après chacune de ces épreuves j'ai pu dire : Qu'est-ce que cela ? Ne vient-on opposer à ma foi que cela ? Est-ce ainsi qu'on élude les questions auxquelles on ne saurait répondre ? O Seigneur Jésus, que ton Evangile repose sur de puissantes fondations ! Combien ton existence parmi les hommes, ta puissance divine et ton amour pour nous sont incontestables !

» J'ai encore entendu pousser bien des soupirs sur la déplorable décadence de la vie religieuse et de la piété ; et ce ne sont pas des hommes timides d'esprit et de cœur, des âmes sans vigueur et sans élévation, que j'ai entendues gémir : plus d'une âme forte gémit sur cette grave décadence ; mais ce que je dois dire avec bien d'autres juges, compétents en pareille matière, c'est que les efforts de plusieurs théologiens, pour ébranler les doctrines chrétiennes, sont au-dessous de toute critique, et qu'ils travaillent contre les vrais intérêts de l'humanité lorsqu'ils enlèvent des chrétiens à Christ.

» J'ai rencontré, là où je ne cherchais rien, parmi des gens de mauvaise vie, des cœurs qui ne sont pas éloignés du royaume de Dieu. Celui qui ne cherche pas à être un homme ne saurait devenir chrétien, et celui qui veut devenir homme s'approche par là même du christianisme ; il y a longtemps que je crois cela. La providence de Dieu a mis devant mes yeux des preuves de cette vérité, qui m'ont inspiré de joyeuses espérances. — L'humanité s'élèvera ; sa dignité paraîtra ; Dieu lui accordera, dans la transformation de toutes choses à l'image de Christ, une nouvelle manifestation de sa puissance, et pour ainsi dire une nouvelle incarnation de sa divinité. Le christianisme triomphera et se répandra comme une flamme bienfaisante et puissante. La folie des esprits aveuglés et des écrivains destructeurs paraîtra au grand jour. Dieu se vengera, par la raison elle-même, des témérités de la raison, et la sainte folie de la prédication manifestera dans les simples et dans les croyants la richesse de ses merveilles et l'inépuisable magnificence de son amour.

CHAPITRE VIII.

Publications destinées aux amis de Lavater. — Attaques de ses ennemis. — Essais physiognomoniques. — Visite de Zollikofer. — Entretien avec Joseph II. — Citations du grand ouvrage de Lavater.

Ce fut peu de temps après son retour que Lavater, se voyant dans l'impossibilité de répondre à tous ses correspondants, de manière à les satisfaire, imagina de faire imprimer en petit format quelques-unes de ses pensées et de les adresser, en manière de lettre, aux amis qu'il voulait obliger : il écrivait leurs noms sur une page dédicatoire et les priait de se souvenir que ces manuscrits n'étaient point destinés au public; ses précautions furent inutiles; et bientôt il renonça à ce moyen de communication qui lui semblait avantageux à tous les intéressés. Dix ans avant sa mort, en 1790, il reprit la même pensée et publia son *Manuel pour mes amis*, *Hand-Bibliothek fur Freunde;* ce recueil, composé de vingt-quatre petits volumes, contient une prodigieuse quantité de morceaux en prose et en vers, d'un mérite inégal sans doute, mais qui fourniraient les éléments d'un recueil très-propre à faire connaître Lavater dans toutes ses nuances religieuses et littéraires.

Les premiers fragments de ce genre, écrits et offerts avec une intention tout amicale, parurent en 1775; à la même époque un pamphlet, publié par un ecclésiastique zuricois, qui se flattait de demeurer caché à l'abri de l'anonyme, excita un violent orage autour de l'excellent Lavater. Le camp de ses ennemis, enhardi par cette œuvre malveillante, prit courage et cria bravo; les moqueries les plus grossières, les insultes les plus pitoyables semblèrent de bon aloi pour flétrir dans l'opinion publique les sentiments religieux de Lavater, sa disposition à l'enthousiasme, sa facilité à faire part de ses impressions et surtout ses succès dans le monde pieux et dans le monde littéraire : d'une part on l'accusa de croire à toutes les rêveries les plus absurdes et de vouloir faire des miracles, de l'autre de rechercher la faveur des grands et le bruit des salons; les amis de Lavater voulurent le défendre quoiqu'il les priât de n'en rien faire; lui-même demeura silencieux au sein de la tempête ; il ne voulut démentir aucun des faits allégués par ses adversaires, ni descendre à aucune explication de ses opinions religieuses : le torrent de la médisance et de la calomnie passa à ses pieds sans qu'il fît rien pour en détourner le cours; son cœur ne demeura pas insensible à tant d'injustice et de méchanceté, mais il se contenta d'adresser une lettre circulaire à ses amis pour les consoler, les engager à ne point prendre sa défense et les rassurer sur ses sentiments en cette grave circonstance.

« Ma vie de tous les jours, dit-il en terminant cette lettre, montrera que je suis un honnête homme, et mes écrits aussi bien que mes paroles, que je ne suis pas un insensé; si la vérité n'est pas prononcée de la sorte, tous les efforts de mes amis pour l'établir demeureront inutiles. Les actions sont des paroles adressées à tout le public. »

Lavater conserva cet esprit de support et de patience chrétienne dans toutes les occasions semblables où l'injustice des hommes le plaça plus d'une fois encore pendant le reste de sa carrière; il tendit la main à tous ceux qui cherchèrent à se réconcilier avec lui; il versa plus d'une larme amère sur les liens rompus, les amitiés brisées, mais jamais la moindre velléité de vengeance n'aborda son âme. Lavater fut en tout temps l'homme de son lit de mort.

Il avait mis en circulation sous diverses formes un grand nombre de ses idées sur les vérités évangéliques ; cette abondante semence germa, non-seulement autour de lui, mais partout où ses écrits pénétrèrent. A Zurich, sa puissante et chaleureuse prédication, ses instructions pastorales données à la maison des orphelins et aux prisonniers, ses entretiens pieux et littéraires lui firent des partisans pleins de zèle et d'affection. Il suivait une marche invariable dans toutes ses investigations religieuses et philosophiques ; c'est-à-dire qu'il demeurait fermement attaché aux principes fondamentaux du christianisme tels qu'ils se montraient à lui dans l'Evangile ; puis il les développait dans le sens philosophique en montrant l'accord qui règne entre ces vérités et les lois qui doivent régir l'humanité ; il cherchait enfin à rendre populaires toutes ses pensées élevées, soit par ses écrits, soit par ses discours ou ses entretiens. Il s'était plu à fonder une petite société de lecture composée de jeunes gens qui se destinaient au saint ministère ; on se réunissait chez lui une fois par semaine à cinq heures du matin ; plusieurs de ces étudiants lui demeurèrent fidèles et partagèrent ses vues ; d'autres s'éloignèrent de lui, chose toute simple et facile à prévoir : un certain nombre de personnes peuvent se jeter dans une même route ; mais, quelle qu'elle soit, toutes ne peuvent pas la suivre jusqu'au bout.

Les principaux travaux littéraires de Lavater qu'il faut rapporter à cette époque, sont ses *Fragments physiognomoniques*, qui parurent successivement de 1775 à 1778, et dont nous aurons bientôt à nous occuper ; il publia aussi des *Essais littéraires,* des *Cantiques*, des *Chants* sur différents sujets, et quelques-uns de ses *Sermons*.

Aucun de ses correspondants ne l'avait aussi bien compris que son compatriote, le célèbre Zimmermann, alors médecin de la cour de Hanovre. Voici ce qu'écrivait cet homme célèbre au sujet des travaux de Lavater sur la physionomie : « La finesse de tes vues est surhumaine et tes jugements sont d'une vérité presque divine. Dieu m'est témoin que d'après ma conviction, profonde et solidement basée, je tiens ton livre pour l'un des ouvrages de génie et de morale les plus excellents parmi ceux qui ont paru sur la terre. Attends de moi, cher ami, tous les encouragements qu'il sera en mon pouvoir de t'offrir. Mon Dieu ! combien je suis réjoui pour toi, mon bon Lavater !... »

L'un des amis de Lavater, Zollikofer, ecclésiastique d'un grand talent, vint passer quelques jours auprès de lui pendant l'été de 1778; ils goûtèrent les joies dont l'un et l'autre étaient le plus avides, celle d'échanger entre eux de hautes pensées. Lavater écrivit plusieurs des entretiens qu'ils eurent ensemble ; sa plume infatigable prenait soin de recueillir tout ce qui lui semblait de quelque valeur, et l'on a peine à comprendre que cet élan, assez fréquent dans la jeunesse, se soit constamment soutenu à travers toutes les occupations de sa place et le mouvement continuel qui se faisait autour de lui. Un jour les deux amis s'entretinrent de la nécessité d'un Médiateur entre l'homme et Dieu, tel que les saintes Ecritures nous le révèlent en Jésus-Christ.

« Les hommes, dit Lavater, n'ont pas seulement besoin d'un Dieu digne de leurs adorations, il faut encore qu'ils puissent se le représenter comme prenant part à leurs misères. Une essence divine, éternelle, invisible, toute-puissante, capable de pénétrer dans la nature de tous les êtres, peut bien, sans Christ, être comprise et adorée par les hommes les plus sages et les plus sensibles, mais ils ne lui adresseront pas leurs supplications. L'homme, assujetti à mille besoins, et qui possède assez d'intelligence pour discerner l'enchaînement des nécessités et des circonstances en face desquelles il est inévitablement placé, l'homme qui peut s'élever à la connaissance des lois qui régissent le monde des esprits et des corps, n'en sent pas moins son impuissance à rejeter le joug qui souvent l'accable, l'impossibilité d'éviter la lutte qui naît entre toutes ces nécessités et son désir ardent de bonheur et de liberté : il sent que pour combattre cette armée ennemie, il lui faut un Dieu qui, d'après ses idées, le comprenne et condescende à l'assister.

» Celui qui a une bouche destinée à parler, cherche une oreille qui puisse l'entendre. Lorsque quelque chose nous manque ou nous oppresse, nous avons besoin d'un Dieu qui donne et qui soulage. Celui que son Dieu ne console et ne soulage pas, n'a vraiment point de Dieu. Le Dieu de la Bible se montre d'un bout à l'autre comme un Dieu compatissant et agissant. La Parole sainte n'est pas seulement un livre de doctrines abstraites qui nous font connaître Dieu, mais l'histoire de Dieu lui-même, clairement racontée : celle d'un Dieu assez puissant et assez bon pour répondre à tous ceux qui l'invoquent. Tel fut le Dieu des patriarches, celui d'Israël et maintenant celui des chrétiens de toutes nations, Christ le Rédempteur. En lui nous possédons tout ce que la divinité associée à l'humanité peut offrir de plus merveilleusement bienfaisant et charitable ; c'est ce que nous ne pouvons comprendre, ce que nous ne sentirons jamais assez. En Christ, la toute-puissance est devenue sensible, visible, accessible à notre cœur.

» Dieu, ordonnateur et maître de l'univers entier, est un être à la pensée duquel l'intelligence de l'homme ne peut s'élever. S'il faut que nous éprouvions de la reconnaissance, il faut que nous puissions nous représenter quelque chose de fini, de sensible à notre capacité intellectuelle : l'infini, l'immensité nous échappent.

» Dieu nous apparaît dans toutes ses œuvres : chaque fleur, chaque animal, chaque créature humaine reçoit *de lui* sa vie. Il faut qu'il soit dans toute la création ou qu'il ne se trouve nulle part. Tout comme chacun de mes membres n'est pas moi tout entier, mais seulement une portion de ma force, une forme de mon existence, ainsi chaque partie de la création est un fragment de l'image de Dieu, si toutefois j'ose ainsi rendre ma pensée ; mais Christ est le chef de la création, la représentation visible de Dieu parmi les hommes, la manifestation dans laquelle, plus que dans toute autre, la toute-puissance resplendit. »

Zollikofer et Lavater se rendirent à Waldshut, où devait passer l'empereur Joseph. Lavater était fort curieux de voir cet homme distingué, mais ne se flattait pas de pouvoir étudier à l'aise sa physionomie. Il cite un épisode de leur voyage qui confirme d'une manière intéressante ses idées touchant l'influence que les hommes exercent les uns sur les autres. Les deux amis, poursuivis par de nombreux mendiants, leur distribuèrent toute la petite monnaie qu'ils avaient en poche : il fallut ensuite les renvoyer. Zollikofer réussit à décourager les enfants les plus persévérants dans leur importunité : il se bornait à faire de la main un geste de renvoi en l'accompagnant d'un visage sérieux et immobile. Lavater voulut l'imiter; mais, dit-il, je n'avais aucune foi dans l'effet de mon geste répulsif, les mendiants n'y croyaient pas non plus, tandis qu'ils obéissaient à l'instant à la sérieuse volonté de Zollikofer.

Ils arrivèrent à Waldshut presque en même temps que l'empereur. Lavater, qui s'était placé de manière à le voir le mieux possible, rassembla toutes ses facultés morales et physiques pour observer cet homme extraordinaire, autant du moins que la chose pouvait se faire dans une demi-minute; il fit son plan pour étudier les traits qui lui semblaient devoir mériter le plus d'attention ; mais notre bon et modeste Lavater n'eut pas besoin de concentrer ainsi sa force d'attention ; au bout de quelques instants il fut prié de monter auprès de l'empereur, qui venait d'apprendre qu'il se trouvait parmi la foule. « Je ne sais comment décrire, dit-il dans son journal, la bonne grâce et l'affabilité avec lesquelles l'empereur fit quelques pas pour venir au-devant de moi ; il produisit sur moi une impression toute autre que celle que j'avais reçue de ses portraits et des descriptions qu'on fait de lui : il me dit en souriant et avec un naturel parfait : — Ah! ah! M. Lavater, vous êtes un homme dangereux : je ne sais trop si j'ose me montrer à vous : vous lisez au fond du cœur de chacun ; on doit être sur ses gardes lorsque l'on s'approche de vous.

» — Votre Majesté me permettra de lui répondre qu'aucun homme de bien ne doit craindre mes observations lors même qu'il me serait donné de lire dans les âmes autant qu'on veut bien le supposer. Je me fais un plaisir et un devoir de remarquer chez mes semblables le bien beaucoup plus que le mal, et finalement je suis moi-même un pauvre pécheur qui n'aimerait pas non plus à laisser lire dans son cœur et qui ne supporterait guère un examen rigoureux.

» L'empereur se mit à rire, me conduisit

dans l'embrasure d'une fenêtre et me demanda comment l'idée d'écrire mon livre m'était venue. — En m'amusant à dessiner des portraits, lui répondis-je ; je remarquai des ressemblances frappantes entre certaines parties des traits des visages dont j'esquissais souvent plusieurs dans la même journée ; cela me conduisit à rechercher s'il n'existait pas aussi des rapports ou correspondances entre les facultés de ces personnes et leurs traits ; je pus bientôt me convaincre que les ressemblances morales correspondaient avec celles de la physionomie, et, dès-lors, je poursuivis mes recherches jusqu'au point où je suis maintenant. »

Gall fut mis sur la voie de son système, bien différent de celui de Lavater, par une première observation qui avait pour objet un fait moral dont il chercha ensuite la raison physique ; il se convainquit que parmi les écoliers avec lesquels il faisait ses classes, ceux qui possédaient la mémoire la plus forte avaient tous des yeux saillants ou à fleur de tête.

Lavater ne débuta point, comme le phrénologiste allemand, par l'étude d'un phénomène moral ; il interrogea en premier lieu la forme de certains nez dont la régularité lui parut correspondre à des qualités élevées.

Ce qui leur est commun, c'est d'arriver à conclure d'une forme ou d'un trait d'organisation un trait de caractère ; ils suivent donc plutôt des méthodes différentes qu'ils ne tendent à des buts opposés ; mais le procédé de Lavater est plus heureux que celui de Gall, parce que pour Lavater l'organisation n'est que l'expression du fait moral, tandis que pour Gall le signe est en même temps l'organe ; puis Lavater prend un ensemble de traits et des traits éminemment expressifs où il voit se traduire tout l'homme intérieur, unité invisible cachée derrière la forme organique, tandis que Gall cherche péniblement des différences, des nuances, des développements presque toujours contestables et auxquels il attribue cependant une valeur de cause (1).

(1) Dans un article publié par la *Revue de Paris*, quatrième série, année 1843, tome XVII, M. Dessalles-Régis caractérise ainsi les différences et les rapports des systèmes de Lavater et de Gall. « Tous deux, cherchant à reconnaître l'intérieur par l'extérieur, l'homme moral par l'homme physique, ont voulu lire les penchants du cœur et les propensions de l'esprit dans une langue écrite par la nature même sur les parties les plus solides de l'organisation. Tous deux ont traité le crâne humain ou sa copie fidèle et en relief, comme un monument, qui, muet pour l'observateur vulgaire, livre toute une masse de phénomènes curieux et variables à l'interprétation du physionomiste. Toutefois des différences plus nombreuses et plus caractéristiques les séparent. Gall, bornant ses observations aux diversités du crâne, a resserré le champ de l'observation, afin de le porter plus avant. Lavater, au contraire, embrasse dans sa phy-

« Je crois pouvoir affirmer, répondit Lavater, que, malgré tout ce qui me manque pour être un bon physionomiste, j'ai posé et suivi deux principes inconnus de mes prédécesseurs. En premier lieu, je n'avance rien qui ne soit prouvé par mes propres observations ; les anciens en ont dit plus que moi, mais on peut, en appliquant à moins de faits une attention plus scrupuleuse, dépasser de beaucoup les limites où ils ont dû s'arrêter. La marche contraire amène une grande confusion et peut rendre l'art du

siognomonie toutes les manifestations du visage et même du corps, tout ce qui, dans l'extérieur de l'homme, a une signification et un langage. Gall s'enquiert, à l'aide du toucher, des signes qui lui importent et qui sont comme sculptés en relief sur les diverses régions du crâne. Lavater, se fiant parfois au premier coup-d'œil, juge en tout cas avec le sens unique de la vue. Leur but est plus dissemblable encore. Il n'y a jamais que deux termes dans l'observation de Lavater : le signe physionomique et l'état du cœur ou de l'esprit qui répond à ce signe ; il n'essaie point, anatomiste ou physiologiste téméraire, de remonter à la cause matérielle et organique Gall, plus hardi, ayant cru trouver dans l'encéphale les secrets de l'âme humaine, s'est ingénié à saisir sur le crâne, qui est l'enveloppe du cerveau, la révélation de ces secrets, les signes des dispositions intérieures d'où résultent les diversités morales intellectuelles parmi les hommes. Chez lui il y a trois termes : le signe, la cause organique annoncée par ce signe et les effets moraux et intellectuels qui en dépendent. La piété exaltée du bon Lavater se fût alarmée à l'idée seule d'une doctrine qui tend à matérialiser des phénomènes que la croyance religieuse fait émaner d'une source divine. »

physionomiste tout-à-fait méprisable, parce que, si l'on se borne à de simples aperçus ou à des rapports éloignés, on en tire des conclusions très-fausses ; on assimile les uns aux autres des cas qui, au fond, ne se ressemblent guère. Je me suis donc appliqué à la plus grande exactitude ; j'ai cherché à rendre aussi fidèlement que possible par le dessin et par la description les diverses parties du visage de mes modèles, et je me suis attaché plutôt à ce qui caractérise le fond, la partie importante et permanente, qu'à ce qui vient frapper l'œil de l'observateur dans les moments particuliers de mouvement, de passion, dans les situations accidentelles, etc.

» La plupart des physionomistes ne traitent que des passions, des mouvements qu'elles impriment aux muscles et de l'expression qui leur est propre ; tout cela ne se rapporte qu'à des mouvements exceptionnels, bien faciles à étudier. Il me semble beaucoup plus important de s'attacher aux traits caractéristiques, à l'état normal, dégagé de l'influence des passions et des circonstances accessoires ; et ces explications de l'homme intérieur, je les découvre en partie dans les extrémités et les contours, comme le front, le nez, le crâne, les saillies osseuses, et en partie dans l'ensemble que forment ces traits et leur accord avec la forme de l'individu tout entier. Je conviens qu'il est difficile de suivre cette méthode, mais elle fait découvrir la vérité avec bien plus de certitude, même dans un visage en plein repos, que les observations qui portent sur les effets passagers produits par les mouvements accidentels de la physionomie.

» L'empereur m'écouta avec une attention marquée et mêlée de quelque étonnement ; puis il se mit un instant à la fenêtre, et j'eus la bonne chance d'étudier son profil : l'œil et le nez me causèrent beaucoup de plaisir ; ce moment me fut très-précieux. « Je vous accorde, ajouta Sa Majesté, que l'on peut apprendre avec certitude bien des choses sur la force intellectuelle, l'humeur dominante, le tempérament et les passions des hommes en étudiant leurs visages ; mais l'honnêteté, la droiture, voilà ce qui est difficile à découvrir par le même moyen. On doit, sur ce point, se tenir en garde, les apparences sont facilement trompeuses.

» — En effet, répondis-je, l'honnêteté et la probité sont beaucoup plus difficiles à discerner que le jugement, l'esprit ou le tempérament ; il faut, pour composer cette rare qualité, un mélange de force, de sagesse et de bonté ; chacun des ingrédients, si j'ose ainsi parler, a une marque qui lui est propre ; ils peuvent se mêler aux autres traits avec des variantes, et produire à des yeux exercés l'harmonie qui prouve l'existence de cette qualité; une forte proportion de fermeté et de bonté, de laquelle ressort la droiture, se fait cependant facilement reconnaître.

» — Ne pensez-vous pas, dit encore l'empereur, après m'avoir présenté quelques objections qu'il me laissa volontiers combattre, qu'il est beaucoup plus difficile de connaître le caractère des femmes que celui des hommes, et qu'en outre, elles ont moins de qualités positives? » — Il plaisanta sur la facilité avec laquelle elles changent de goûts et d'idées, afin de se conformer à ceux des hommes auxquels elles cherchent à plaire.

» Je convins de la vérité de ses remarques et je lui dis que la plupart des femmes sont ce que les hommes les font; mais que, pour elles comme pour nous, il y a des traits caractéristiques, des dispositions fondamentales que le physionomiste parvient à découvrir; la délicatesse de leurs traits, une ossification moins prononcée que la nôtre, rend sans doute cette étude particulièrement difficile; mais, je le répète, on finit par y réussir. En résumé, on ne saurait assez répéter que ce n'est pas seulement dans ce qui peut se deviner ou se décrire que réside la vraie physionomie, l'individualité de chacun; c'est le fond, qui ne peut se peindre, qu'il importe le plus de découvrir, et qui se compose de nuances très-variées. — Convenez, dit enfin l'empereur, que si vous parvenez à poser des principes solides, et que vos observations finissent par composer une vraie science, il en résultera une révolution dans le monde entier. — A la vérité, mon esprit s'égare parfois à la seule pensée des changements immenses qui s'établiraient parmi les hommes, si la physiognomonie devenait d'une application générale, *mais il n'en sera rien.* »

Cet entretien remarquable donne mieux la clef de la science de Lavater que toutes les dissertations publiées à ce sujet ; Lavater y expose sa marche et ses principes, et nous y voyons aussi avec quelle justesse l'ingénieux inventeur calcula, au milieu de ses plus brillants succès, le peu de durée et d'influence générale que son système devait obtenir.

Lavater ayant choisi, pour celui de ses ouvrages qui a rendu son nom européen, le modeste titre de *Fragments,* il nous semble permis de détacher de ces riches volumes quelques pages qui ne perdent rien à être séparées de l'ensemble; essayer un extrait de ce beau livre serait une tâche bien difficile et peu satisfaisante pour nos lecteurs; d'ailleurs la vue des planches est indispensable pour comprendre les inductions que Lavater en tire; voici donc des passages qui justifieront le grand succès de la physiognomonie.

De la nature humaine. L'homme est de tous les produits de la terre le plus parfait, le plus vivant..... Dans la série des êtres organiques connus par les sens, il n'en est aucun chez qui se réunissent en un tout plus merveilleux les trois grands types de la vie, si différents l'un de l'autre : je veux dire la vie animale, la vie intellectuelle et la vie morale.

Chacune des trois se compose des forces les plus variées, qui, d'une manière vraiment incompréhensible, viennent se confondre en un seul et même point. Connaître, désirer, agir, ou bien observer et penser, sentir et se passionner, se mouvoir ou résister, voilà ce qui fait de l'homme un être intellectuel, moral et physique.

L'homme avec ses facultés, avec cette triple vie, est en lui-même le spectacle le plus digne d'être vu, comme aussi le spectateur le plus digne de voir. Sous quelque face qu'on veuille le considérer, y a-t-il rien au monde qui mérite plus de fixer l'attention? Chaque espèce de vie se manifeste en lui d'une manière indépendante, mais jamais on ne pourra le saisir dans sa totalité qu'en l'observant par son côté observable : par son corps, par sa surface. Toute spirituelle, tout incorporelle que peut paraître sa nature intime, quelle que soit la distance qui la sépare des sens, il n'en est pas moins vrai que ce qui rend l'homme visible au-dehors, c'est son harmonie, son indissoluble alliance avec le corps qu'il habite, où il vit, où il se meut comme dans son élément. Cet élément matériel est donc le point où doit se concentrer l'observation, et tout ce que nous pouvons connaître de l'homme nous le connaissons par l'intermédiaire des sens.

Cette triple vie qu'il est impossible de méconnaître dans l'homme, ne devient un objet d'étude et de recherches que par cette seule raison qu'elle se révèle dans le corps et que les facultés humaines sont de nature à être vues, senties, matériellement constatées.

Il n'y a point d'objet dans l'univers dont les propriétés et les forces nous soient autrement connues que par leurs manifestations extérieures et accessibles aux sens. Sur ces manifestations repose la caractéristique des êtres. Elles forment la base de tout le savoir humain. L'homme ne pourrait que s'égarer dans une complète ignorance de tout ce qui l'entoure et de lui-même, si chaque force, chaque vie ne se déployait pas dans une extériorité sensible, si chaque chose ne portait en elle une empreinte indiquant sa nature intime et son développement, un caractère spécial qui la fait connaître pour ce qu'elle est, en la distinguant de ce qui n'est pas elle.

Tous les êtres que la vue peut saisir se montrent à nous sous une certaine forme, avec une certaine surface : nous les voyons terminés par des limites qui sont le résultat de leur organisation. Qu'on me pardonne de rappeler ici ces vérités immuables et qu'on entend répéter tous les jours; mais elles sont précisément la base de la physiognomonie ou de la connaissance immédiate de l'homme.

Ce qui est vrai des êtres hors de nous, et particulièrement des êtres organiques, est infiniment plus vrai si nous l'appliquons à la nature de l'homme. C'est surtout par son organisation qu'il se distingue des autres habitants de notre planète; et sa physionomie, c'est-à-dire la surface et le contour de son organisation, l'élève de beaucoup au-dessus de tous les êtres visibles.

Nous ne connaissons pas de forme plus noble, plus élevée, plus majestueuse, autour de laquelle se meuvent comme autour d'un centre des facultés aussi nombreuses, une vie aussi variée, tant de forces et tant d'actes divers! D'un pas hardi l'homme s'avance sur la surface de la terre. Il porte la tête haute et dirigée vers le ciel. Son regard se perd dans l'infini. Ses mouvements, ses actes s'exécutent avec une aisance, avec une rapidité inconcevables. Son toucher plus parfait le met plus immédiatement et par des points plus variés en rapport avec les choses. Qui saurait nombrer ses actes? qui saurait les décrire? Dans un même instant il peut y avoir en lui infiniment plus d'activité, comme aussi infiniment plus de passion que dans toute autre créature. A l'audace il joint la souplesse, à la force l'habileté, à l'activité le repos. Nul ne sait comme lui plier et résister : on ne retrouve point ailleurs cette diversité ni cet harmonieux équilibre dans les forces. Les facultés de l'homme sont uniques, tout comme sa forme.

De l'utilité de la physiognomonie. Si l'on veut se convaincre d'une manière plus particulière de l'utilité de la physiognomonie, qu'on suppose pour un instant toutes les connaissances qui s'y rapportent, et jusqu'au tact physiognomonique, bannis de ce monde : quelle confusion, quelle indécision, quelle incertitude, quelle absurdité enfin n'en résulterait-il pas dans mille et mille de nos actions! Cette confiance que nous déduisons d'une somme de vraisemblances confuses ou distinctes, clairement aperçues ou obscurément senties, combien elle en souffrirait, combien elle y perdrait! De cette infinité de grandes entreprises, d'œuvres glorieuses de l'homme, combien ne verraient jamais le jour! La société de nos semblables est la première chose que nous rencontrions dans la vie. L'homme est appelé à vivre avec l'homme. La connaissance de l'homme est l'âme de ce commerce, ce qui le rend vif, agréable, utile ; la connaissance de l'homme est jusqu'à un certain point indispensable à chacun. Or, puisque dans des milliers de cas nous ne pouvons pas juger les hommes d'après leurs actions, quel moyen plus facile, plus propre, plus sûr d'acquérir cette connaissance, que la science des physionomies, dans le sens le plus large du mot!

Là où le spectateur badaud, inattentif, ne se doute pas qu'il existe la moindre chose, l'œil exercé en physiognomonie découvre des sources inépuisables du plaisir intellectuel le plus moral, le plus délicat. Lui seul comprend la langue la plus belle, la plus éloquente, la plus juste, la plus naïve, la plus expressive de toutes, la langue naturelle de l'esprit et du cœur, la langue naturelle de la sagesse et de la vertu. Il la comprend dans les physionomies de ceux mêmes qui ignorent qu'ils la parlent. Il reconnaît la vertu à travers les voiles qui la couvrent. Le physiognomoniste philanthrope pénètre avec un ravissement secret l'intérieur de l'homme et y découvre en germe les dispositions sublimes qui peut-être ne se développeront que dans le monde à venir. Il sépare le fond immuable du caractère de ce qui n'est qu'habituel, l'habituel de ce qui n'est qu'accidentel. Seul il le jugera avec justesse, car seul il aura jugé d'après le fond même..... L'utilité de la physiognomonie pourrait former à elle seule la matière d'un gros volume tout entier, et même d'une quantité de volumes, si l'on voulait l'appliquer aux diverses classes de la société.

Le peu de connaissances physiognomoniques que j'ai acquises, et l'extension de mon sentiment physiognomonique, m'ont été, non-seulement très-utiles, mais, j'ose le dire, presque indispensables, et sans cela j'aurais trouvé sur ma route mille obstacles que j'ai le bonheur maintenant de surmonter.

Le physiognomoniste. Tout homme a des dispositions pour toutes choses. Cependant on peut avancer avec certitude qu'il y a fort peu de choses pour lesquelles il ait des dispositions particulières. Tous les hommes ont des dispositions pour le dessin, puisque tous peuvent apprendre à écrire bien ou mal ; mais sur dix mille il n'en est pas un qui devienne un bon dessinateur. Il en est de même quant à l'éloquence et à la poésie. Il en est de même quant à la physiognomonie. Tous les hommes qui ont des yeux et des oreilles ont des dispositions pour la physiognomonie, mais sur dix mille il n'en est pas un qui devienne un bon physiognomoniste.

Celui qui, à l'approche d'un homme, au premier regard qu'il jette sur lui, ne sent pas un mouvement secret d'attachement ou d'éloignement, d'attraction ou de résistance, celui-là ne sera jamais physiognomoniste.

Celui qui cherche l'art plus que la vérité, qui estime mieux la peinture maniérée que la sûreté du trait dans le dessin ; celui qui, au premier aspect des ruines de l'antiquité idéale, n'est pas prêt à verser des larmes sur la décadence de l'humanité, et de l'art, son imitateur ; celui qui ne voit dans les précieux antiques que des bijoux, qui ne découvre pas au premier regard dans ce César le courage entreprenant, dans ce Socrate la profonde prudence, dans ce Brutus l'indomptable fermeté, dans ce Platon la sagesse divine, et, pour les médailles modernes, la plus haute sagacité humaine dans celle de Montesquieu, le regard calme, plein de réflexion, et le goût pur dans celle de Haller ; celui qui, au premier regard, ne reconnaît point dans ce Locke le penseur profond, et dans ce Voltaire l'ingénieux satirique ; celui-là ne sera de sa vie un physiognomoniste supportable. Celui qui ne s'arrête point, plein d'une silencieuse adoration, à l'aspect de l'ami de l'humanité, surpris au moment où il croit exercer sa bienfaisance sans témoin; celui qui n'est point attendri par la voix de l'innocence et le regard sans expérience de la sainte virginité; point touché par le spectacle d'un enfant, sujet de tant d'espérances, endormi dans les bras de sa mère, penchée sur lui pour l'entendre respirer; point ému par le serrement de main d'un ami fidèle et par son regard humide de pleurs; celui qui peut sauter à pieds joints par-dessus tout cela, qui peut s'arracher à un semblable aspect ou même en faire un objet de raillerie, celui-là égorgera son père plutôt qu'il ne deviendra physiognomoniste.

Ici Lavater passe en revue toutes les qualités et les connaissances que doit posséder le physiognomoniste, puis il ajoute :

Je me bornerai, pour le moment, à répéter que la connaissance exacte et profonde de soi-même est une des premières qualités du physiognomoniste.

O lecteur! si tu ne rougis pas souvent de toi-même, fusses-tu le meilleur des hommes, car le meilleur est encore homme; si tu n'es pas souvent forcé de baisser les yeux devant toi et devant les autres; si tu ne peux pas l'avouer et avouer à ton ami que tu te sens dans le cœur le germe de tous les vices; si dans la solitude où Dieu seul te voyait, où ton cœur seul te parlait, tu n'as pas été saisi mille fois de confusion à tes propres yeux; si tu n'as pas assez de force pour épier le cours de tes passions, pour remonter jusqu'à leur première source, pour scruter la première impulsion de tes bonnes et de tes mauvaises actions, et pour te l'avouer, l'avouer à Dieu et à un ami ; si tu n'as pas d'ami à qui tu oses l'avouer, à qui tu puisses te montrer à nu, qui puisse se montrer à toi de la même façon, pour qui tu sois le représentant de l'humanité et de la divinité, qui soit pour toi ce représentant dans qui tu te mires, et qui se mire dans toi ; en un mot, si tu n'es pas un homme bon et généreux, tu ne seras pas un digne observateur, ni un vrai connaisseur des hommes, enfin un physiognomoniste..... Nul ne comprendra certainement le regard de la générosité et les traits qui annoncent des qualités sublimes, s'il n'a lui-même des pensées généreuses, nobles et sublimes, et s'il est incapable de grandes actions.

Des jugements des physiognomonistes qui souvent ne sont erronés qu'en apparence. Le physiognomoniste, l'observateur de l'homme, qui est homme, qui est chrétien, c'est-à-dire un homme sage et bon, agira cent fois contre son propre sentiment physiognomonique ; je m'exprime mal, il paraîtra cent fois ne pas agir conformément à son jugement intérieur ; il n'agira pas comme il aura jugé. Par exemple, il reconnaît bien le méchant dans la figure du pauvre qui se présente à sa porte, mais il ne le renvoie pas ; il lui parle amicalement, jette un regard profond dans son âme et voit, grand Dieu, que voit-il ? Des abîmes de vices, du désordre, de l'égarement sans mesure. Mais ne voit-il que cela ; rien de bon ? Soit, rien de bon : il voit pourtant de l'argile qui n'osera ni ne pourra jamais dire au potier : « Pourquoi m'as-tu façonnée de la sorte ? » Il voit ; ayant vu, il adore, se détourne et cache une larme qui dit infiniment, non pas aux hommes, mais à Dieu. — Il donne ensuite fraternellement à ce pauvre, non-seulement en faveur de sa malheureuse femme, non-seulement en faveur de ses enfants innocents et sans ressource, non pour lui-même, mais pour l'amour de cet Être divin qui a fait tout, jusqu'au scélérat même ; en l'honneur de son nom, il donne, pour obéir à la voix de son cœur, pour rallumer peut-être encore une étincelle qu'il a remarquée. Le misérable abuse ou peut-être n'abuse pas de cette générosité, n'importe ! mais tous ceux à qui il en parlera diront : « Le brave homme qui vient encore de se laisser duper ! »

L'homme n'est pas le juge des hommes. Quelle évidente vérité pour le physiognomoniste qui est homme ! L'homme le plus puissant, le Seigneur lui-même, n'est pas venu sur la terre pour juger, mais pour sauver. Ce n'est pas qu'il ne vît point les vices des vicieux ; ce n'est pas qu'il se les dissimulât à lui-même et aux autres, lorsque les observer et les mettre à découvert, c'était professer l'amour des hommes ; mais il ne jugeait pas, il ne punissait pas, il pardonnait : « Allez, et ne péchez plus ! » — Il accueille même un Judas, l'embrasse et le retient auprès de lui, tout en ayant reconnu en lui, longtemps d'avance, celui qui le trahirait un jour !

De la liberté de l'homme et de ses limites. Vouloir forcer un homme à penser et à sentir comme moi, c'est vouloir lui imposer mon front et mon nez ; c'est vouloir ordonner à l'aigle la lenteur de l'escargot, à l'escargot la rapidité de l'aigle. Tout homme ne peut que ce qu'il peut et n'est que ce qu'il est. Il ne peut s'élever qu'à un certain point et pas plus haut, dût-on le torturer avec toute l'inflexible cruauté d'un bourreau irrité. Tout homme doit être mesuré d'après lui-même. De quoi est-il capable en tant qu'il est lui et dans les circonstances où il se trouve? Mais ne demandez pas : Que ferais-je, moi, dans sa situation?

O hommes! frères, enfants d'un seul père ! quand commencerez-vous à vous juger avec équité les uns les autres? quand cesserez-vous d'exiger, de vouloir arracher à l'homme sensible les abstractions du froid penseur, et à celui-ci des sentiments chaleureux? quand cesserez-vous de demander des poires au pommier, des figues à la vigne? L'homme est homme et ne peut être ange quand même il le voudrait. Chacun est un soi à part et ne saurait devenir un autre soi, non plus qu'il ne saurait devenir un ange. Je suis libre dans mon domaine, je puis agir comme je veux dans ma sphère. Si je n'ai reçu qu'*un* talent, je ne puis agir comme si j'en avais *deux*; mais ce talent unique, je puis en faire un usage bon ou mauvais. J'ai obtenu une certaine mesure de force que je puis employer, augmenter par l'emploi, diminuer faute d'emploi, perdre par l'abus; mais jamais je ne pourrai opérer, avec cette mesure de force déterminée, ce que je pourrais opérer avec le double que j'emploierais de même.

L'assiduité peut se rapprocher beaucoup ou plutôt sembler se rapprocher du talent qui n'est pas assidu, et le talent du génie qui n'a pas l'occasion de se développer ou qui ne s'exerce pas. Mais jamais l'assiduité ne transformera le manque de talent en talent, le manque de génie en génie. Chaque homme doit rester ce qu'il est; il ne peut s'étendre, se perfectionner, se développer que jusqu'à un certain degré. Chacun est maître et seigneur, mais dans sa principauté seulement, grande ou petite. Chacun peut la cultiver de manière à lui faire produire autant qu'une autre d'une double étendue, mais inférieure en culture. Personne ne peut l'élargir, à moins que le Seigneur ne lui fasse le don du territoire voisin en friche. C'est cette croyance à la liberté de l'homme et aux limites de cette liberté qui doit rendre courageux et humble, actif et modeste.

« Jusqu'ici et pas plus loin, mais jusqu'ici! » Voilà ce que Dieu, la vérité et la physiognomonie crient à cha-

que homme qui a des oreilles pour les entendre :
« Sois ce que tu es, et deviens ce que tu peux devenir. »

Observations sur des mourants et des morts. Les morts que j'ai vus m'ont tous ensemble donné lieu d'observer qu'à peu près seize, dix-huit ou vingt-quatre heures après leur mort, selon la maladie à laquelle ils avaient succombé, leurs traits offraient un dessin plus beau qu'il ne le fut jamais de leur vivant, un dessin bien plus précis, plus proportionné, plus symétrique, plus homogène, plus noble, que dis-je, plus sublime!

N'y aurait-il pas, me disais-je alors, une physionomie fondamentale commune à tous les hommes, physionomie troublée, emportée par le flux et le reflux des évènements et des passions, mais qui peu à peu se rétablit par le repos de la mort, comme l'eau troublée redevient limpide, lorsqu'elle reste sans être remuée?

Chez quelques mourants, qui dans leur vie n'avaient eu rien moins qu'un caractère noble, grand ou sublime, j'ai remarqué quelques heures, et chez quelques-uns peu de moments avant leur mort (l'un d'eux était en délire), j'ai remarqué, dis-je, un ennoblissement inexprimable de leur physionomie; l'homme était tout changé; le teint, les contours, tout était nouveau, tout nous offrait un aspect d'aurore, de ciel, d'une noblesse, d'une grandeur indicibles. Le moins attentif était forcé de faire attention, le moins sensible de sentir. C'est *l'image de Dieu* que j'avais vue briller sous le voile de la mort, et je me retournai, me tus et adorai. Oui, tu existes, magnificence de Dieu, tu existes même dans les hommes les plus faibles, les plus corrompus!

A propos de la femme, Lavater s'exprime en ces termes :

Le vrai et pur sentiment physiognomonique, quant aux femmes, est le meilleur assaisonnement de la vie et un préservatif efficace contre l'avilissement, soit de nous-mêmes, soit des autres. Je dis qu'il est le meilleur assaisonnement de la vie.

En effet, qui est-ce qui sait mieux adoucir la rudesse de l'homme, le soutenir et le relever dans un moment de faiblesse, mieux calmer son emportement, mieux ranimer son énergie, dissiper, comme par enchantement, ses chagrins et sa mauvaise humeur, charmer les ennuis de la vie et sa monotone tristesse! N'est-ce pas la présence et le regard affectueux d'une femme, la noblesse et le charme répandus sur son visage, le doux serrement de sa main, l'aspect d'une larme prête à couler de son œil? Que faut-il de plus pour attendrir le plus endurci? L'Esprit de Dieu peut-il agir sur nos cœurs avec plus d'efficace et avec plus de douceur, qu'en aiguisant, qu'en purifiant en nous ce sentiment physiognomonique de l'éloquence féminine? Je puis à peine m'imaginer un bienfait plus grand, plus paternel que ce sentiment, implanté dans nos cœurs par la providence divine. Rien n'assaisonne mieux l'insipidité de chaque jour, rien n'adoucit aussi bien, aussi promptement les amertumes infinies dont la vie est parsemée. Souvent, lorsque, sous le poids d'un travail desséchant, mon âme voulait se briser, quand mes yeux étaient inondés de larmes brûlantes, quand mon cœur était accablé, ma poitrine oppressée, parce que j'entendais répéter chaque jour : « Ta Providence, où est-elle donc maintenant? » quand on me rejetait à la figure ces pensées dont mon âme était pleine et que je voulais communiquer à mes semblables; quand je voyais mes actions les plus honnêtes et les plus simples couvertes de boue, l'impulsion la plus sacrée de la vérité honnie et taxée d'absurdité, dans ces moments d'ardeur et de sècheresse, où je cherchais en vain, dans le monde visible qui m'entourait, une goutte de consolation ; alors mes yeux se dessillaient tout-à-coup, comme par une influence divine, et j'étais frappé de l'aspect d'une eau jaillissante qui m'invitait à me rafraîchir. C'était la physionomie d'une femme exprimant la douceur et la tendresse, mais aussi le courage et la fermeté; c'était le saint visage d'une épouse chérie, qui savait lire sur les traits de son époux et démêler, dans leurs replis les plus cachés, le moindre tremblement, la moindre souffrance, et qui, dans ces instants, semblait à mes yeux d'une beauté angélique, sans être douée d'aucun de ces avantages que le vulgaire croit essentiels à la beauté.

Pouvons-nous trouver une occupation plus noble et plus digne de l'homme que celle de cultiver notre sentiment physiognomonique à l'égard des femmes, en bien étudiant cette influence salutaire qu'elles exercent sur nous?

J'ai dit, en second lieu, que ce sentiment physiognomonique est aussi le préservatif le plus efficace contre l'avilissement, soit de nous-mêmes, soit des autres. Est-il rien qui puisse mieux que ce sentiment découvrir la limite entre la chair et l'esprit? rien qui puisse mieux poursuivre la raison jusqu'au point où elle semble se séparer du cœur? mieux reconnaître l'imagination sous le masque du sentiment? mieux distinguer le désir de l'amour, l'amour de l'amitié? faire sentir plus profondément ce que l'innocence a de sacré, d'intime, de respectable, ce qu'il y a de divin dans la nature pure de la femme, ce qu'il y a de profane dans la coquetterie, dont l'audace fait baisser les yeux de la pudeur?

Parmi les pensées réunies sous ce titre, *Parallèle de l'homme et de la femme,* nous citerons les suivantes :

Les âmes des femmes ne pensent guère. La pensée est la force de l'homme. La femme sent plus qu'elle ne pense. Sa force est dans le sentiment.

Les hommes agissent de préférence sur les profondeurs, les femmes sur les hauteurs de l'édifice social.

L'homme aime à embrasser l'ensemble, la femme s'attache surtout aux détails et s'amuse à décomposer les éléments des choses.

L'homme contemple et observe, la femme regarde et sent.

La sensibilité de l'homme a sa source dans l'imagination, celle des femmes dans le cœur.

Les femmes sont promptement égarées par ce qui est subit et extraordinaire.

Leur franchise est plus franche que celle des hommes, leur réserve plus réservée.

Où l'homme ne fait que sourire, la femme rit aux éclats, elle pleure où il est silencieux, elle se lamente où il pleure, où il se lamente elle se désole, et pourtant elle a souvent plus de foi que l'homme.

Un homme sans religion est comme un malade qui veut se persuader qu'il est bien portant et qu'il peut se passer de médecin. Une femme sans religion est une créature abominable; elle est révoltante quand elle veut jouer l'esprit fort, car elle est faite pour la dévotion et la piété; c'est aux femmes que le Seigneur ressuscité apparut d'abord, et il voulut réprimer leur zèle trop empressé en leur disant : « Ne me touchez pas. »

Il y aurait tant de citations à faire de ce livre de Lavater, que sans la difficulté du choix, on ne s'arrêterait plus. On éprouve un singulier attrait à suivre sa pensée dominante si richement variée et qui touche aux plus hautes questions sociales, comme aux détails familiers de la vie ; le noble enthousiasme de l'auteur se modifie par la grâce des détails, la finesse et la profondeur des vues, l'intérêt des rapprochements et des applications pratiques, mais on le retrouve sans cesse ; l'impulsion première, la recherche incessante de l'image divine se fait partout sentir et transporte le lecteur dans une atmosphère élevée et bienfaisante. Nous nous bornerons à un seul portrait, celui de Lavater lui-même, tracé à côté de la planche qui le représente.

Sans connaître l'original, je dirais avec pleine certitude que j'aperçois beaucoup d'imagination, un sentiment vif et rapide, mais qui ne conserve pas longtemps les mêmes impressions ; un esprit clair, qui ne cherche qu'à s'instruire, et qui s'attache à l'analyse plutôt qu'aux recherches profondes ; plus de jugement que de raison, un grand calme avec beaucoup d'activité, et de la facilité à proportion. Cet homme, dirais-je encore, n'est pas fait pour le métier des armes, ni pour le travail de cabinet. Un rien l'oppresse, laissez-le agir librement, il n'est que trop accablé déjà. Son imagination et sa sensibilité transforment un grain de sable en une montagne. Mais grâce à son élasticité naturelle, une montagne, souvent, ne lui pèse pas plus qu'un grain de sable.

Ailleurs il dit encore de ses propres traits :

Avec cette figure on ne deviendra jamais ni héros, ni

mathématicien, ni homme d'Etat, mais peut-être poète ou orateur sacré.

Prenez des hommes de la beauté la plus brillante, supposez qu'eux et leurs enfants se détériorent moralement, s'abandonnent à des passions indomptables, et par conséquent se vautrent tous les jours de plus en plus dans la fange de l'immoralité. Oh ! comme ces hommes, du moins leurs physionomies, se dégraderont de génération en génération ! Quelles figures grossières, enflées, comprimées, charnues, pouffées, déformées, rongées ! Quelle variété infinie de caricatures plus ou moins grossières et communes, de figures plus laides de père en fils ! Que de milliers d'enfants, images parfaites de parents déjà complètement pervertis, et que l'éducation rendra plus pervertis encore que leurs parents, des enfants en qui on aura développé moins de bien et nourri plus de mal et de meilleure heure ! Grand Dieu ! à quelle profondeur l'homme tombe du haut de cette beauté primitive, dont ta bonté paternelle le dota si richement ! A quelle profondeur il tombe dans l'abjection de la laideur, se transformant même parfois en figure de démon, à l'horrible aspect de laquelle l'ami de l'humanité se sent pénétré de douleur et n'ose relever son regard !

Passions et vices, indomptable frénésie, sensualité, immodération, cupidité, paresse, astuce, passions et vices en un mot, que d'horreurs vous offrez à mes yeux ! comme vous défigurez mes frères !....

Ajoutons encore ce point, que ce n'est pas la figure seule, que ce ne sont pas exclusivement ses parties molles ou solides, mais que c'est tout le système osseux avec son revêtement de chair, tout, absolument tout, la taille et le teint du visage, la voix, la démarche et l'odeur, tout ce qui dans l'homme se trouve en rapport avec sa physionomie, qui peut devenir dégoûtant, qui peut se détériorer ou s'embellir. Offrons-en le tableau à notre imagination, ou bien, hélas! allons voir la réalité, allons voir un hospice, une maison de correction, assemblage et réceptacle de gens désœuvrés, débauchés, ivrognes, et comparons-les avec toute autre réunion d'hommes mieux pensants, quelque imparfaite qu'elle soit, et malgré tout ce qu'on y remarque encore de faiblesse humaine, avec une assemblée de frères moraves ou mennonites, ou tout simplement avec une corporation d'ouvriers industrieux, quelle conviction profonde et vive n'acquerrons-nous pas de l'idée que nous avons émise! plus encore qu'une conviction vive! Cette comparaison réveillera en nous des sentiments relatifs à nous-mêmes et aux autres; sentiments qui, tout cruels qu'ils peuvent être, n'en sont pas moins salutaires. Et c'est là tout mon but.

Mais l'homme n'est pas fait seulement pour qu'il puisse tomber, il peut aussi revenir sur ses pas et même remonter plus haut que le point d'où il est tombé. Arrachez aux hommes les plus laids les enfants qui sont effectivement déjà les portraits vivants de leurs parents, arrachez-les-leur, et élevez-les dans une institution publique bien organisée et bien tenue; le moindre progrès que les plus mauvais auront fait dans la direction de l'ennoblissement, frappera vos yeux avec une irrésistible évidence. Placez-les, quand l'âge le permettra, dans des circonstances qui ne leur rendent du moins pas trop difficile l'exercice, la pratique de la vertu, et où les tentations du vice ne les assaillent pas avec une vivacité extraordinaire; mariez-les entre eux; supposez que la tendance au bien se conserve dans tous, au moins jusqu'à un certain degré; supposez qu'on donne à leur éducation quelques soins, je ne dis pas même des soins très-recherchés; supposez que leurs enfants à eux se marient entre eux, etc. Dans la cinquième et sixième génération, vous aurez des hommes de plus en plus beaux (pourvu qu'il ne survienne pas d'accidents particuliers qui s'y opposent), et cette beauté progressive se remarquera, non-seulement dans les traits de la figure, dans la conformation osseuse de la tête, mais dans leur personne entière, dans tout leur extérieur ! Car, chose bien certaine, à côté des autres vertus et de la tranquillité de l'âme, naissent l'ordre et l'activité, la modération, la propreté, et certains soins éducatifs qui tendent à la conservation de tous ces avantages, enfin, beauté réelle de la carnation, du teint, tenue gracieuse du corps, liberté, sérénité. Les laideurs, au contraire, qui proviennent de maladies graves ou légères, et d'autres causes de ce genre, doivent nécessairement diminuer, par la raison que toutes ces vertus apportent et favorisent la santé et le libre développement des membres. En un mot, il n'est point de beauté matérielle, dans aucune partie du corps humain, qui soit à l'abri de l'impression, bonne ou mauvaise, de la vertu ou du vice, pris l'un et l'autre dans le sens le plus large.

Ajoutons à ces belles pages le résumé du morceau sur les *physionomies nationales.*

L'histoire naturelle des physionomies nationales est possible à la fois et importante pour le philosophe et l'homme, pour celui qui pense et pour celui qui agit. C'est un des fondements les plus profonds, les plus inébranlables, un des fondements éternels de la physiognomonie. Je le répète ici, nier la physionomie nationale et le caractère national, c'est nier le soleil qui est au ciel.

Partout, je le sais, peuvent habiter la probité et la sagesse, sous chaque climat comme sous chaque extérieur national ; je sais aussi que Dieu ne considère pas la personne ni le climat, et que celui qui le respecte et l'honore lui est agréable, à quelque peuple ou à quelque climat qu'il appartienne ; mais il n'en est pas moins vrai et même évident que la liberté toute libre de Dieu, au moyen des causes médiatrices qui existent et opèrent, dans chaque climat, d'une manière quelconque mais déterminée, y forme en général des caractères inconnus dans d'autres climats, et que saisir d'un seul regard ce concert aux mille voix de toutes les physionomies nationales, doit être pour lui, comme pour tout être raisonnable, une impression du plus haut intérêt. Cette diversité infinie, mais aboutissant, sans doute, à un seul et même but, durera et doit nécessairement durer éternellement ; de quelque manière que tout s'ennoblisse, se transforme et se divinise, chaque chose ne se transformera, ne s'ennoblira, ne se divinisera jamais que d'après sa nature particulière et d'après les conditions particulières de son développement ; jamais aucune espèce ne passera en une autre espèce, ni aucun individu en un autre individu. De même donc que, pour les individus, c'est une grâce divine et le gage d'une grâce éternelle que d'avoir reçu une physionomie plus intelligente et plus heureuse que d'autres individus, de même c'est par un libre acte de grâce que des nations entières ont reçu leur existence et leur développement sous un climat heureux, acte qui doit assurer à son auteur un culte éternel d'adoration et de reconnaissance. Cependant les produits les plus bas de l'humanité ne doivent jamais désespérer, ils sont aussi les enfants du Père de tous ; et l'aîné de tous leurs frères est leur frère à eux aussi ; leur frère qui, parmi toutes les races, toutes les nations, toutes les peuplades, élit et élira les compagnons de son règne.

Terminons ces citations, qui, nous l'espérons, ne paraîtront pas trop étendues à nos lecteurs, par les dernières lignes du livre.

Je dépose la plume physiognomonique. Comment dire ce que j'éprouve en ce moment! — Je ne sens rien de cet orgueil qu'une œuvre accomplie inspire à son auteur. Mon âme est pénétrée, au contraire, des nombreuses fautes et imperfections de mon travail. Je sais combien il reste à faire, et si j'osais m'attribuer quelque mérite, ce serait celui d'avoir découvert, peut-être, et indiqué quelques chemins praticables dans le domaine de la physiognomonie. J'ai glané sur leurs abords, et remis fidèlement au monde le fruit de mes recherches. Je n'ai rien promis de plus et je serais trop satisfait d'avoir pu contribuer, par chacun de ces fragments, à agrandir la connaissance de l'homme et à répandre l'amour du prochain.

Les bornes étroites de notre travail ne nous permettant pas de donner une idée des principes physiognomoniques de Lavater à l'égard des traits du visage, il sera d'autant plus à propos de citer quelques-unes des anecdotes qui servent de preuves à la vérité de ses jugements. Il dessinait le portrait avec une rare perfection; ses esquisses sont supérieures aux traits le plus soigneusement gravés, parmi ceux qui furent exécutés sous ses yeux; cette finesse dans le coup-d'œil et cette fermeté de touche donnent la mesure de l'extrême perspicacité de son regard.

Peu de temps après la mort de Gustave III, roi de Suède, on vit arriver à Zurich un étranger remarquable par ses connaissances et par l'élégance de ses manières ; on s'empressa de l'accueillir ; Lavater reconnut promptement en lui les indices du meurtre : l'étranger s'éloigna, et le gouvernement ne tarda pas à recevoir une demande d'arrestation ; on venait d'apprendre à Stockholm que l'un des hommes soupçonnés de faire partie de la conjuration contre le roi devait se trouver à Zurich.

Il découvrit de même la passion du meurtre dans un abbé nommé Frickt ; cet abbé, d'une figure avenante, animée, d'une conversation pleine de sel, venait de quitter Lavater après quelques moments d'entretien. « N'est-ce pas que c'est un jeune homme agréable ? lui demanda l'ami qui le lui avait présenté. — Oui, mais un agréable assassin, répondit Lavater d'un air consterné ; ce jeune homme est un meurtrier. » Quelque temps après, l'abbé assura que, reçu dans une maison qui l'avait accueilli comme s'il eût été membre de la famille, il avait éprouvé l'envie irrésistible d'en tuer plusieurs personnes, et qu'un vif sentiment de reconnaissance l'en avait seul détourné.

Un autre jeune homme, sur lequel Lavater n'avait jeté qu'un simple coup-d'œil et qu'il avait engagé à modérer les élans de l'impétuosité trop bouillante qu'il découvrait en lui, voyageait plus tard en chaise de poste. Il querelle son postillon, qui n'allait pas assez vite ; celui-ci n'en tient aucun compte. Le voyageur s'emporte, l'autre n'en va pas plus rapidement; plusieurs invitations de plus en plus menaçantes se succèdent ; pas de résultat. Le voyageur tire un pistolet et brûle la cervelle au postillon. Le meurtrier fut arrêté et pendu.

Mirabeau se présente un jour devant Lavater : « Monsieur le savant, lui dit-il en ricanant, je viens de Paris exprès pour vous voir ; il faut que vous me disiez ce que je suis, sinon je publie partout que votre système est menteur. » Lavater, un peu surpris, le regarda : « Mais, monsieur... » — Le célèbre orateur l'interrompt en le provoquant de nouveau. « Eh bien, monsieur, lui dit enfin Lavater, vous êtes un homme qui avez tous les vices et qui n'avez rien fait pour les réprimer. » Mirabeau ne répondit rien, pirouetta sur son talon et sortit un peu déconcerté.

Un autre Français se présenta chez Lavater dans le même but que Mirabeau ; après l'échange de quelques mots spirituels, l'étranger adressa la question ordinaire : — « Vous écrivez, lui répond l'habile observateur ; oui, sûrement, vous êtes un homme de lettres ? — C'est vrai ; mais dans quel genre ? — Je ne sais, un peu philosophe ; brillant, vif, vous avez du trait dans l'esprit, du mordant ; me tromperais-je en vous nommant Mercier, l'auteur du Tableau de Paris que je viens de lire ? » Mercier sourit, car, en effet, c'était Mercier lui-même.

On a beaucoup parlé d'un trait de pénétration physiognomonique dans lequel Lavater surpassa les plus habiles médecins. Une dame de Zurich avait une fille dont la santé lui donnait quelques inquiétudes ; elle va trouver le pasteur et lui demande son avis. Lavater, douloureusement ému, cherchait une réponse évasive ; la mère le conjure de lui dire toute sa pensée. « Je vais, répond-il, pour mettre un terme aux supplications de la pauvre femme, vous donner un billet ; mais vous me promettrez de ne le lire que dans six mois. » — La dame se résigne et finit par promettre. Au bout du cinquième mois, elle pleurait sa fille. Le dernier mois écoulé, elle ouvre la lettre de Lavater et lit : « Je vous plains, madame, et je pleure avec vous ; quand vous lirez ces lignes, vous serez la plus malheureuse des mères.... »

A ces traits, dont la vérité ne peut être mise en doute, il en faut ajouter un que les détracteurs de Lavater répandirent avec un singulier empressement. Un homme aussi stupide que féroce fut condamné, pour cause d'assassinat, à être rompu vif, à Hanovre. Zimmermann se procura son profil et l'envoya à Lavater, avec une lettre propre à piquer la curiosité de son ami. Depuis quelque temps Lavater attendait et désirait un portrait du célèbre Herder ; il s'imagine tout-à-coup, à propos de quelques mots à double sens de la lettre de Zimmermann, que le profil en question est celui qu'il désire. Son imagination s'échauffe et s'égare ; il découvre dans les traits de l'assassin les nobles qualités de Herder ; bref, il commet une étrange bévue et paie de la sorte à l'erreur ce tribut humiliant dont personne n'est exempté.

Il fut plus heureux à Berne, où on lui fit voir le portrait d'une belle femme : cette dame doit avoir été une grande scélérate, dit-il en l'examinant ; or, le portrait était celui de la fameuse Brinvilliers.

Il est temps de compléter ce que nous avions à dire sur les *Fragments physiognomoniques*, en donnant quelques détails relatifs à la publication de cet ouvrage.

Lavater était mauvais calculateur, par conséquent pauvre économiste ; il n'entendait rien au maniement des affaires, et se trompa lui-même, par ses calculs, sur le prix de vente de ses ouvrages, qu'il voulait livrer au taux le plus bas, et dont il payait l'impression au lieu d'entrer en arrangement avec ses libraires ; il en donnait une grande partie, il ne prenait pas les soins nécessaires pour les écouler promptement, et se trouvait ainsi plongé dans de continuels embarras d'argent. Mais c'est surtout à l'égard de son livre le plus célèbre qu'il fit des dépenses hors de proportion avec sa fortune ; son amour pour la perfection l'entraîna au-delà des limites qu'il aurait dû se prescrire.

Non-seulement il ne négligea rien pour que les nombreuses gravures qui embellissent les *Fragments physiognomoniques* fussent exécutées sous ses yeux par les meilleurs artistes, mais il voulut faire servir son entreprise à la fortune de jeunes dessinateurs auxquels il prenait intérêt ; il rêvait pour eux de prompts et brillants succès ; sa modeste chambre d'étude était à ses yeux semblable à une serre-chaude, où devaient s'épanouir de belles fleurs dans le domaine de l'art ; il se livra à son penchant pour le grandiose, oubliant l'inévitable prose de l'*avoir* et du *devoir ;* bientôt il se vit obligé d'engager ses fonds et de faire des emprunts considérables ; car il n'était pas homme à faire languir après leur salaire ceux qui avaient travaillé pour lui.

Ce fut à la traduction française de son ouvrage, ou plutôt à la création d'une édition en cette langue, qu'il consacra le plus de soins ; il fit traduire cette édition, entièrement refondue et fort augmentée, et s'assura, ligne après ligne, de la fidélité avec laquelle sa pensée avait été rendue. Un libraire lui offrit une somme considérable pour son manuscrit et les dessins originaux qui devaient l'accompagner. Il refusa cette proposition avantageuse, dans la crainte que l'exécution des gravures ne fût pas assez parfaite ; le désir de faire travailler ses nombreux protégés entra aussi pour beaucoup dans sa détermination, dont il eut à se repentir pendant le reste de sa vie (1).

Le prix de souscription, neuf louis pour les trois premiers volumes et douze pour les non-souscrivants, diminuait infiniment le nombre des acheteurs ; le texte était imprimé à La Haye, les gravures exécutées à Zurich ; de là plusieurs complications onéreuses dans la confection de l'ouvrage. Des circonstances tout-à-fait imprévues contribuèrent encore à la difficulté de la rentrée des fonds de l'auteur. Près de trois cents

(1) Un grand nombre de familles du canton de Vaud possèdent des portraits peints par Dogge, l'un des meilleurs artistes employés par Lavater. C'est lui qui est parvenu à rendre avec le plus de vérité les traits de son noble protecteur.

exemplaires, envoyés à Londres, périrent dans le trajet ; à cette époque, les marchandises naufragées étaient perdues sans retour, les compagnies d'assurance n'existaient nulle part; puis arrivèrent les premières agitations de la révolution française, obstacle immense au débit de l'édition que Paris devait protéger.

Lavater mourut sans avoir vu paraître son quatrième volume; il ne savait même ce qu'étaient devenues les planches envoyées à La Haye, et répondait avec tristesse aux personnes qui lui adressaient à ce sujet des questions importunes: *Je n'aime pas à parler de cela.* De là on a conclu qu'il s'était repenti d'avoir publié son livre favori, son œuvre de prédilection, commencée pendant sa première jeunesse, sans dessein arrêté, et poursuivie avec une rare persévérance à travers toutes les occupations et les évènements de sa vie ; cette supposition, quoique fort naturelle, n'est nullement fondée; il se repentit seulement d'avoir mal calculé l'ensemble de cette noble entreprise, d'avoir cédé au zèle confiant qui le porta à se charger seul d'un fardeau hors de proportion avec son revenu, et de s'être ainsi creusé une source de soucis et d'embarras domestiques qui mirent à l'épreuve sa patience et son humilité.

Soixante mille francs furent mis en jeu pour

la publication de ses quatre volumes in-quarto ; il en convenait lui-même, afin de justifier le prix fixé de l'ouvrage.

Lavater manqua à ses devoirs de père de famille en se livrant à une publication aussi considérable et aussi compliquée. — *Nous bronchons tous en plusieurs manières.*

Un grand nombre d'artistes et de littérateurs ont été, comme lui, en proie aux désappointements les plus amers, aux difficultés les plus insurmontables, tout en recueillant une partie de la gloire due à leurs travaux ; mais il nous semble que Lavater a dû souffrir particulièrement, à cause des embarras qui venaient entraver son ardente charité et mettre à l'épreuve sa probité toujours empressée à faire face à ses engagements ; de plus, il a dû souffrir par la tension d'esprit qui fatiguait son âme, peu disposée à se préoccuper d'idées mercantiles, dans quelque sphère que ce pût être. Il fut longuement puni de sa noble imprudence et de sa foi au succès de son livre. Que ne consultait-il sa femme ou ses amis ?

Il serait à propos de donner ici une liste des nombreuses éditions et contrefaçons des *Essais physiognomoniques*, publiées à diverses époques et en diverses langues ; mais nous aurions besoin de longues recherches pour y parvenir et nous renonçons à l'offrir à nos lecteurs. Les planches originales ont subi maintes altérations dans leur nombre, leur grandeur et surtout leur exactitude première ; on a souvent abrégé le texte, fait un choix parmi les règles et les principes, et réduit l'ouvrage de Lavater en manuel succinct, ce qui très-probablement n'a guère avancé la pratique de la science perfectionnée par lui.

M. Bacharach, professeur d'allemand aux Ecoles royales des ponts-et-chaussées et des mines et au collége royal de Bourbon, vient de publier, en 1842, une nouvelle édition de la *Physiognomonie ;* ce fait prouve que l'ouvrage de Lavater n'est point oublié, même à Paris.

CHAPITRE IX.

Lavater est nommé pasteur de l'église de Saint-Pierre. — Son opinion sur l'Apocalypse. — Publications diverses — Morceau adressé aux voyageurs. — Lavater au synode. — Emploi de son temps — Visites. — La grande-duchesse héréditaire de Russie. — Pfenninger. — Lettres de M. Chatelain sur Lavater.

La paroisse de Saint-Pierre eut à choisir, l'an 1778, un nouveau diacre; il était naturel que Lavater fût appelé à desservir une place qui ouvrait un champ plus vaste à sa prédication, recherchée par la majeure partie des habitants de Zurich; il ne fit aucune démarche et pria ses amis de s'en abstenir comme lui. Tandis que les voix se donnaient, se comptaient, il se réfugia dans son cabinet aérien et s'y recueillit en écrivant les pensées que cette grave attente excitait en son âme; on vint lui dire que cinq cent cinquante-sept voix contre trois cent quatorze lui avaient confié le poste vacant; il l'accepta, ne doutant pas qu'il ne lui eût été destiné par le grand Ordonnateur de toutes choses. Il choisit, pour son discours d'installation, ces paroles de saint Paul : *Mes frères, priez pour nous.*

Bientôt l'église de Saint-Pierre ne suffit pas plus que la chapelle de la maison des orphelins à contenir le nombre des auditeurs qui se pressaient pour entendre Lavater; les gens de la paroisse en vinrent à se plaindre, à réclamer leurs droits; cette rivalité d'un nouveau genre était flatteuse et encourageante pour l'éloquent prédicateur, mais il avait à supporter des manifestations bien différentes, parmi lesquelles nous citerons un écrit déposé à la chapelle des orphelins, et dans lequel on le sommait de refuser sa nomination au diaconat de celle de Saint-Pierre, s'il ne voulait voir sa maison incendiée; on le traitait d'hypocrite, de menteur, on l'accusait de porter le trouble dans les familles, etc. Après sa nomination, il fut plus d'une fois désigné par les pasteurs rationalistes d'une manière assez claire et assez injurieuse pour que la police eût à s'en mêler; d'insolents pamphlets furent affichés; en un mot, il eut à subir une sorte de persécution. Un de ses confrères, entre autres, se permit de glisser dans l'un de ses sermons le passage suivant : « Il ne prêche que l'Evangile et jamais la morale ; il place tout le mérite de la religion dans le sentiment ; sa dévotion affectée attire la foule, et les femmes se chargent de le prôner ; il lui faut une belle maison, afin qu'il puisse étaler son riche mobilier et y suspendre l'enseigne de la vanité. »

Ce dernier trait fait allusion à une maison plus spacieuse offerte par la paroisse à son nouveau pasteur.

Une grande partie des paroissiens de Lavater habitaient la campagne ; il s'empressa de visiter les campagnards comme les citadins et ne tarda pas à se faire chérir et respecter de tous ; ses soins pour les malades, qu'il allait chercher au loin, lui gagnèrent, plus que tout le reste, la reconnaissance de tout son troupeau. L'un des plus riches agriculteurs, ayant appris qu'il cherchait à louer une maisonnette bien située, afin de pouvoir travailler en paix et en plein air, le pria de lui dessiner le plan d'un petit pavillon qu'il ferait construire, à l'usage du pasteur, au sommet d'une colline d'où l'on jouissait d'une vue étendue. La position aisée de ce bon paroissien engagea Lavater à accepter son aimable proposition ; la maisonnette fut promptement élevée, et Lavater, qui demeurait à un quart de lieue de la colline, s'y rendait souvent à six heures du matin, puis revenait à la ville à onze heures; il se plaisait aussi à y passer les belles heures de la soirée. Ce fut là qu'il recomposa toute son œuvre physiognomonique, second travail, qui fut traduit en français.

Peu de temps après son installation à l'église de Saint-Pierre, Lavater fut appelé à traiter du livre de l'Apocalypse dans les prédications du soir qui avaient lieu une fois par semaine. Ceux qui connaissaient son penchant pour les choses mystérieuses et merveilleuses auraient pu croire qu'il se permettrait d'interpréter plus positivement encore que les précédents commentateurs de l'Apocalypse les secrets cachés dans la révélation de saint Jean; on se serait trompé, car, plus qu'un autre, il se sentit incapable de pénétrer le sens de ces prophéties. « Bien souvent, dit-il dans son exorde, je me suis appliqué à lire avec la plus sérieuse attention, et devant Dieu, le livre que je devais chercher à vous expliquer; mais je dois avouer que plus j'ai lu et plus j'ai réfléchi, plus j'ai senti mon incapacité à répandre de nouvelles lumières sur ce sujet sacré. Je dois dire encore que tout ce que plusieurs hommes distingués ont dit, écrit et prêché sur ce Livre saint, n'en a point dissipé pour moi l'obscurité. N'attendez donc pas de ma part des explications satisfaisantes, puisque j'y vois encore tant de parties obscures et tout-à-fait énigmatiques.

» L'Apocalypse est, d'après mon faible jugement, l'un des livres les plus dignes de respect, les plus saints, les plus inimitables; de l'autre, l'un des plus mystérieux, des plus difficiles à interpréter, qui puissent être présentés à la pensée de l'homme. Mais, parce que ce livre humilie profondément notre présomption naturelle, faut-il n'en point parler, nous en priver tout-à-fait, ou l'abandonner sans défense aux moqueries de l'incrédulité?

» Ne chercherons-nous pas plutôt à relever notre courage en contemplant ce qu'il nous offre de grand et de sublime, et n'en parlerons-nous pas, en toute humilité, à l'aide de la lumière que Dieu nous accorde pour nous en occuper? Ne nous réjouirons-nous pas avec transport à l'aspect des hauteurs merveilleuses qu'il laisse entrevoir à nos yeux, et ne nous tairons-nous pas avec respect à la vue des profondeurs saisissantes qu'il ne nous est pas donné de sonder? »

En terminant la revue des principales explications que les théologiens ont données de l'Apocalypse, Lavater ajoute ces mots : « Après avoir étudié l'accomplissement des anciennes prophéties qui se rattachent à la ruine de Jérusalem, n'avons-nous pas lieu de croire que toutes les autres se rapportent, dans leur sens le plus élevé et le plus spirituel, aux derniers développements que doit prendre le christianisme ; elles s'accompliront dans une époque qui rassemblera tous les évènements prédits par elles.

» Alors se dévoileront des mystères qui, jusque-là, doivent demeurer couverts. Je dois, du reste, déclarer que le langage prophétique et figuré dépasse mes connaissances, et qu'il serait, pour le moins, présomptueux de ma part de chercher à vous l'expliquer. »

Lavater ne changea pas d'opinion à l'égard de l'Apocalypse en avançant dans sa carrière ; il envisageait d'ailleurs toutes les prophéties comme ayant une double signification : celle qui devient sensible aux yeux des hommes par l'existence des personnages de la Bible et de certains évènements, et celles qui se sont réalisées et se réaliseront dans la personne divine de Jésus-Christ, centre de l'humanité tout entière.

Tout en s'occupant de ce travail homilétique, il se livrait à son penchant pour la poésie sacrée, et c'est alors qu'il publia un poème en vingt-quatre chants, intitulé : *Jésus Messie* ou *la venue du Seigneur* ; il termina aussi son drame d'Abraham et Isaac, commencé en 1774.

Les bornes que nous devons nous prescrire ne nous permettent pas de parler avec quelque détail, ni même de faire mention de tous les ouvrages de Lavater; ils composent, à eux seuls, toute une bibliothèque sacrée, poétique et patriotique; on a de lui cent trente volumes, dont un grand nombre sont oubliés aujourd'hui; ils parcourent une vaste échelle. La pensée de Lavater, après s'être élevée au-delà de ce monde dans ses vues sur l'éternité, se plaisait à s'entretenir, dans son A B C, avec les petits enfants, ou dans son Almanach pour les domestiques, *Taschenbüchlein für Dienstboten,* avec la classe utile et modeste à laquelle si peu d'auteurs s'adressent; les affligés, les malades eurent aussi leurs livres spéciaux; les philosophes et les gens de la campagne, les grands seigneurs et les pauvres, les amis surtout, l'occupèrent tour-à-tour; il lui semblait du reste qu'il était l'ami des chrétiens de tous les pays et de toutes les dénominations. La longue liste de ses ouvrages s'ouvre par une traduction en vers du livre des Psaumes publiée en 1765, et se termine par le livre de prières composé sur le lit de souffrance où il demeura couché pendant quinze mois, et par la publication de ses écrits posthumes, dont son gendre, Georges Gessner, fut l'éditeur en 1801.

Nous avons parlé ailleurs de la Bibliothèque pour les amis, *Hand-Bibliothek für Freunde*, composée de vingt-quatre petits volumes; nous ne résistons pas au plaisir d'en citer un morceau adressé aux voyageurs de différentes classes. L'auteur s'entretient avec les personnes qui voyagent pour leur plaisir ou pour leurs affaires, avec les savants, les connaisseurs, les faiseurs de descriptions, si sujets à mentir pour rendre leurs impressions plus originales, et les hommes qui, se piquant d'approfondir les lois et les mœurs, jugent aussi superficiellement que les simples faiseurs de notes descriptives. Lavater, en plaçant à un rang élevé les voyageurs sérieux, sincères, termine ses observations à leur égard en disant qu'il lui semble presque impossible que l'on puisse raconter ses voyages avec une entière vérité, sans manquer de discrétion et de charité envers les personnes qui ont accueilli le voyageur; il pense qu'on ne peut voir de près les hommes et les représenter tels qu'ils sont sans en affliger plusieurs par des récits véridiques; cette opinion bienveillante est parfaitement d'accord avec la misère humaine.

Il recommande ensuite à ses amis de se défier des voyageurs, espions de bonne compagnie, dont le but caché est toujours redoutable à ceux qu'ils cherchent à interroger et à connaître.

Les indiscrets, classe nombreuse, sont faciles à caractériser; Lavater ne néglige aucun des traits propres à les peindre; qui mieux que lui a pu les étudier? « Le voyageur indiscret, dit-il, vous donne rendez-vous dans un hôtel, dans une galerie de tableaux ou dans une promenade, et vous fait attendre son arrivée pendant au moins une demi-heure. Il vous emprunte des livres, des manuscrits ou des dessins, oublie en partant de vous les rendre, puis il vous les renvoie endommagés et sans payer le port. Il se fait adresser des lettres chez vous après son départ ou avant sa visite, et ne songe pas à rembourser les frais de poste; il vous demande d'entrer en correspondance avec vous, quoiqu'il n'ait rien à vous apprendre et que vous ne sachiez que lui dire, etc. »

Puis viennent les pages adressées aux voyageurs mendiants et vraiment à plaindre; à ceux qui vont errant de lieu en lieu, recueillant partout des mortifications.

« Oh! vous avez un triste sort, leur dit-il, une tâche bien rude, à peine supportable. Parmi celles de mes heures qui ont été marquées par l'angoisse et la tristesse, j'en compte beaucoup que votre vie et l'impossibilité de venir à votre aide ont rendues pénibles à mon cœur. Pauvres malheureux, proscrits, étrangers, malades, dit-il encore, vous ne lirez pas ces lignes, mais que du moins un mot consolant tombe pour vous de ma plume... il vous serait aussi précieux que l'aumône d'un riche... »

Il va sans dire que le bon Lavater implore la commisération des riches envers les pauvres ; il leur fait sentir combien leur influence peut être salutaire lorsqu'elle est exercée avec une charitable fraternité. Vient ensuite le tour des menteurs, des imposteurs de toute espèce ; Lavater les démasque sans miséricorde ; son horreur pour le mensonge éclate dans les énergiques réprimandes qu'il leur adresse, et ses phrases coupées valent tout un sermon sur le vice flétri par la Parole de Dieu et défendu par les Tables de la loi. Les impertinents forment une nouvelle classe ; ceux-là sont signalés non-seulement dans les salons, mais dans les auberges et les magasins où ils déploient une exigence ridicule, et se permettent d'abuser de leur position à l'égard des industriels qui s'empressent à les servir de leur mieux.

Il se repose ensuite en parlant des voyageurs vertueux et patriotes, de ceux qui parcourent les cités et les campagnes pour s'enquérir de ce qui peut être utile à leur pays. « Aucune journée ne s'écoule sans que vous en ayez fait usage pour atteindre votre but, leur dit-il ; ce but est aussi noble, aussi élevé que possible ; l'homme qui se propose une tâche utile et grande ne manque guère de l'accomplir. »

La série se termine par les voyageurs religieux, ceux qui cheminent sous le regard de Dieu, cherchant, non les choses belles à voir ou curieuses à entendre, mais les hommes qui pensent comme eux, les frères par excellence, dans le sens chrétien du mot. Ici Lavater se livre à l'un de ces épanchements qui le rendent heureux; il peint avec la plus tendre éloquence la joie des enfants de Dieu dispersés sur la terre, mais unis par un lien sacré, lorsqu'ils ont le bonheur de se rencontrer durant leur pèlerinage en ce monde, et qu'ils peuvent échanger, à l'aide de la parole, les pensées qu'ils ont eu en commun et qui les élèvent jusqu'à leur divin Maître. Lavater redevient physionomiste en décrivant le plaisir que fait naître l'approche d'un vrai serviteur de Christ au frère qui le reconnaît et le devine. « Comment celui qui parvient à vivre en commun avec Dieu et qui sent qu'il est bourgeois des cieux, ne laisserait-il pas s'exhaler le parfum des régions divines où sa piété sincère le transporte ! La lumière n'est pas plus agréable à l'œil, la musique à l'oreille, les fleurs à l'odorat, que ne le sont au chrétien qui les rencontre chez son frère, le besoin de servir Dieu et le sentiment de sa miséricorde ! O regard de l'homme pieux, plein de douceur et d'innocence, bienveillant et compatissant, empreint de foi dans la prière, de soumission dans la douleur, d'espérance et de confiance, comment peut-on te méconnaître ! Ce que l'apparition d'un ange est aux saints, la vue d'un vrai chrétien l'est à un autre sincère disciple. Au milieu de tant de pierres fausses, quelle joie que d'en rencontrer une vraiment précieuse ! il y en a si peu ! — Vous qui cherchez ces chrétiens éclairés, si vous en connaissez, nommez-les-moi, racontez-moi tout ce que vous savez d'eux, les choses en apparence insignifiantes comme les plus édifiantes.

» J'aime beaucoup de choses, je sais jouir de bien des plaisirs, je trouve de l'attrait à mille sortes de beautés dans l'art et dans la nature, je rassemble sans cesse de nouveaux matériaux pour entretenir ma pensée et multiplier mes sensations les plus agréables ; mais je ne puis comparer à aucune autre jouissance celle de voir un vrai chrétien, instruit, fervent, affermi dans sa foi, plein d'amour et de force. »

Ce morceau, rempli de sages avis comme de tendresse chrétienne, se termine par quelques mots bien remarquables : « Je ne veux point m'entretenir avec mes amis comme pourrait le faire un théologien, mais plutôt d'homme à homme. Je répèterai donc ce que j'ai dit souvent ailleurs : la connaissance des hommes les meilleurs et les plus charitables contribue à perfectionner ceux qui leur ressemblent, mais je ne connais aucun ami des hommes meilleur et plus charitable que celui que les langues humaines nomment *Jésus-Christ ;* cependant ce nom, pour l'homme qui en comprend la profondeur et le vrai sens, doit être si sacré que, sans nécessité, ou sans un profond respect, il ne convient pas de le prononcer ni même de l'écrire.

» Apprenons tous ensemble à tenir pour saint ce qui est la sainteté même, — et que tout ce qui est en vous spirituel et pur soit respecté par vous-même.

» Voyageurs religieux, cherchez partout les traces vivantes et sensibles de l'influence de Dieu. Cherchez partout le Maître, le Bienfaiteur, vous le reconnaîtrez aux rayons de sa grandeur et à la douce lumière de sa paternelle bonté. »

Haller avait cessé d'écrire contre le déisme et le matérialisme qu'il avait combattus avec énergie et profondeur ; Lavater vint remplir le même devoir, non pas en s'adressant aux philosophes français, ainsi que l'avait fait le grand naturaliste, mais en parlant au sein d'un synode composé de pasteurs zuricois. Le poison du déisme

circulait parmi eux ; un ouvrage remarquable,
écrit par un membre du consistoire nommé
Steinbarth, sous le titre de *Système de la pure
philosophie et de la morale du christianisme,* excitait des répugnances fondées ou une approbation dangereuse chez quelques membres du
clergé et parmi les jeunes gens. Quoique Lavater
ne pût se dissimuler qu'en reprenant son rôle
chevaleresque, appliqué à la cause sacrée qui
dominait sa vie entière, il s'exposait à un nouveau déluge d'injures et de pamphlets, il se
décida à profiter de ce synode pour ouvrir son
cœur sur ce grave sujet et se maintenir fidèle à
l'accomplissement de ses devoirs. Après avoir
tracé le plan de son discours, il le soumit à
l'antistès Ulrich, président de l'assemblée ; celui-ci crut devoir l'engager à renoncer à la manifestation de ses opinions, quelque fondées
qu'elles pussent être ; mais Lavater n'était pas
homme à s'arrêter en si bon chemin ; il prononça
donc son discours, dans lequel il avait rassemblé
tous les puissants arguments que pouvaient lui
fournir ses connaissances, sa foi éclairée, son
admirable talent de persuasion et les nobles
grâces de son éloquence chrétienne ; il développa son sujet, qui était celui-ci : *Des ennemis
les plus grossiers et les plus cultivés du royaume
de Jésus-Christ et de la nature élevée et céleste de*

ce royaume. Il signala avec une rare habileté la fausseté et le danger des principes proclamés par les déistes, à la tête desquels brillait alors le spirituel Lessing, et il finit par de pressantes exhortations à ses confrères en leur rappelant les bases de l'Evangile :

« O chers frères, et vous, nos aînés, nos devanciers, se pourrait-il que nous fussions arrivés à une époque où l'un de nous pût craindre de se montrer ouvertement disciple de Jésus ; où l'on pût avoir honte de signaler, devant l'assemblée des instituteurs et des bergers du troupeau de la commune patrie, les loups dévorants qui menacent ce troupeau racheté à si haut prix..... et, par conséquent, renier celui qui l'a racheté, Christ lui-même!! Se pourrait-il que, dans ces jours de liberté, celui qui est devenu libre par Jésus, se conduisît comme un misérable esclave?.... Se pourrait-il que, tandis que chacun de nous est libre d'écrire et de dire tout ce qu'il lui plaît contre notre divin Maître, celui qui entreprend de soutenir sa cause eût à peine le droit de se faire écouter ? — Non, non, nous ne saurions jamais en venir là. — Non, nous voulons agir en témoins fidèles, parler d'une même bouche, croire d'un même cœur, combattre avec la même force et nous unir à Christ d'un même nœud. »

Il s'adressa avec une chaleur singulière aux jeunes pasteurs et leur recommanda de bien comprendre que Christ n'a pas seulement posé la pierre angulaire, mais qu'il est lui-même cette base de laquelle on ne doit jamais s'éloigner. « Ne vous laissez pas séparer du tronc qui vous donnera la vie, ô vous, jeunes chrétiens qui aimez la vérité. Toute sagesse opposée à Christ est folie ; toute science, ou critique habile, ou riche éloquence, choses si bien accueillies de nos jours, ne portent aucun fruit salutaire, si on les détourne de leur légitime usage, la défense de la cause du Seigneur. Lisez, lisez surtout les livres saints, les livres évangéliques ; que la Bible soit toujours pour vous le livre préféré. »

Lavater termina son discours en s'adressant au président de l'assemblée. « Vous veillerez sans doute assidûment à ce que la vérité soit maintenue parmi nous, à ce que l'Evangile ne soit jamais altéré, attaqué. Vous chercherez toujours à nous rassembler, nous, vos frères et vos fils, dans un même sentiment, l'amour de Christ, et vous ne permettrez pas qu'un serviteur fidèle soit jamais empêché et détourné de parler à cœur ouvert de Jésus qui doit vous être plus cher que tous les biens d'ici-bas. »

On ne s'attend guère à ce qu'une assemblée

d'ecclésiastiques, après avoir entendu l'un de ses membres parler des intérêts sacrés de la religion et de l'humanité, ainsi que le fit Lavater, déclare qu'il n'y a pas lieu à s'occuper de ce sujet. Les paroles de Lavater atteignirent cependant plus d'un cœur ; il reçut les remercîments de plus d'un confrère, admirateur secret de l'énergie avec laquelle il avait seul plaidé une cause que, dans une telle assemblée, tous auraient dû soutenir.

Dans le synode suivant on le vit avec surprise redemander la parole ; cette fois il n'avait fait part de son projet à personne ; mais il se hâta d'annoncer qu'il n'avait que peu de mots à dire. « Dans une assemblée de bergers, raconta-t-il, qui s'était réunie pour s'occuper des intérêts d'un troupeau nombreux, l'un des plus jeunes bergers se leva et prit la parole : On a vu rôder çà et là des loups qui pourraient attaquer la bergerie, et nous devrions nous entendre sur les moyens à employer pour éloigner ce danger. Mais les bergers tous ensemble lui répondirent : Nous n'avons pas à nous occuper de ce sujet. » Lavater se rassit et ne parla plus.

Il goûta de vives jouissances pendant les heures consacrées à l'instruction religieuse des enfants de sa paroisse ; nous avons déjà parlé de son art de les captiver, de l'affection qu'il portait à l'enfance et à l'adolescence ; ses catéchismes publics attirèrent beaucoup d'auditeurs; il composa des chants destinés aux catéchumènes, et ces paroles, adaptées à leurs besoins spirituels, contribuèrent au développement religieux de leurs jeunes cœurs. Citons, en passant, au nombre des insultes grossières que Lavater eut à subir, un mot qui fait une sorte de pendant ou de correctif aux louanges dont il était l'objet et aux succès qui rendirent son nom européen. Aucun manuscrit ne pouvait être imprimé à Francfort sans avoir été soumis à la censure. Lavater envoya ses chants pour les catéchumènes au chef de ce tribunal, qui, en le recevant, dit à son domestique : « Monsieur Lavater croit-il donc que nous n'ayons rien autre à faire que de lire ses productions ? »

A propos de la fécondité littéraire de Lavater, nous répèterons que jamais pasteur n'a mieux rempli que lui les devoirs publics et particuliers de sa charge, que jamais ami n'a donné plus de marques d'affection à ceux qui lui étaient chers et que jamais littérateur à la mode n'a subi de meilleure grâce les nombreuses visites que lui attirait sa célébrité; nul étranger n'a pu se plaindre d'être repoussé ou mal accueilli par lui, mais un très-grand nombre de curieux, qui désiraient le voir ou qui se flattaient d'obtenir de lui quelques révélations physiognomoniques, ne lui ont répondu que par un oui ou par un non, tandis qu'il cherchait à provoquer un entretien de quelque intérêt ou à faire naître l'occasion de quelques observations nouvelles. L'état de sa santé lui rendait souvent les nombreuses interruptions de sa vie domestique fatigantes au plus haut degré ; il employait sa force d'âme à se contraindre et donnait encore, en ce point, l'exemple de l'abnégation que tout chrétien devrait mettre en pratique. Il ne prenait un siége nulle part, pas même à table, sans être entouré de papiers ou de livres ; le travail de sa plume accompagnait partout celui de sa pensée ; lorsqu'il siégeait en consistoire ou en conseil d'éducation, il écrivait dans les moments qui ne réclamaient pas son attention ; en voyage il ne perdait aucun des instants disponibles et ne se reposait dans sa vie ordinaire qu'en prenant une demi-heure d'exercice en plein air ; il s'en était fait une loi et dut à cette habitude salutaire une partie des forces intellectuelles dont il usa avec tant de zèle et de sagesse.

Ses voyages, les visites qu'il faisait à ceux de ses amis qui habitaient la campagne et les fréquentes cures de bains auxquelles ses maux l'obligeaient d'avoir recours, lui facilitèrent aussi les délassements dont il avait besoin ; Lavater fut l'un des plus aimables, des plus spirituels causeurs parmi les hommes de lettres; l'abondance de ses idées, toujours vivifiées à la source du vrai beau, celle des faits qu'il savait raconter avec une grâce infinie, l'originalité de ses vues, l'abandon plein de charme, la gaîté presque enfantine et la dignité qui lui étaient naturelles, rendaient son entretien singulièrement désirable pour toute personne capable d'en apprécier l'intérêt et la valeur; c'était l'un de ces causeurs d'élite chez lesquels la parole est une arme puissante et toujours bienfaisante; une de ces âmes qui se plaisent à s'épanouir, à rayonner pour ainsi dire, et dont les épanchements raniment l'esprit le plus fatigué, relèvent l'âme la plus accablée.

Les jours de courrier lui devenaient parfois pénibles, non-seulement à cause des nombreuses réclamations amicales et littéraires qu'un seul jour pouvait lui apporter, mais encore par les demandes de secours de toute espèce qu'on lui adressait de la Suisse et de l'étranger; nul ne doutait de sa charité, de son indulgence, de sa puissance à satisfaire tout le monde; il était, à la lettre, harcelé, mais jamais impatienté; il se remettait sans cesse à l'œuvre, donnant jusqu'à son dernier sou, demandant aux riches et aux bourgeois charitablement disposés; on doit supposer qu'il fut souvent trompé, indignement trompé, mais rien n'aurait pu refroidir sa compassion sans cesse renaissante ; nous citerons un trait qui prête presque également au blâme et à la louange. Un étranger qui lui avait rendu visite à Zurich lui écrivit pour le prier de lui prêter cent louis ; il n'avait pas reçu des fonds qu'il attendait et se trouvait dans le plus grand embarras. Lavater, qui ne pouvait disposer d'une somme aussi considérable, l'emprunta et l'envoya à l'homme qui s'était adressé à lui avec une confiance si indiscrète. Après un temps considérable, le remboursement arriva, mais Lavater eut aussi longtemps à douter du recouvrement de l'argent pour lequel sa parole était engagée.

Sa vie s'écoulait ainsi sans évènement de quelque importance, mais animée par ses travaux littéraires, par son incessante activité pastorale et par les bruits de louange et de blâme qui s'entremêlaient autour de son nom.

Parmi les épisodes à peu près journaliers qui venaient interrompre ses travaux, il faut compter les nombreuses visites que lui rendaient à l'envi les personnes pieuses ou celles qui s'étaient infatuées d'une idée mystique ou de quelques vues particulières sur certains points des doctrines chrétiennes ; on l'invitait aussi à venir juger de l'état spirituel des malades qui ne pouvaient se transporter auprès de lui ; on lui demandait de vérifier certains faits mystérieux, de scruter la valeur de certains pressentiments, l'accomplissement de certains songes, d'entrer en discussion par correspondance, s'il ne le pouvait autrement, avec des personnes occupées de ses ouvrages et qui désiraient lui faire connaître leurs propres opinions ; en un mot, il était consulté de toutes parts, et si ses principes n'avaient pas été solidement basés, il aurait couru le risque de se laisser aller à tout vent de doctrine et de trop accorder à la vivacité de son imagination. On l'a fort souvent accusé d'avoir livré son âme à toutes les rêveries dont il a étudié le principe et les effets ; il remplissait bien plutôt le rôle de médecin des âmes, empressé d'offrir des remèdes infaillibles à tous les maux dont on lui racontait l'histoire, que celui d'un enthousiaste prenant pour des faits avérés toutes les tromperies et toutes les excentricités qui venaient à sa connaissance. La mémoire de Lavater est restée chargée, à cet égard, d'accusations tout-à-fait injustes ; on a pris sa curiosité pour de la crédulité ; sa patience à renouveler ses examens psychologiques pour une impardonnable facilité à croire toutes les merveilles internes dont on lui faisait le récit ; le fait est qu'il demeura fidèle à ses principes, qu'il n'affirma que ce qu'il pouvait allier avec ses principes et qu'il se borna à ne point porter de jugement positif là où commençait l'incertitude. Il ne faut guère s'étonner qu'on l'ait traité de songeur, d'imposteur peut-être ; le monde ne s'arrête guère aux nuances ; il ébauche ses portraits d'après les grandes lignes du modèle ; et Lavater écoutant, recherchant même les personnes qui se plaisaient aux choses extraordinaires et plus ou moins mystiques ou cabalistiques, devait passer aux yeux du vulgaire pour un homme disposé à se nourrir de cette fumée.

Depuis le mendiant jusqu'aux hommes que Dieu a placés à la tête des nations, l'humanité tout entière était chère à son cœur ; mais il se réjouissait particulièrement des hautes qualités ou des vertus des princes, parce qu'il jugeait avec raison que ces lumières, ainsi élevées, pouvaient répandre plus que d'autres une clarté salutaire.

Il vit en 1782 la grande-duchesse Maria Fedorowna de Russie, dont le fils, Alexandre Ier, se montra si bienveillant envers la Suisse. S. A. I. voyageait avec le grand-duc Paul ; elle avait annoncé à Lavater son passage à Zurich et se plut à causer longuement avec lui ; on lui présenta, pendant cet entretien, une demande de secours pécuniaires, écrite avec beaucoup d'originalité et dont Lavater, consulté à ce sujet par la princesse, ne put deviner l'auteur; il s'agissait de secourir un homme d'un grand mérite qui ne savait point la démarche que se permettait l'une de ses amies. La grande-duchesse pria Lavater de prendre des informations et lui promit de lui envoyer la somme nécessaire si le cas en question lui paraissait digne d'intérêt. Quelques jours après, une dame arrive chez Lavater et lui demande si la grande-duchesse ne lui a pas remis de l'argent. Les manières simples et nobles de cette inconnue le frappèrent; elle lui dit qu'il était question de son ami Pfenninger, qui se trouvait dans un grand embarras à cause d'un cautionnement de deux cents florins qu'il aurait à payer dans peu de jours. Lavater ignorait la position de Pfenninger; il dit à la dame qu'elle serait heureuse si elle pouvait faire accepter un secours à son ami, mais qu'il n'avait pu lui-même y parvenir. Frappé de l'air de vérité de cette solliciteuse, il écrivit à la grande-duchesse que la personne qui avait pris la liberté de s'adresser à elle était une belle âme, et celui pour qui elle avait écrit un des hommes les plus estimables de Zurich, qui, du reste, ignorait entièrement l'indiscrétion commise en sa faveur. Lavater reçut bientôt vingt-cinq louis d'or; en rentrant chez lui, riche de ce rouleau bienvenu, il y trouva Pfenninger. « Que Dieu soit béni, s'écria celui-ci; il est bien juste que tu reçoives à ton tour quelque argent. » Pfenninger prit en souriant le rouleau adressé à Lavater, et continua à féliciter son ami avec une joie et une cordialité qui faisaient contraste avec l'embarras dans lequel lui-même se trouvait et dont il ne voulait point parler. — « Non, mon ami, cet or n'est pas pour moi. N'as-tu pas entendu parler de la lettre qu'une inconnue a écrite à la grande-duchesse ? voici la réponse : ceci est pour la personne qu'on a recommandée à la prinsesse. »

Le visage du bon Pfenninger s'éclaira de nouveau; il se réjouit à la pensée de ce secours providentiel et s'écria : « O la belle âme de princesse ! je te rends grâces, mon Dieu ! Oh ! quelle sera la surprise du malheureux à qui tu as destiné ce prompt secours ! Combien il va te remercier en versant des larmes de joie! il ne se laissera plus abattre par le malheur, il sera toujours plein de foi.... »

« Moment heureux, dit Lavater; je ne puis y penser sans émotion. Noble, excellent Pfenninger ! quel bonheur de t'avoir pour ami ! — Je lui dis encore : « Ne pose pas ce rouleau; il est arrivé à sa véritable adresse; ces vingt-cinq louis que la grande-duchesse de Russie vient de m'envoyer t'appartiennent. » Qui ne comprit rien à mes paroles? ce fut l'ami Pfenninger. « Tu ne m'entends plus? je parle pourtant allemand; c'est bien pour toi que la dame anonyme a écrit à la princesse et c'est pour toi qu'elle m'a envoyé cet argent. — Pour moi? comment, pourquoi donc? — N'es-tu pas dans l'embarras? — Oui, dit-il; mais je ne l'ai raconté à personne; c'est Dieu qui a fait agir cette âme généreuse; comment se nomme-t-elle? » Je lui répondis; il ne comprit pas davantage ce singulier enchaînement. Comment exprimerai-je son bonheur, sa reconnaissance? Il ne voulut accepter que la somme dont il avait besoin pour sortir de peine et me pria de disposer du surplus. Je le donnai à un malheureux qui m'était arrivé la veille et qui fut ainsi consolé. »

De si pures jouissances inondaient le cœur de Lavater et lui faisaient oublier les chagrins que ses ennemis cherchaient à lui susciter; le simple récit de cette scène d'intérieur rafraîchit et console; on aime à voir solliciter, donner et recevoir dans cet esprit de charité et de reconnaissance.

Lavater n'appréciait la fortune que comme un moyen très-actif de faire du bien; il s'amusait parfois à combiner les surprises qu'il se serait hâté de faire à ses amis et aux indigents, s'il avait été riche; c'étaient là ses châteaux en Espagne. Il se fâchait quelquefois très-sérieusement lorsqu'il ne pouvait parvenir à faire plaisir à quelqu'un comme il se l'était proposé, ou lorsqu'il ne pouvait accomplir une promesse. La grande vivacité de son tempérament le portait à gronder lorsqu'on lui gâtait quelque objet de valeur par négligence ou par maladresse, mais son courroux se dissipait promptement; il disait que s'il parvenait à se contenir un instant, à dire, une seule fois, *je ne veux pas me fâcher,* il demeurait maître de sa colère; quant à la mauvaise humeur, à la bouderie, aux ressentiments prolongés, il n'en fit jamais souffrir personne; ces dispositions-là n'entraient pas dans son caractère, il n'eut pas à prendre la peine de s'en corriger.

Les sentiments religieux de Lavater furent soumis à de constantes accusations ou à des suppositions malveillantes, dont la plupart n'étaient nullement fondées, mais dont quelques-unes, sans doute, avaient l'apparence pour elles. Ainsi il portait une calotte noire, préservatif nécessité par des douleurs de tête auxquelles il était sujet; il s'occupait volontiers de peinture et de sculpture; il aimait les images, la poésie, et les choses qui frappent l'imagination ou qui plaisent aux sens dans des bornes convenables. Il montrait de la tolérance pour des opinions religieuses qui se rattachaient aux principes fondamentaux du christianisme ; il voyait toujours un chrétien dans l'homme qui croit au salut par Christ, et qui aime le divin Maître en lui obéissant de cœur ; il n'en fallait pas davantage pour qu'on le soupçonnât d'être un catholique déguisé ; il reçut un grand nombre de lettres dans lesquelles on lui demandait raison de sa foi ; les uns en le blâmant, les autres en se félicitant de le voir entrer dans le giron de l'Eglise romaine. Il se tut, comme de coutume, lorsqu'on le citait de la sorte au tribunal de l'opinion publique ; dire, par exemple, qu'il appréciait de belles peintures sacrées, sans approuver qu'elles fussent entourées d'hommages et d'adoration, lui semblait pour le moins inutile ; il n'aurait pas davantage consenti à se justifier de la sympathie chrétienne qui le portait à reconnaître un frère dans tout fidèle serviteur de Christ. Un de ses chants sacrés exprime à merveille de quel œil il voyait les pompes catholiques et comme il en jugeait l'inspiration première.

« Il ne te connaît point encore, ô Jésus-Christ, celui qui ne t'honore pas jusque dans les choses qui ne sont que ton ombre ; tout ce qui sert à manifester l'hommage que l'homme te doit me semble digne de respect. Lorsque l'erreur se mêle à cet hommage, ce n'en est pas moins une manière de t'honorer ; je me sens oppressé, affligé à la vue de ces démonstrations fautives, mais je veux les aimer pour l'amour de toi, je veux les supporter dès que j'y retrouverai quelques faibles traces de mon Rédempteur. — Je ne sourirai point, je verserai plutôt des larmes. — Rira qui le peut de ces choses graves. — Retrouver la vérité au sein de l'erreur, la deviner, la préssentir, m'élever du sein des misères humaines à la hauteur suprême, telle est l'une de mes joies, l'un des buts de mes efforts.... »

On comprit tout de travers ces expressions si conformes à l'esprit du vrai christianisme ; de même Lavater fut accusé, pendant les dernières années de sa vie, de se jeter dans le kantisme, parce qu'il avait étudié et bien saisi l'esprit de cette nouvelle philosophie ; la raison de ces suppositions, opposées les unes aux autres, est fort simple et se rattache à son exquise connaissance du cœur humain, à l'étendue de son savoir et à son habileté à mettre chacun sur le terrain qui lui était propre. Chacun le croyait facilement de son parti ou prêt à y entrer, parce qu'il pénétrait au fond de la pensée de tous ses interlocuteurs, et qu'il lui arrivait souvent de la formuler pour eux avec une justesse dont eux-mêmes n'eussent pas été capables. Il n'est pas rare que l'universalité soit accusée de banalité, tandis que cette manière étendue de voir et de sentir appartient le plus souvent à des hommes qui demeurent fermement attachés à leurs propres principes, précisément parce qu'ils comprennent mieux que d'autres le fond des différentes opinions dont ils ont à s'occuper.

Aux détails empruntés au volumineux ouvrage du gendre de Lavater, nous joindrons ici quelques pages écrites par l'un des nombreux visiteurs du célèbre physionomiste, M. Chatelain, auquel on doit l'*Histoire du Synode de Dordrecht* et plusieurs écrits pleins de grâce et d'originalité. Ce sont des notes qui n'étaient point destinées à l'impression, mais qui, nous ne saurions en douter, ajouteront plusieurs traits heureux aux portraits que nous avons ébauchés.

Sans cesse en butte à mille correspondances ennuyeuses qu'il avait été loin de rechercher le premier, avec quel zèle, quelle bonté soutenue, quelle charité féconde, quel empressement chrétien, Lavater accusait réception de la manière la plus obligeante de cette nuée de lettres et de consultations qui fondait sur lui de toutes parts ! Non-seulement il lisait ces papiers, mais il y répondait; il semblait qu'une sorte de bénédiction miraculeuse reposât sur son inépuisable encrier comme sur la cruche d'huile de la veuve de Sarepta. Toujours serviable sans nulle acception de personnes, l'homme le plus obscur, placé sur le dernier échelon de la société, était aussi sûr d'obtenir une réponse à une lettre qu'un empereur, surtout s'il écrivait à Lavater pour lui soumettre ses doutes sur l'immortalité de l'âme ou quelque projet philanthropique et surtout quelque cas de conscience qui le concernait personnellement. A propos de ceci, Lavater nous disait avec abandon et une franchise charmante que le nombre des consultations morales et épineuses auxquelles il avait été appelé à répondre, souvent provoqué à cet égard par les personnages les plus influents de l'Europe, avait été considérable, et que, s'il avait osé tenir registre de ces questions et de ces réponses, ce n'aurait pas été l'ouvrage le moins curieux et le moins utile de ceux qu'il avait publiés. L'immortalité de l'âme et les projets philanthropiques étaient la glu, pour ainsi dire, à laquelle on était sûr de le prendre. Si Cartouche, disait-il un jour, m'eût proposé un projet de bienfaisance, je l'aurais écouté. Je réponds volontiers, disait-il encore, aux petits et aux humbles de cœur ; ils ont plus besoin d'un peu d'instruction que les savants et les grands ; la plume est une langue qui nous a été donnée pour le service du prochain comme l'autre.

Ce qu'on peut dire de presque tous les gens d'esprit et aussi de quelques hommes de génie, on pourrait le dire de Lavater ; il était *plusieurs hommes*. L'homme pieux cependant, l'homme de son état dominait. Mais il était naturellement gai, et tout ce qui touchait à son art ou plutôt à sa science favorite, la physiognomonie, le captivait et l'absorbait entièrement. Je suis persuadé que s'il eût pu connaître les douze apôtres, la première chose qu'il eût faite n'eut pas été de parler théologie avec eux, mais d'examiner leur physionomie et d'aller vite écrire *son jugement*. Il est bon de rappeler ici que le mot de *jugement* revenait très-souvent dans la conversation de Lavater Toujours il fut consulté ; sa vie se passa en grande partie en consultations morales et théologiques ou physiognomoniques ; lui-même en convenait, et de dire *on m'a demandé mon jugement*, lui était aussi familier qu'à toute autre personne de dire bonjour et bonsoir : il fallait bien toute la supériorité de l'homme pour que cela ne parût ni plaisant ni ridicule.

Si je voulais entrer dans quelques détails touchant son amour pour les arts, que de choses je pourrais raconter sur son goût pour les tableaux sacrés ! Il en avait la passion ; toujours il était entouré de cinq ou six peintures représentant Jésus-Christ, qui, par parenthèse, l'entraînaient à dépasser ses moyens pécuniaires ; il en était quelquefois aux expédients pour en acheter, et me l'a dit lui-même, car il convenait de sa folie ; ces tableaux n'étaient point médiocres, c'étaient des originaux, des italiens de seconde classe et quelquefois de première ; aussi les admirait-il, les aimait-il avec la double passion d'un bon connaisseur et d'un vrai chrétien. Parmi toutes les peintures qui remplissaient son cabinet, il n'en était, nous l'avons déjà dit, que d'une seule sorte qui lui plût véritablement, et encore parmi celles-ci une seule espèce le captivait, l'image du Sauveur. On ne se fait pas d'idée avec quelle âme il parlait de ces peintures, de quel œil, de quel doigt il les parcourait pour en montrer toutes les beautés de détail. Cette bouche, disait-il, qui ne respire que l'amour divin et qui laisse deviner une perspicacité surhumaine ; ce nez qui exprime une sagesse, une énergie toutes particulières ; ce front sur lequel domine la pensée de l'éternité !.... Enfin je suis persuadé que si les Dolci, les Véronèse et les Guide avaient pu entendre Lavater, ils eussent été contents de sa manière d'admirer.

Terminons ces citations tronquées par une lettre qui nous fait assister à l'une des visites que Lavater voulait bien recevoir.

Nous avons eu aujourd'hui la visite de M. Lavater qui, fort honnêtement, n'a pas voulu que ma mère vînt chez lui la première ; il avait mis sa calotte neuve de velours et son habit de soie. Je ne sais si je vous ai dit que je fus lui faire visite peu de temps après mon arrivée à Zurich, après qu'il m'eut donné jour et heure, comme de raison ; car on ne va pas tomber chez un homme tel que celui-là, comme on pourrait bien le faire à l'égard d'un autre : quoiqu'il n'y eût que trois siéges dans la chambre, il fit entrer trois jeunes Bernois, deux May et un Jenner, de sorte qu'il n'imita point Malherbe, qui laissait le monde se morfondre à la porte en criant : *Attendez, il n'y a plus de chaises !* Effectivement, un moment après, une grosse servante allemande vint *nous voiturer les commodités de la conversation* qui manquaient et nous nous assîmes. M. Lavater qui traite toutes sortes de sujets avec facilité et même avec grâce, et surtout des sujets de philosophie sans pédanterie, entra fort agréablement en matière sur la philosophie de Kant, actuellement aussi en vogue chez les Allemands que celle d'Aristote l'était jadis chez les Grecs, et celle de Descartes chez les Français et autres peuples éclairés de l'Europe. De vous détailler quel est son système, peu vous importe de le savoir, et je ne saurais d'ailleurs le faire avec netteté : qu'il vous suffise d'apprendre que Kant raisonne sur la *Cosmogonie*, c'est-à-dire sur *l'origine du monde* et qu'il possède son *Manéthon* et son *Berose* comme *Jenkinson* (voyez le *Ministre de Wakefield*). M. Lavater se plaignait, avec raison, que tous ces soi-disant philosophes et tous ces fabricateurs de systèmes ne s'attachent pas assez à rendre l'explication de ces systèmes populaires de sorte que chacun puisse les comprendre; et il faut écrire pour tout le monde; il faut bien songer, dit-il, qu'il en est des lecteurs comme d'un alphabet, qu'il y en a depuis A jusqu'à Z, et qu'il ne suffit pas que les premiers, A B C, c'est-à-dire les plus intelligents vous comprennent; mais il faut que C D E, et ainsi de suite, savoir, ceux qui ont moins d'intelligence, vous comprennent aussi, et c'est à quoi l'on ne songe point et pourquoi les livres ne sont pas généralement lus : quoique la pensée ne fût pas neuve, c'était très-bien dit. Il ne veut pas non plus qu'on commence par des hypothèses en établissant un système, parce que ce sont des *suppositions* sur lesquelles les disputants n'étant foncièrement pas d'accord, il faut toujours revenir en arrière et cela fait que l'on ne finit pas ; il veut que l'on commence par les premières perceptions que l'on a de son existence, et qu'étant bien d'accord là-dessus et s'entendant bien, on remonte ainsi de principe en principe et de conséquence en conséquence ; et tous les écrits de semblable nature, dit-il, où l'on n'a pas observé cette méthode, je les déchire et les jette au feu. — Une bonne comparaison que fit M. Lavater, touchant *les gens qui manquent de tact* (car il en fut aussi parlé), c'est qu'il dit qu'on pouvait parfaitement leur appliquer ce que Jésus-Christ dit, dans un autre sens, de ceux *dont l'œil ou le regard n'est pas simple et dont toute l'existence, tout l'être en un mot, participe de cette fausseté ou duplicité* : l'œil moral de ces gens-là étant faux, ils envisagent mal, voient de travers et formant de là des conclusions dont les conséquences sont nécessairement *fausses* aussi, celles-ci à leur tour leur font faire mille fausses démarches, etc., etc. Encore un mot touchant la popularité des savants : c'est que M. Lavater dit que les *belles phrases qu'ils emploient sont des pièces d'or dont tout le monde ne connaît pas précisément l'exacte valeur ; il faut donc les changer contre de la monnaie qui a cours parmi le peuple ;* enfin, vous voyez qu'il parle toujours par comparaison et par métaphores, et c'est ce que j'aime ; cela présente des images à l'esprit, cela rend le discours plus attachant et plus brillant ; cela fait plaisir.

CHAPITRE X.

Voyage de Lavater avec son fils. — Cagliostro. — Opinions de Lavater sur les sectes et les sociétés. — Jours de maladie. — Messmer. — Le magnétisme. — Visite à Brême. — Nathanaël. — Lavater, premier pasteur de l'église de Saint-Pierre. — Fondation d'une bibliothèque populaire. — Loterie.

Le fils aîné de Lavater entra dans sa quinzième année en 1783; il montrait un goût décidé pour la médecine; son père dut renoncer à son désir de lui voir suivre la carrière de ministre du saint Evangile ; le contraire avait eu lieu dans son enfance à lui, aussi se gardat-il de combattre le penchant du jeune Henri. Son gendre Gessner raconte que plus d'une fois il entendit dire à Lavater, lorsque les deux enfants étaient auprès de lui : « Eh bien, Henri, ne veux-tu pas devenir pasteur comme le petit

Gessner ? » Henri répondait : « Non. » — « Vois, disait encore son père, j'aime déjà en lui un futur confrère, un ouvrier qui travaillera avec moi. »

Ce mot paternel fit une profonde impression sur le cœur de celui qui devait un jour appartenir de si près à l'excellent Lavater. Il était nécessaire que le jeune Henri poursuivît avec activité les études qu'il avait commencées ; son père voulut le conduire lui-même à Offenbach, chez un pasteur de ses amis, homme fort instruit et qui contribua beaucoup au développement intellectuel du futur docteur.

Ce fut au retour de ce voyage que Lavater vit à Strasbourg le célèbre Cagliostro, alors dans tout l'éclat de sa réputation entachée de sorcellerie. Il ne le vit que deux ou trois fois, causa volontiers avec lui comme il aimait à le faire avec tout homme doué de facultés remarquables, et ne fut nullement sa dupe ; mais, de toutes parts, on l'accusa de s'être intimement lié avec lui, et d'admettre la possibilité, la vérité même de cures miraculeuses exécutées par des moyens fort suspects. — Encore cette fois Lavater ne répondit qu'à ses amis, et cela uniquement pour les rassurer. « Aussi longtemps, leur dit-il, que Cagliostro possèdera son front et moi le mien, nous ne serons jamais amis ;

nous nous sommes pris de querelle avec une vivacité singulière lorsque j'ai voulu le combattre en employant des expressions fort mesurées.» Lavater n'en reconnaissait pas moins dans Cagliostro des facultés extraordinaires dont l'usage abusif lui causait une vraie douleur.

Il se faisait un plaisir de prêcher en voyage toutes les fois qu'on le lui demandait. Cet empressement à s'acquitter de l'un des devoirs de sa vocation donnait lieu à d'autres accusations, toujours peu honorables pour ceux qui se plaisaient à les répandre. Lavater, disait-on, a la passion de se faire entendre partout et d'occuper tous les lieux qu'il visite de ses talents et de ses opinions ; il faut qu'on l'admire, qu'on parle de lui, etc., etc. Pauvres commérages, que les mêmes occasions renouvelleront partout.

Il eut, à son retour, le plaisir de recevoir la visite de plusieurs personnages distingués : le prince et la princesse de Dessau, le margrave de Baden et sa famille, la comtesse Catherine de Stolberg, et bien d'autres amis de la science et de la vérité, appartenant à cette classe que l'on nommait les grands et dans laquelle Lavater comptait des amis dévoués et se réjouissait de rencontrer des esprits généreux, des âmes élevées et souvent une piété active et sincère. Ses ennemis ne doutaient pas qu'il ne dût tant de visites honorables à la simple curiosité, ou bien à ses politesses obséquieuses envers des personnages aussi haut placés et qui n'avaient que faire du pasteur de Zurich, quoiqu'ils vinssent le chercher dans son modeste cabinet d'étude ; quelques personnes pieuses ne pouvaient non plus comprendre ses relations avec les puissants de la terre, qui étaient à leurs yeux les mondains par excellence. Lavater, qui s'occupait avant tout des âmes qui venaient à lui, laissait dire, et il conserva, pendant toute sa vie, de précieuses correspondances avec plusieurs princes allemands.

. L'empressement de ces derniers à l'égard du pasteur physionomiste, poëte et moraliste, rappelle la grande part que prirent leurs prédécesseurs aux progrès de la réformation, et le bonheur que goûta de nos jours le grand-duc de Saxe-Weimar, dans la société de Gœthe, de Schiller et de Herder. Le rapprochement des différentes classes de la société, opéré par la fusion des sentiments et l'échange des pensées, est toujours avantageux à ceux qui savent apprécier ce puissant moyen de jouissances intellectuelles.

L'année 1783 fut l'une des plus heureuses de Lavater. Il récapitula souvent les nombreuses grâces qu'il avait reçues de la bonté divine pendant cette époque de travaux variés et de bonheur domestique. Il publia, cette année-là, le livre intitulé *Ponce-Pilate*, titre sous lequel il rassembla beaucoup de ses impressions et de ses vues particulières ; on y retrouve son penchant à l'analyse, son plaisir à se raconter, en mal comme en bien, toujours dans la pensée que ses amis et quelques inconnus, peut-être, se plairont à le suivre dans ses investigations toutes personnelles, et profiteront de son exemple en étudiant leur âme devant Dieu. « Ce livre, dit-il, après avoir averti ses lecteurs qu'il ne saurait réussir auprès du plus grand nombre, ce livre ne peut être compris, à moins que je ne sois, pour ainsi dire, le milieu nécessaire entre lui et ceux qui le liront ; le lecteur qui le détestera me détestera aussi ; celui qui l'aimera en aimera l'auteur ; je ne plairai qu'à moitié à ceux qui ne le goûteront pas entièrement, et celui qui le goûtera sera certainement mon ami de cœur. »

La véritable utilité, l'à-propos littéraire de ce genre de production peuvent certainement être mis en question ; nous l'avons déjà dit, le besoin d'expansion de Lavater, son habitude de s'écrire sans cesse et de se mettre lui-même, sous la forme d'un livre, à la merci du public, ne nous semblent pas d'un bon exemple ; les plus grands moralistes, comme les chrétiens les plus riches de foi et d'éloquence, n'ont offert qu'une petite portion de leurs pensées et des préceptes qui ont enrichi le trésor commun des nations ; cependant il n'est aucun des livres de Lavater qui ne soit rempli de choses excellentes, parce qu'il écrivait toujours dans un but excellent ; il disait à l'un de ses amis qu'il lui semblait s'entendre dire, lorsqu'on lui insinuait amicalement, ou avec une intention railleuse, qu'il écrivait trop : « Ne te montre pas aussi bon que tu peux l'être, ne fais pas autant de bien que tu voudrais ; car, ajoutait-il, je puis me rendre, devant Dieu et devant les hommes, ce témoignage, que je n'ai jamais écrit ni n'écrirai une page qui ne soit l'expression de mon désir d'être utile à mes semblables, tout comme je suis convaincu que ceux qui me lisent avec impartialité, quelque différentes que leurs opinions puissent l'être des miennes, me rendront ce même témoignage, parce qu'il sera conforme à la vérité. »

Lavater était trop bon connaisseur en toutes choses pour se dissimuler que la quantité nuit à la qualité en fait de productions littéraires ; il sacrifiait donc le beau à l'utile. Ses ennemis, ou même des indifférents, augmentaient de temps à autre son trésor littéraire. Nous avons déjà parlé de l'étrange falsification de son journal et des lettres supposées à l'occasion de Mendelssohn et de l'un de ses voyages. Il reçut, dans le cours de l'année 1783, une lettre de La Haye, dans laquelle un homme de grande considération lui annonçait qu'un faiseur de libelles avait osé abuser de son nom pour nuire à un magistrat distingué, en publiant un jugement attribué à Lavater, qui devait, selon cet homme, avoir reçu, sans le connaître, le portrait de ce magistrat. L'audacieux menteur avait rempli les journaux des lignes suivantes, si peu semblables, du reste, à celles que Lavater aurait pu écrire : « Lorsque j'envisageai la tête que vous m'avez envoyée, je demeurai un moment muet d'étonnement, en voyant ainsi devant mes yeux l'ambition, telle que je me la suis toujours représentée sous une forme humaine; la hardiesse, l'esprit de sédition me frappèrent comme autant de coups de foudre, lancés contre le genre humain. par ce monstre. La vengeance, la trahison, l'émeute, voilà ce que sa bouche me semblait exhaler. »

Lavater fut atterré à la vue de ce nouvel acte de méchanceté; il y reconnut une ruse tout-à-fait satanique, une preuve patente de la fatale influence du Prince du mensonge, et, quoique habitué à la calomnie et aux assertions mensongères de toute espèce, sa surprise fut grande, et son chagrin très-vif. Les insolences inouïes que l'on se permettait à son égard présentent un singulier contraste avec sa bonté parfaite, sa charité presque trop facile, sa tolérance éclairée et que rien ne pouvait lasser ; c'est du reste une loi générale dont l'action se fait sentir dans une foule de circonstances, des vies obscures comme des vies illustres, qu'il y a toujours des gens qui font abus du bien pour satisfaire leurs penchants vulgaires ou leurs mauvaises passions.

La grande bienveillance de Lavater et sa considération pour les hommes qui pensaient autrement que lui ne pouvaient lui fermer absolument les yeux sur les méchancetés et les folies du cœur et de l'esprit humain, ni l'empêcher de les classer d'après ses lumières, où plutôt d'après celles de l'Evangile, qui répand seul sur toutes les questions un jour pur et parfait. Il n'approuvait le prosélytisme (intolérent et impérieux) dans aucune sphère, scientifique, politique ou religieuse ; la variété des besoins individuels était pour lui une condition de l'humanité, un trait impossible à changer. Après avoir étudié un grand nombre d'hommes avec l'étonnante sagacité que Dieu lui avait accordée, il s'était convaincu que chacun a le droit d'être attaché à sa propre croyance et ne peut se plier sincèrement à celle que l'on voudrait lui imposer. La multiplicité des sociétés secrètes, des sectes et des associations de tous genres n'était donc pas pour lui un sujet d'effroi, mais il craignait que plusieurs ne se laissassent enrôler et dominer sans être parvenus à croire véritablement les choses qu'ils semblaient avoir adoptées ; il repoussait également toutes les tentatives de cette nature essayées sur lui, à la fois si ferme et si doux, si plein d'une foi vivante et si indulgent envers ceux qui ne possédaient pas ce don céleste. Il publia plus d'une fois, et dans des termes énergiques, sa résolution de n'arborer aucun drapeau que celui de Christ ; l'alliage humain, c'est-à-dire les bornes trop étroites, les conditions imposées, les engagements pris et les examens d'homme à homme lui étaient antipathiques ; il les regardait comme fort nuisibles à la sincérité envers Dieu et envers la société ; aussi s'imposait-il, comme un devoir sacré, l'obligation de ne fonder aucune société liée par des engagements et des principes particuliers ; il lui eût été extrêmement facile d'employer son influence sur les hommes qui s'adressaient à lui de toutes parts et qui souvent cherchaient à se pénétrer de ses idées, à se faire, pour ainsi parler, ses prosélytes malgré lui ; loin de répondre à leur empressement, il les engageait à vivre de leurs propres pensées et les renvoyait au grand Maître. L'inquisition exercée sur les âmes, les commérages revêtus d'expressions convenues que l'on considère comme un cachet religieux, les intrigues employées pour augmenter tel ou tel parti, lui déplaisaient au plus haut degré. Il aurait voulu que chacun fût pénétré comme lui de respect pour l'individualité de tous les membres de la grande famille humaine : nul ne souhaitait plus ardemment que lui la paix et l'harmonie universelles, mais il pensait que l'espérance d'une parfaite unité dans ce monde ne pouvait naître que dans des esprits faibles et bornés. « Celui qui viendra, disait-il, rassembler l'humanité tout entière dans l'union et l'amour, pourra seul réaliser de si beaux rêves. »

Lavater portait la même délicatesse de conscience dans l'exercice du droit d'élection, si précieux dans nos petites républiques. Il ne se permettait jamais de faire valoir qui que ce fût, lorsqu'il s'agissait d'une nomination quelconque, et recommanda en termes énergiques à ses concitoyens de voter avec une entière indépendance; ce devoir du concitoyen, si souvent méconnu, était sérieux à ses yeux; il désirait que chacun méditât à part soi sur le meilleur choix à faire, afin de n'être pas pris au dépourvu ou entraîné par quelque votant, avide de gagner des voix.

Lavater publia, à l'époque à laquelle nous sommes parvenus, un petit ouvrage qu'il destina particulièrement à ses collègues en théologie et dont le but était de les engager à examiner leurs convictions personnelles et à étudier leur degré de foi et leur manière d'envisager la vérité ; il aurait voulu inspirer à chacun d'eux ces principes, cette énergie surtout, qui font qu'on se montre tel que l'on est. « J'ai, dit-il, en terminant cet écrit intitulé : *Quelques mots sur mes sentiments religieux et ma manière d'envisager le christianisme*, j'ai une confiance inébranlable dans la force de la vérité, dans l'action de la sincérité et de la simplicité à l'égard des âmes qui ne sont pas dominées par des préventions excessives ou dépourvues de toute moralité.

» J'espère que ce petit ouvrage fera naître de bonnes pensées et des sentiments religieux qui seraient peut-être demeurés endormis sans l'appel que je leur adresse. Quoiqu'il soit tout-à-fait personnel, uniquement rempli de moi, j'aime à me persuader qu'il sera de quelque utilité, même aux lecteurs qui me connaissent. Si j'ai jamais écrit quelques pages avec conviction, avec une application soutenue, ce sont celles-ci, fruit de mes nombreuses observations, de mes souffrances, de mes réflexions. Je ne saurais me porter juge du mérite de cet écrit; mais il me sera permis d'en dire ce que je puis répéter à propos de tous mes écrits et de toutes mes paroles : Si j'ai fait quelque chose de blâmable, prouvez-le-moi, sinon ne me condamnez pas. »

La santé de Lavater s'altéra gravement pendant le cours de l'année 1784. Une toux opiniâtre le fatiguait jour et nuit; il ne ralentissait point le cours de ses occupations ordinaires; mais afin d'accorder quelque chose à ses misères corporelles, il prit l'habitude d'écrire dans son lit. Lorsqu'il devait prêcher, il se rendait à l'église et se remettait au lit en rentrant; ses visites de malades se faisaient en chaise à porteurs, car aucun obstacle, à moins qu'il ne fût impossible à vaincre, ne ralentissait son zèle à porter la parole de vie à ceux que la maladie retenait chez eux. Il recevait aussi ses catéchumènes et ses paroissiens de tout âge, mais bientôt arriva le moment où ses forces ne répondirent plus à son zèle; il dut aller se reposer à la campagne et se rendit chez un pasteur de ses amis; un de leurs collègues venait de mourir; Lavater voulut accompagner le corps du défunt au cimetière de son village. Au retour de la cérémonie, si propre à émouvoir son cœur, il écrivit quelques strophes.

Accompagnons à son lieu de repos l'homme aimé et pacifique, qui, toujours semblable à lui-même, demeura plein de joie sur son lit de mort. Suivons ce corps délivré de la douleur terrestre et qui nous parle silencieusement de la rédemption. Pleurons, mais sans amertume : que nos cœurs ne soient point oppressés.

Il repose en Dieu celui qui fit le bien et qui se montra sage avec la simplicité d'un enfant ; il a rempli tous ses devoirs comme s'il n'en avait eu qu'un seul à accomplir.

L'homme qui s'est montré bienfaisant en paroles et en actions, celui qui a fait part à l'ami et à l'étranger de sa fortune modeste, sera suivi au champ du repos par des compagnons de pèlerinage sincèrement affligés.

Comment l'homme qui a semé le bien recueillerait-il le mal ? Dieu accueille volontiers le serviteur qui a vécu dans l'humilité. Pleurez-le tous, vous qui avez appris de lui à servir votre maître, mais ne murmurez pas de ce qu'il est reçu en grâce ; ne regrettez pas que la mort nous l'enlève, qu'elle lui ait ôté les joies et les fatigues de ce monde. Il a trouvé ce qu'il cherchait : il contemple les choses auxquelles il croyait.

Après son séjour à la campagne, Lavater se décida à prendre les eaux de Pfeffers afin de consolider le mieux déjà obtenu ; il se livra, dans ce temps de repos, au plaisir de lire en paix quelques ouvrages remarquables, entre autres le beau livre de Herder, *Idées sur la philosophie de l'humanité.* « Je considère cet ouvrage, dit-il, comme l'un des meilleurs de l'auteur, et, en même temps, comme le meilleur que j'aie lu depuis longtemps et peut-être jamais. Je voudrais appeler Herder *professeur de la terre et prophète de l'éternité.* »

Lavater eut le bonheur, à son retour chez lui, de rentrer en pleine activité; il put même étendre encore le cercle de ses travaux en prenant part aux délibérations du consistoire, qui devait présenter au gouvernement un mémoire sur la révision de la loi sur le divorce. Ce fut à Lavater que l'on demanda ce travail difficile; nul n'aurait su l'accomplir avec autant de charité et de sagacité. Il s'occupa encore de la forme du chant sacré; lui-même ne connaissait pas la musique, aussi se borna-t-il à donner l'impulsion à cette réforme, toujours difficile. On ne le voyait jamais se mêler des choses qu'il n'avait pas étudiées; il ne s'immisçait nulle part, sans être assuré de pouvoir mener à bien ce qu'il voulait entreprendre; il était alors fort difficile de parvenir à le contrecarrer, à l'inquiéter dans la marche qu'il s'était tracée; sa fermeté, sa persévérance résistaient à toutes les attaques; on raconte qu'un chat ayant un jour sauté sur le bord de sa chaire, il le prit et le posa ailleurs sans interrompre le fil de sa phrase; ainsi fit-il à propos des obstacles placés sur sa route. Jamais homme inébranlable, en un certain sens, ne fut plus doux, plus facile à vivre ; c'est que ses convictions étaient basées sur ses croyances religieuses et celles-ci sur le Rocher des siècles.

La multiplicité de ses travaux ne lui permettait plus de faire des extraits de ses lectures, mais il marquait au crayon les passages qui lui plaisaient particulièrement et se fit un plaisir de rassembler un grand nombre de sentences qu'il dédia au jeune prince d'Anhalt-Dessau sous le titre de *Salomon ou enseignements de la sagesse*. Lui-même employait souvent cette forme dans la conversation, qu'il embellissait par de fréquentes images ; l'exemple du Seigneur l'encourageait à s'exprimer de la sorte, et d'ailleurs chez lui, la raison et l'imagination devaient faire naître de nombreuses sentences et des comparaisons empruntées à la nature qui parlait tant à ses yeux.

Une visite imprévue vint ranimer les souvenirs de sa jeunesse : Spalding lui envoya son fils aîné ; ce jeune homme passa sous son toit quelques semaines ; il est inutile de dire quelle joie lui causa cet épisode inattendu de sa vie domestique ; lorsque cette visite lui fut annoncée, il se hâta d'écrire à Spalding : « Oh ! combien je voudrais savoir vous exprimer le plaisir que j'éprouve à la pensée de voir bientôt votre fils, ce jeune homme si digne de son père, et mon désir de faire pour lui la dixième partie de ce que je vous dois! — Vous ne pourrez guère ressentir plus de joie en le voyant revenir à vous, que moi en attendant le jour qui l'amènera dans mes bras. Je ne puis considérer sa visite que comme une bénédiction que l'amour paternel de notre Dieu m'envoie. »

Au départ du jeune ami, attendu avec tant d'impatience, Lavater écrivit à sa belle-mère : « Le noble Louis est de nouveau en route. *Desiderium sui reliquit;* demandez à votre mari ce que cela veut dire. Il nous a laissé le désir de le revoir; c'est à mon gré la seule pierre de touche du mérite d'une personne ou de celui d'un livre. Nous avons passé des heures réjouissantes. Nous nous sommes bien compris, mais vous ne devez pas craindre que je lui aie inculqué mon enthousiasme forcené; rien ne m'est plus pénible que de voir un homme chercher à penser d'après moi. »

Pendant l'été de 1785 le comte Henri XIII de Reuss vint à Zurich avec sa femme; il y passa quelques jours pour voir et entendre Lavater; le résultat de leurs entrevues fut celui de plusieurs entretiens de même nature; les étrangers, attirés par la réputation du physionomiste, aimèrent bientôt l'homme et goûtèrent la sagesse et la piété du chrétien. Il semble que les *Fragments physiognomoniques* de Lavater aient été une sorte d'appât, un hameçon littéraire pour attirer près de lui une foule de personnes qui n'auraient point goûté ses écrits religieux avant d'avoir appris à connaître leur auteur par ses observations sur les traits et les gestes. Le comte de Reuss lui demanda avec instance de l'accompagner à Genève : Lavater y consentit; il ne connaissait pas encore cette intéressante république, alliée de la Suisse, et où l'on s'occupait fort, à cette époque même, du magnétisme nouvellement découvert. Lavater devait être curieux d'étudier cette force de la nature, sur la réalité de laquelle les opinions étaient divisées; la santé de sa femme, atteinte depuis plusieurs années de maux nerveux d'un caractère alarmant, était aussi pour lui un puissant motif d'examen; il eût été heureux de s'approprier un moyen de guérison; il s'empressa donc d'assister aux expériences faites par Mesmer lui-même. Avant d'avoir vu ce premier des magnétiseurs, il avait essayé de soulager sa femme à l'aide des indications nouvelles; et tout en n'adoptant point le système tel que son fondateur cherchait à l'établir, il ne niait pas l'influence mystérieuse, sujet de nombreux écrits et de discussions interminables.

« Je crois, écrivit-il, en achevant une longue

explication sur son degré de foi au magnétisme, que c'est une manière de guérir incertaine, en même temps que fort dangereuse, très-fatigante et dont on ne doit point faire usage sans précautions médicales ; plusieurs exagèrent beaucoup son influence, d'autres en font trop peu de cas. »

Lavater, qu'on a tant accusé d'adopter trop facilement les choses étonnantes et merveilleuses, caractérise d'un mot la cause des faits surprenants et celle des pensées créatrices. « Tous les Christophe Colomb sont des hommes, dit-il, mais tous les hommes ne sont pas des Christophe Colomb : tous ceux qui ont accompli des miracles étaient hommes et tous les hommes ne sauraient les imiter ; et pourtant il y a dans chacun une parcelle de ce qui fait les Colomb et les actions extraordinaires, mais il y a toujours peu d'élus. » Ainsi le respect pour la variété des facultés de l'homme et la croyance à un appel supérieur adressé au petit nombre, justifiaient à la fois aux yeux de Lavater l'attente de toutes les découvertes extraordinaires et l'incrédulité qu'elles excitent.

« Je suis convaincu, dit-il ailleurs, qu'il est facile d'abuser de la manière la plus fâcheuse de la force nouvellement découverte que l'on appelle magnétisme ; mais cela ne m'empêche point de voir dans cette puissance confiée à l'homme et jusqu'à présent inconnue un rayon de la puissance divine ; oui, j'y reconnais une preuve nouvelle de la puissance de Dieu, un motif nouveau pour admirer cette puissance partout agissante, et, de plus, un moyen de soulager les misères de l'homme, en un mot un appel de plus à sa double faculté de réflexion et d'application.

» Le chrétien met toutes choses en usage pour travailler, dans l'amour de Christ, au bonheur de ses semblables. L'un des caractères les plus sublimes du christianisme est précisément celui qui lie étroitement l'usage de nos biens et celui de nos facultés à la pensée de servir Jésus, de le satisfaire, de faire de ses dons l'emploi qui peut lui être le plus agréable ; le père de famille bénira de la sorte le pain qu'il aime à partager, le médecin les remèdes donnés et le magnétiseur l'emploi de la force nouvelle.

» La superstition, la sottise n'en feront pas moins leur œuvre en répandant du ridicule sur cette manière de voir et d'agir. »

Le biographe de Lavater commence son troisième volume, qui s'ouvre avec l'année 1786, par rendre compte de nouvelles publications dirigées contre le digne pasteur. L'un de ces pamphlets le désignait comme un partisan secret des

Jésuites, vendu à cet ordre et travaillant au-dehors à répandre les principes de Loyola; un autre ennemi, plus habile, rassemblait divers passages de ses ouvrages et les publiait, presque sans commentaire, sous le titre de : *Esprit de Lavater tiré de ses propres ouvrages*. — J. G. Lavater's Geist, aus dessen eigenen Schriften gezogen. Un troisième enfin s'efforçait de montrer le désaccord qui, selon lui, régnait entre les idées émises par Lavater, et se permettait de sanglantes moqueries sur sa manière d'argumenter.

Les amis de Lavater se réunirent pour le conjurer de répondre, au moins une fois, à tant d'attaques suggérées par le plus mauvais vouloir et la plus mauvaise foi; les accusations de papisme et de jésuitisme pouvaient nuire à son ministère; cette considération le décida à prendre la plume et à donner quelques explications, inutiles pour tous ceux qui le connaissaient particulièrement, mais qu'il se devait à lui-même.

Tandis qu'il se justifiait à regret, une preuve éclatante d'estime et d'affection cordiale lui fut donnée par la ville de Brême, où la prédication de l'Evangile a toujours été fidèlement entretenue. Le consistoire et la paroisse de l'une des églises de cette ville le nommèrent à une grande majorité au poste vacant au milieu d'eux. On joignit à sa nomination une adresse signée par les principaux membres de la paroisse, jalouse de posséder le pasteur de Zurich. Celui-ci fut touché et reconnaissant de l'appel qui venait, bien à propos, consoler son cœur, mais il ne put se résoudre à décider lui-même la question qui se posait devant lui, et fit part à son troupeau, avec une simplicité qui ne peut appartenir qu'à une âme élevée, de la perplexité dans laquelle il se trouvait; il se permit de raconter, en peu de mots, à la fin de l'un de ses sermons, la proposition qu'il venait de·recevoir et termina cette communication fraternelle par une ardente prière; il demandait qu'il lui fût donné de vouloir ce que Dieu lui-même voulait et ce qui vaudrait le mieux pour la paroisse qui lui avait été confiée.

Cette démarche était pour le moins imprudente au moment où Lavater, forcé de parler de lui-même en répondant à ses ennemis, devait redouter tout ce qui pourrait prêter à de nouvelles accusations d'amour-propre ou de vanité. Il se montrait souvent simple comme la colombe, mais il manquait de la prudence du serpent; aussi eut-il à se repentir de l'abandon qu'il avait montré en parlant de ses affaires à ses paroissiens rassemblés dans la maison de Dieu. Ceux qui l'aimaient le plus se hâtèrent de faire circuler une pétition pour le prier de ne pas les quitter ; mais plus d'un membre du troupeau la signa en haussant les épaules ; il y eut beaucoup de caquetages et de sots propos ; puis enfin le consistoire de l'église de Saint-Pierre, prenant la chose en main, adressa à Lavater une demande si bien conçue et si propre à le décider en faveur de Zurich que la chose se termina à la satisfaction de la saine partie du public. Il sanctionna sa réponse par un sermon de circonstance sur ce texte : *Car je souhaite fort de vous voir, pour vous faire part de quelque don spirituel, afin que vous soyez affermis* (Rom., I, 11), et sa paroisse se rattacha plus fortement à lui après avoir craint de le perdre.

Le temps étant venu, pour le fils aîné de Lavater, d'aller aux universités, son père se décida à le conduire à Gœttingue et à profiter du voisinage de Brême pour aller voir les amis dont il avait reçu des marques de bienveillance et de sympathie.

Son séjour dans cette ville fut un vrai triomphe, si l'on peut s'exprimer ainsi en parlant de l'empressement que l'Eglise qui l'avait inutilement appelé mit à le recevoir et de la curiosité qui conduisit près de lui une multitude de personnes à qui la lecture de ses écrits avait inspiré un vif désir de le connaître. Il prêcha ; la foule qui remplissait le temple fut telle qu'il ne put arriver à la chaire sans qu'une sentinelle lui en frayât le chemin ; on voulut le combler de présents, qu'il refusa, non sans éprouver une vive reconnaissance pour tant de preuves d'affection et de respect ; plusieurs des relations qu'il forma pendant son court séjour à Brême se prolongèrent jusques à la fin de sa vie, et plus d'une personne mal disposée envers lui changea complètement d'opinion après l'avoir entendu.

Il est inutile d'ajouter que la petite guerre habituellement soutenue contre Lavater trouva de nouveaux aliments dans ce voyage même, tandis que l'accueil des chrétiens prononcés réjouissait l'âme du pieux voyageur plus que les basses manœuvres de ses ennemis ne pouvaient l'affliger. Ce ne fut pas sans un profond chagrin que Lavater renonça à retourner à Berlin, où Spalding s'était établi et où tant d'autres sujets d'intérêt auraient couronné les plaisirs de sa route.

Le temps et l'argent lui manquaient : il se résigna à repartir sans avoir revu son ancien ami, et lui adressa quelques détails sur son voyage en lui exprimant ses regrets. — « J'ai passé à Wuerlitz, dit-il, quelques jours fort

agréables avec Zimmermann et son aimable, sage et modeste compagne. Herder m'a semblé d'un commerce plein de charme : il est franc, cordial ; sa conversation est facile et du plus haut intérèt. Gœthe a vieilli; il est devenu plus froid, plus sage, plus renfermé, plus décidé, plus pratique. — Je n'en dirai pas davantage. — Ce dont je me réjouis particulièrement, c'est d'entendre dire partout du bien de vous et de votre fils. Celui qui fait le bien est de Dieu ; celui qui aime son frère est passé de la mort à la vie ; aimons donc Celui qui nous a aimés le premier. Demeurons attachés à cette religion qui nous rendra heureux, quelque agitée et pénible que puisse devenir notre vie extérieure. »
Au retour de son voyage de 1786, Lavater s'occupa de la publication de l'un de ses plus importants ouvrages : *Nathanaël ou la divinité du christianisme aussi certaine que non susceptible de preuve, écrit pour les Nathanaëls, c'est-à-dire pour les hommes doués d'un sens de vérité sincère et sans fraude*. — *Nathanaël, oder die so gewisse als unerweisliche Gœttlichkeit des Christenthums für Nathanaële*, etc., etc. 1786. — Ce titre seul fut une pierre d'achoppement pour plusieurs lecteurs; les uns espérèrent y trouver des aveux favorables à leurs doutes, d'autres s'effrayèrent de l'espèce d'atteinte portée par

Lavater à l'objet sacré de leur foi. Le but de Lavater n'était pas de prouver la divinité du christianisme, mais d'expliquer qu'il n'a besoin d'aucune preuve cherchée hors de lui-même, c'est-à-dire comme prouvant sa divinité par sa propre nature, par son esprit, et se présentant ainsi à tout homme impartial avec le caractère de la vérité absolue. Lavater se servit, pour rendre cette vérité vivante, des personnages les plus marquants du Nouveau-Testament; en développant leur histoire, il atteint son but d'une manière fort intéressante et fait ainsi paraître et agir les témoins de cette divinité à laquelle il cherchait sans cesse de nouvelles occasions et de nouvelles manières de rendre hommage.

On a publié, dit-il, pour la défense du christianisme comme révélation divine, cent ouvrages dont la réfutation est plus ou moins facile; je les respecte tous et ne me permets pas de les juger; ce qui est écrit pour les chrétiens les plus zélés est pour moi chose sainte; mais je dois avouer que la plupart de ces livres ne me semblent pas bien calculés pour servir de témoignage devant les hommes à cette divinité qu'ils cherchent à établir.

Le christianisme est, à mes yeux, la chose la plus certaine et la plus difficile à prouver; il appartient aux Nathanaëls (1). Sans amour sincère du bien, sans probité, sans droiture, on n'acceptera jamais aucune explication sur ce qui doit établir et faire connaître le bien par

(1) Jean, I.

excellence. Celui qui a le cœur pur possède en lui-même la preuve de la suprême pureté; nul ne comprend mieux la sagesse que le sage, la bonté que celui qui est bon, les choses élevées et nobles que celui qui est doué de noblesse d'âme et d'élévation dans les sentiments.

Il n'y a rien de plus positif et de plus inexplicable que l'existence de l'Eglise ou, en d'autres termes, du christianisme, fondée sur les documents et les doctrines renfermés dans le Nouveau-Testament. Cette société immense et constamment renouvelée croit qu'un Nazaréen crucifié, nommé Jésus, vit dans le ciel, qu'il est le chef de l'humanité tout entière ; elle lui porte son hommage et ses adorations; elle croit que chacune de ses paroles est un oracle infaillible ; elle fonde les espérances les plus belles et les plus hardies sur la puissance, la médiation et les mérites de ce divin chef; elle attend de lui des forces nouvelles, des joies inaltérables, une liberté, un développement qui n'auront point de terme.

L'existence de ce phénomène est suffisamment expliquée pour tous ceux qui acceptent comme véritables et dignes d'être reçus les documents du Nouveau-Testament, et le deviendra toujours moins pour ceux qui ne reçoivent point ces documents avec confiance et qui ne les jugent pas dignes d'être acceptés. J'en conclus qu'il est très-avantageux au développement de ma foi de m'attacher toujours davantage à ces titres sacrés et de m'en tenir surtout à ce que je comprends, à ce que je sens le plus positivement, en ne m'obstinant pas à vouloir pénétrer ce qui ne m'est point expliqué.

Ces phrases préliminaires peuvent donner une idée de l'esprit de ce livre, l'un des plus remarquables qui soient sortis de la plume de son auteur. La sincérité de Lavater a dû lui gagner beaucoup d'esprits élevés, et sa manière d'argumenter a dû paraître aux incrédules tout aussi forte et aussi bien fondée que les profonds travaux de la théologie auxquels chaque siècle imprime un nouveau caractère ou du moins fournit de nouveaux raisonnements.

Cette foi implicite, soutenue par l'intuition bien plus que par la logique et la critique, est l'opposé parfait des vues de Strauss et de tous les philosophes qui cherchent à ôter aux personnages bibliques leur réalité, leur humanité. Bien loin de faire des mythes et des symboles des acteurs de l'Evangile, Lavater vivait avec eux, les évoquait pour ainsi dire, les remettait en scène, et demandait à ses lecteurs de les voir, de les entendre comme lui. Il ne pensait pas sans doute que cette force de conviction, cette acceptation sans détour et sans questions oiseuses et captieuses, fût à la portée de chacun, mais il disait avec une franchise singulièrement honorable, que si l'on n'est pas sous l'empire des mêmes principes, si l'on ne vit pas de la même vie morale, on ne peut pas avoir la même foi.

Citons encore une page bien digne d'être méditée.

Si, en lisant l'Evangile, vous avez le bonheur de rencontrer dans un heureux moment (d'intuition), un de ces passages qui résolvent et anéantissent à l'instant tous les doutes et qui vous placent dans un état de conviction tel que vous pourriez dire : « Suis-je dans mon corps ou hors de mon corps, je ne sais, Dieu le sait, » ayez du moins alors la sagesse et l'humilité de renfermer en vous-même l'impression que vous avez reçue ; ne lui permettez pas de se dissiper, ne la communiquez pas au-dehors pour qu'elle ne devienne pas un objet de discussion. Ce qui est divin agit d'une manière divine.

Plus est divine une chose que vous avez le bonheur de recevoir et de saisir promptement et profondément en vous-même, plus il faut la laisser agir fortement et profondément en vous : ce sera ensuite au moyen des résultats de cette action et par son effet, que vous ferez sentir aux autres ce que cette chose avait de divin.

A celui qui est fidèle en peu de chose il sera beaucoup confié. Paroles d'un grand prix adressées au nathanaélisme bien appliqué, sans tache et sans fraude. Celui qui ne proteste pas contre ses intuitions soudaines, claires, spirituelles, qui ne raisonne pas à leur sujet, qui leur demeure fidèle, celui-là, non-seulement arrive toujours à la vérité par un sentiment prompt, vivant et profond, mais il peut encore réveiller chez les autres l'action de ce sens, le plus riche de tous en jouissances ; il peut quelquefois même convaincre l'incrédule, du moins le réduire au silence.

Après le premier mot adressé par Jésus à Nathanaël, combien celui-ci n'eut-il pas souvent l'occasion de voir, d'entendre, d'éprouver ! Combien n'a-t-il pas pu voir souvent de célestes messagers du monarque divin arriver à lui lorsqu'il demandait leur secours ! — *En vérité, en vérité je vous dis, vous verrez les anges de Dieu descendre vers le fils de l'homme et, de lui, remonter vers le ciel.*

Nathanaël et Thomas représentent les deux extrêmes parmi les êtres bons et croyants. Celui qui dit : *Si je ne mets ma main dans ta blessure*, peut être une âme honnête, mais cette âme est-elle une âme de Nathanaël ? est-elle simple, sans art, ni tache, ni fraude ? peut-elle, sans blesser la majesté humaine, admettre, comme l'a fait celle de Nathanaël lui-même, un si grand nombre de témoins irrécusables ? ne les regarde-t-elle pas plutôt dans sa pensée comme ayant voulu la tromper, tout en étant obligée de reconnaître chez eux des sens en bon état et une âme disposée à connaître et à aimer la vérité ?

Le Seigneur les reçoit tous dans sa grâce, les Sauls, les Thomas, les Nathanaëls ; mais les uns plus tôt, les autres plus tard ; cependant il place souvent les derniers avant les premiers.

Celui qui, avant d'avoir entendu un mot de Christ, aurait saisi au premier regard son humanité *surhumaine* et se serait écrié comme Nathanaël : *Maître*, *Fils de Dieu*, *Roi d'Israël*, aurait été au-dessus de Nathanaël.

Afin de donner une idée de la manière dont Lavater met en scène les personnages du Nouveau-Testament, nous choisirons les paroles qu'il adresse à Enée le paralytique et à un jeune homme nommé Eutyche.

On ne s'arrête guère à ces deux témoins du passage de Jésus sur la terre ; mais c'est par cette raison que nous les préférons comme exemples de la vie et de l'intérêt répandus par Lavater sur les détails les moins importants, en apparence, de l'histoire évangélique.

Énée.

Tu n'as pas quitté ton lit depuis huit ans, pauvre paralytique ! — Tous les soins et les remèdes des médecins n'ont pu te guérir. — Pierre, qui ne fut pas un être fictif, mais un homme dont l'existence a laissé des traces bienfaisantes, bien différentes de celles qui marquent le passage de tant d'incrédules qui se moquent de lui ; Pierre qui a honoré Jésus de Nazareth aussi certainement que nous possédons les quatre Evangiles, les Actes des Apôtres et les Epîtres de saint Pierre lui-même, est venu à Lydde : il t'a vu *couché dans ton petit lit ;* ému de compassion, il t'a dit : *Enée, Jésus qui est le Christ te guérit ; lève-toi et accommode ton lit.* — Tu te levas aussitôt et tous les habitants de Lydde et de Saron te virent et se convertirent au Seigneur.

Parle-moi dans les moments de faiblesse et de doute, parle-moi de la puissance du Nom qui est au-dessus de tout nom.

Eutyche.

Et toi aussi, qui t'es endormi en écoutant la longue prédication de saint Paul, toi qui tombas de la fenêtre d'une salle éclairée par des lampes et qui fus relevé mort, toi que Paul embrassa et rappela à la vie, tu es aussi reçu par mon cœur comme l'un des membres de la nuée de témoins de la vérité et de la puissance de Dieu ; puissance qui fut révélée à Paul, par le don de la grâce divine et vivante, de cette grâce qu'il avait persécutée dans les disciples de Christ.

Ta courte histoire contribue à m'initier à celle de l'humanité, sanctifiée et animée par Jésus lui-même ; elle me réjouit en confirmant la vérité de l'Evangile et fortifie ma foi en Celui que Paul annonçait.

Peu de temps après la publication de Nathanaël, Lavater prit occasion d'un tremblement de terre annoncé et attendu avec une crédulité tout-à-fait remarquable pour prêcher avec force sur les prédictions que l'on prétend ajouter à celles des Livres saints. Zurich vivait dans la crainte de l'évènement, qui devait avoir lieu en 1786. Le pasteur parvint à calmer les terreurs du plus grand nombre en se servant de son éloquence, de sa science et de sa rectitude de jugement pour démontrer l'absurdité de cette prédiction, fantôme qui reparaît de temps à autre et qui a fait, en Angleterre, il n'y a pas longtemps, un grand nombre de dupes; voici une page de l'un des discours prêchés par Lavater contre le tremblement de terre :

« La religion vient à notre aide au moment du danger et hors du danger ; la religion qui ne nous soutiendrait ni ne nous fortifierait, ne serait qu'une vaine ombre, un mot dépourvu de sens. La religion et la foi en Dieu doivent nous fortifier là où nul homme ne peut nous porter secours, et nous sauver là où nulle délivrance ne nous paraît possible. S'il est certain que la religion est quelque chose de vrai, il est évident qu'il doit y avoir une différence capitale entre l'homme qui honore Dieu et celui qui ne l'honore pas ; entre celui qui le connaît et qui chemine sous son regard, comme un enfant à côté de son père, et celui pour qui Dieu est un étranger. La vérité seule doit nous effrayer à salut, la vérité seule peut nous réjouir à salut. L'amélioration de notre caractère et la conversion de nos cœurs est le seul préservatif à opposer à toutes les craintes fondées ou dénuées de fondement. La sagesse doit nous guider, la religion nous donner du courage, et l'esprit de soumission de l'enfant ne jamais nous abandonner. »

A la fin de l'année, qui s'acheva sans tremblement de terre, le premier pasteur de l'église de Saint-Pierre vint à mourir ; ce digne vieillard, demeuré seul, et courbé sous le poids d'infirmités cruelles, ne trouvait de soulagement à sa tristesse et à ses maux que dans la société de Lavater. « Je vous en prie, lui disait-il, consolez-moi. » — Après avoir entendu son collègue lire la Parole de Dieu auprès de lui, il s'écriait : « Dieu soit loué, je suis de nouveau rafraîchi et ranimé. » La paroisse de Saint-Pierre, en possession de choisir ses conducteurs spirituels, appela Lavater à remplacer le respectable pasteur Freytag ; le diaconat qu'il avait si honorablement desservi fut confié à Pfenninger ; Lavater eut donc la joie d'installer son ami et de lui remettre les catéchumènes auxquels il avait donné tant de preuves de son dévouement paternel. Ce fut une scène attendrissante que cette installation, à laquelle le troupeau prenait le plus vif intérêt. « Frère, dit le pasteur au nouveau diacre, ne nous lassons pas de faire le bien ; ne nous lassons pas de semer, de prier, de supporter, de consoler. — Ne nous lassons pas de servir de moyen de bénédiction à notre paroisse, jusqu'à ce que nos yeux se ferment, jusqu'à ce que nos voix s'éteignent à jamais. »

Le flot des visiteurs étrangers redoubla autour de Lavater pendant l'année 1787. Le duc de Kent, que l'on nommait alors le prince Edouard, lui fut envoyé par sa mère, la reine Charlotte, qui pria en même temps Lavater de composer pour elle quelque chose sur le cœur humain ; le sujet indiqué était familier au poète chrétien ; il commença un poème sous ce titre et le dédia à cette princesse.

Ce fut pendant la première époque de son ministère qu'il fonda une bibliothèque populaire ; ce moyen d'instruction et d'édification si connu aujourd'hui, n'existait nulle part ; il eut donc l'honneur de la création ; une partie de la bibliothèque de son prédécesseur servit de noyau à celle dont la paroisse de Saint-Pierre devait profiter ; Lavater y ajouta un assez grand nombre de volumes, non sans s'imposer des sacrifices réels.

La santé de sa femme lui causait beaucoup d'inquiétudes; les maux nerveux de Mme Lavater attristaient leurs joies domestiques; son activité prodigieuse et sa bienfaisance de tous les moments l'aidaient à supporter ces peines inévitables, que chacun doit connaître à son tour. Le travail était pour lui le remède par excellence; il en usait avec succès pour combattre ses propres misères et prenait ainsi toujours plus d'empire sur lui-même; la lutte quotidienne le préparait à supporter les souffrances cruelles de la blessure dont il devait mourir; il songeait aussi d'avance à une fin douloureuse, violente même; de nombreux pressentiments le familiarisaient avec cette idée; il ne témoigna pas la moindre surprise lorsqu'ils se réalisèrent et se sentit prêt à subir l'accomplissement de sa mystérieuse attente.

Une des occupations qui aurait le plus agréablement reposé Lavater, était certainement le dessin, pour lequel il avait une si remarquable aptitude; mais il ne voulut pas se laisser entraîner à satisfaire ce goût dominant et se borna au rôle de connaisseur et de critique. Nous avons déjà parlé du plaisir qu'il trouvait à former de jeunes artistes auxquels il fit faire d'incontestables progrès ; la manie du dessin se répandit dans Zurich ; chacun se jugeait propre à cultiver cet art, et plus d'un jeune homme se trompa en croyant que le cabinet hospitalier de l'auteur des *Essais physiognomoniques* était une étape sur le chemin de la gloire et de la fortune. Lavater se plut à classer les nombreux dessins et les gravures qu'il avait rassemblés en y ajoutant quelques lignes écrites de sa main et qui rentraient dans le genre des sentences, qui, nous le savons, convenaient particulièrement à son tour d'esprit. Il se décida plus tard à tirer parti de cette collection de grande valeur en la mettant en loterie ; le prospectus qu'il répandit au loin exprima ingénûment son désir de rentrer dans une partie des frais énormes qu'il avait laissés s'accumuler pendant un grand nombre d'années et celui de léguer à ses amis, disait-il dans son français naïf, *un petit monument qui, sans leur causer aucun regret, leur ferait plaisir à jamais.* Il supposait avec raison que trois classes de personnes concourraient volontiers à le soulager dans cette onéreuse richesse de productions artistiques :

A. Ceux, dit-il, qui sont réellement mes amis.
B. Ceux qui sont riches ou très-à leur aise.
C. Les amateurs de l'art ou de l'étude physiognomonique, — Lavater s'occupa jusqu'à la

fin de sa vie du soin d'encadrer les diverses pièces de sa collection et de donner à chacune un nouveau prix en y ajoutant ses jugements ; nous ignorons si sa loterie lui rapporta une somme de quelque importance, mais les malintentionnés ne manquèrent pas de flétrir cette entreprise et d'accuser Lavater de se permettre une spéculation peu louable. Cette espèce de classement le porta à publier au profit des pauvres une collection de sentences qu'il intitula *Règles non physiognomoniques* destinées à propager la connaissance de soi-même et d'autrui ; il pensait que ces directions-là seraient à la portée de chacun, mais elles ne sont, pas plus que ses règles physiognomoniques, à l'usage de tout le monde.

Celui qui se hâte de tourner à son profit les écarts qui échappent dans certains moments imprévus aux âmes les plus élevées et les meilleures n'est pas plus éloigné de devenir un scélérat que la dernière clarté du soir ne l'est de la nuit qui s'approche.

Des milliers de mortels ont été haïs sans aucune cause qui fût dans leur personne, mais nul ne saurait être aimé sans des causes de cette nature : on ne peut aimer que ce qui est vraiment aimable. Celui qui sera aimé lorsqu'il reprend, frappe et châtie, celui-là doit être digne d'amour ; et celui qui sait aimer la personne qui le reprend, le frappe et le châtie, est à son tour un être selon la volonté de Dieu, et préparé par lui à toutes les œuvres de la charité.

Lorsque je cherche à me représenter Satan, je me figure un homme que les bonnes qualités d'autrui font souffrir et qui se réjouit des fautes du prochain.

Vous ne vous connaissez qu'à demi, vous qui ne considérez que les sacrifices ou les renoncements que vous vous sentez prêts à faire ou à subir dans certains moments suprêmes ; ce qu'il faut étudier en soi c'est le penchant dont on ne se départ jamais, la chose de laquelle on ne veut pas se priver ; là est le centre, la clef de tout votre caractère. Ecris seulement pendant trois jours, non ce que tu fais, mais ce à quoi tu rêves lorsque tu es livré à toi-même, et tu te connaîtras avec joie ou avec effroi.

La manière de vivre de l'homme dépend de sa manière d'aimer ; la vie réelle de l'homme se compose de ses affections.

Celui qui veut agir sur le cœur en n'employant que la tête, est semblable à l'homme qui voudrait te persuader que tu entends de la musique parce que tu vois un orchestre rempli d'instruments.

Lavater est un de ces rares moralistes dont les découvertes ont lieu dans les régions les plus élevées de l'âme ; sans doute les conseils et les conclusions qu'il en tire ont leur côté pratique et ne manquent pas d'une certaine simplicité, mais ses sentences s'appliquent spécialement à un esprit suspendu en quelque sorte et soutenu par une force mystérieuse entre la terre et le ciel et qui doit bientôt se dégager de cette espèce d'alliage pour s'épurer et se perfectionner toujours davantage.

CHAPITRE XI.

Visite de Lavater à la cour de Montbéliard. — Mort de Conrad Pfenninger. — Conduite de Lavater envers la mémoire et les enfants de son ami. — Voyage en Danemarck — Nouvelles attaques des ennemis de Lavater. — Mariage de sa fille aînée avec George Gessner. — Travaux littéraires.

On a presque oublié aujourd'hui qu'une branche de la maison de Wurtemberg résidait encore, à la fin du siècle passé, dans la ville de Montbéliard et qu'elle y tenait une petite cour. Cette principauté fut réunie à la France en 1796, l'an IV de la République, et fut incorporée aux départements du Haut-Rhin et de la Haute-Saône. Plusieurs des princes et princesses de la maison de Wurtemberg sont nés à Montbéliard, entre autres l'épouse de Paul Ier, empereur de Russie, mère d'Alexandre. Le chef de cette principauté, ordinairement gouvernée par l'un des frères de l'électeur, portait le nom de duc de Montbéliard.

Lavater fut invité par la princesse, en 1790, à remplir momentanément auprès d'elle les fonctions de chapelain. L'ecclésiastique qui venait ordinairement de Mulhouse administrer la communion aux protestants établis à Montbéliard, étant mort, le choix de la princesse se fixa naturellement sur Lavater. Il se rendit volontiers à cette invitation affectueuse et passa quelques jours heureux dans ce cercle nouveau pour lui.

La princesse apprécia tellement cette première visite qu'elle en demanda une seconde ; elle goûta singulièrement la prédication et la conversation du pasteur de Zurich, et se fit un plaisir d'engager Lavater à lui présenter sa fille aînée ; cette jeune personne fut accueillie avec bonté, et son père écrivit dans le journal, fidèle dépositaire de sa vie domestique : « Ce fut une vraie fête pour moi que d'amener ma fille ; j'eus autant de plaisir à passer quelques jours à nous deux qu'à lui procurer de solides jouissances en lui faisant connaître une réunion de personnes intéressantes et cultivées. »

Nous savons déjà combien Lavater aimait à remplir les devoirs de son ministère dans les rangs supérieurs de la société ; ses exhortations furent pressantes et pleines de l'onction, de la beauté morale qu'il savait répandre sur tous les sujets élevés. « Il y a plus de vingt ans, dit-il à la princesse, que j'enseigne les doctrines de l'Evangile ; j'ai beaucoup parlé, beaucoup écrit sur ces grandes choses, et pourtant il me semble que je n'en ai encore rien dit. » Lavater conserva un mot original échappé à un officier allemand qui acceptait de bon cœur l'Evangile. « Je ne puis m'empêcher de sourire, dit-il, en pensant à la naïve franchise avec laquelle M. D. s'est écrié : « Foin de celui qui ne veut pas reconnaître Jésus-Christ et ses apôtres ! — Il est notre général en chef ; un soldat doit-il avoir honte du général qui ne renie aucun de ses soldats ? Nous portons l'uniforme de Christ et nous disons : Qui sait s'il est vraiment notre chef ? — Fi ! Fi ! » Je fus touché au cœur en entendant ce brave homme montrer ainsi son attachement à l'Evangile et son éloignement pour les gens à double face. »

Il s'entretint volontiers, avec le cercle choisi rassemblé à Montbéliard, de l'avenir de la société, alors bouleversée par la révolution française. « Le despotisme anarchique des démocrates, est, dit-il, le père de tous les despotismes ; il fera soupirer après le retour de la royauté. Dieu seul peut mesurer les suites de cet évènement. Les temps de persécution me semblent bien près de nous; les incrédules prêcheurs de tolérance seront finalement les persécuteurs les plus ardents. Plus on se montrera sincèrement *chrétien*, plus les charlatans qui prétendent répandre les vraies lumières seront irrités. Si jamais le chrétien doit se faire un devoir de déclarer sa foi, c'est bien aujourd'hui; il faut qu'il agisse avec franchise. Tous les écrivains chrétiens, en particulier, doivent se montrer fermement attachés au christianisme. »

Peu de temps après son second séjour à Montbéliard, Lavater eut la joie de baptiser son premier petit-fils et celle de revoir plusieurs de ses amis d'Allemagne. Le comte Frédéric de Stolberg renoua avec empressement les relations d'amitié que sa conversion au catholicisme aurait altérées quelques années plus tard, si Lavater ne s'était pas toujours montré tolérant, et s'il n'avait pas considéré la sincérité de la conviction religieuse, et la foi dans l'intercession et le sacrifice de Jésus, comme les bases autour desquelles tous les chrétiens peuvent se tendre une main fraternelle.

Nos lecteurs ont assisté au lit de mort des deux frères Hess et sympathiseront avec la nouvelle épreuve que Lavater subit dans une autre de ses amitiés, pendant l'été de 1792. Il perdit son ami de trente ans, son associé dans la direction spirituelle de son cher troupeau, l'homme droit et sincère qui, tout en le comprenant, se permettait de le blâmer et tempérait les élans d'enthousiasme et d'imagination auxquels le public avait donné le nom de *lavatérisme,* nous voulons parler de Conrad Pfenninger. Lavater, son aîné de six ans, n'avait point porté sa pensée sur la possibilité de cette perte; il se flatta, jusqu'au dernier instant, que ce précieux collègue lui serait conservé.

Quoiqu'il eût suivi avec la plus tendre sollicitude les progrès de la maladie, le message qui vint lui annoncer l'agonie de Pfenninger lui causa un véritable effroi. Il se livra au désespoir en voyant expirer son ami. Jamais, dit Conrad Gessner, on ne le vit dans un état aussi violent; il jetait les hauts cris et se tordait les mains au milieu de la jeune famille privée de son chef. Mais bientôt cette faiblesse humaine fit place à l'énergie du chrétien; Lavater crut ne pouvoir mieux pleurer son compagnon d'œuvre qu'en s'occupant de l'avenir de ses enfants; plusieurs étaient encore en bas âge, et la veuve privée de moyens suffisants pour achever leur éducation. Il n'hésita pas à se charger de l'héritage que lui laissait Pfenninger; les orphelins devinrent ses enfants; il était convaincu que la possibilité d'accomplir la tâche qu'il s'imposait à leur égard ne lui serait pas refusée ; d'autres amis généreux vinrent à leur aide ; au bout de peu d'années les enfants de Pfenninger furent convenablement établis; leur mère ne cessa de trouver en Lavater le plus ferme appui, le conseiller le plus fidèle et le plus dévoué. Lavater eut recours à sa plume peu après la mort de Pfenninger, et publia, au bénéfice de la famille orpheline, un choix de lettres adressées au défunt, à sa veuve ou à Lavater lui-même, depuis la douloureuse séparation; Lavater pensait avec raison qu'un des meilleurs moyens de faire connaître quelqu'un sera toujours de publier ce qu'un certain nombre de personnes ont écrit à son sujet, ainsi que les observations qui ont pu lui être adressées sur ses écrits et sa conduite. Cette publication eut un grand succès d'à-propos, et répondit à l'un des buts de Lavater, empressé de faire connaître l'étendue de la perte que le clergé zuricois venait d'essuyer.

Dès cette époque Lavater ne connut plus les douceurs de l'intimité qui remonte aux années de la jeunesse, et ne retrouva plus de censeur aussi impartial, aussi affectueux, aussi judicieux que l'avait été pour lui Conrad Pfenninger. Il était entré en correspondance avec plusieurs amis chrétiens qui demeuraient à Copenhague, et nourrissait avec eux le désir de faire succéder à leurs relations épistolaires les entretiens prolongés qui seuls pouvaient suffire à l'éclaircissement des questions difficiles qu'ils avaient, eux et lui, traitées jusqu'alors par correspondance. Il n'aimait point à demeurer dans le vague en pareille matière et ne se lassait jamais de prolonger les interrogations qui lui semblaient favorables au développement de sa foi et de celle d'autrui; il se plaisait à provoquer les recherches, les expériences qui devaient, selon lui, amener pour les amis de la vérité, des résultats toujours identiques dans leurs grands traits et dans leur influence sur la sanctification des âmes.

Les difficultés d'un voyage en Danemarck semblaient ne pas permettre à Lavater de nourrir un pareil projet; il était d'ailleurs, depuis son retour de Brême, découragé d'entreprendre des excursions lointaines. On avait si malignement interprété son court séjour dans cette ville, tant d'allégations fausses et impertinentes avaient retenti dans les papiers publics à propos de cette visite si naturelle de sa part, qu'il redoutait tout ce qui aurait pu ranimer contre lui le démon du journalisme. Il avait reçu, en 1792, la plus pressante invitation du comte Bernsdorf, ministre d'Etat à la cour de Danemarck, mais il ne put se résoudre à l'accepter qu'après de longues hésitations.

Plusieurs circonstances se réunirent pour lui persuader qu'il devait se prêter aux arrangements par lesquels ses amis du Nord aplanissaient les difficultés matérielles. Un des jeunes pasteurs de Zurich, Salomon Hess, se chargea volontiers du soin de sa paroisse, et Lavater se prépara, non sans quelque répugnance, à partir après les fêtes de Pentecôte. Il aurait aimé à se faire accompagner par son fils; mais la chose n'étant pas possible, il prit avec lui sa fille Annette et se mit en route le 20 mai 1793.

Il est intéressant de connaître les règles de conduite qu'il se posa au sujet de ce voyage; les voici :

1º Je chercherai à mettre à profit dans tous les lieux que je visiterai et auprès de toutes les personnes que je verrai, ce qui caractérisera ces lieux et ces personnes.

2º Dans tous les lieux et dans toutes les visites où l'on peut dire quelque chose d'utile, je chercherai à le faire : je ne poursuivrai point l'occasion de me procurer quelques souvenirs purement agréables.

3º Je sacrifierai toutes choses au but principal de mon voyage, ou du moins je ne m'en laisserai détourner que le moins possible.

4º J'éviterai autant que je le pourrai de parler de physiognomonie : de même je ne dirai rien de la France et je ne parlerai que d'après des principes d'une application tout-à-fait générale.

5° Je ne dirai point de mal d'aucun homme que je ne connaîtrai pas à fond, et je dirai de chacun autant de bien que je le pourrai.

6° Je saisirai toutes les occasions d'entretenir en moi et de répandre autour de moi l'esprit de charité et de support.

7° Je rechercherai les hommes les plus sages et les plus chrétiens ; ceux qui ont les vues les plus larges, les plus saines, les plus élevées et les plus justes, afin de m'éclairer et de me fortifier par leur exemple.

8° Je pèserai chacune de mes paroles avec autant de sagesse que je suis capable de le faire, afin qu'on ne puisse pas en faire de fausses interprétations.

9° Je tirerai parti de chaque moment et je m'efforcerai de ne quitter aucun des endroits où j'aurai séjourné sans avoir appris quelque chose d'utile.

Le soin que Lavater mettait à se tracer d'avance le sentier à suivre, montre combien il connaissait sa propre faiblesse, sa propre légèreté ; il travaillait à son *éducation progressive* avec une bonne foi touchante et d'un exemple bien salutaire.

En s'acheminant vers Copenhague, il eut la joie de revoir plus d'un ancien ami. « O terre, s'écria-t-il, après avoir embrassé, à Augsbourg, le pasteur Steiner, si tu gardes à ceux qui s'aiment des joies aussi vives que celles que nous venons de goûter en nous revoyant, quelles délices ne nous attendent pas dans les lieux où les amis se retrouveront à jamais ! »

Il était en relation avec plusieurs catholiques pieux qu'il se fit un plaisir de visiter ; il avait pour principe de ne faire aucun cas des imputations que pourrait lui attirer sa sympathie pour les vrais chrétiens, sans égard à leur dénomination religieuse. « Si, disait-il, on n'a pas le courage de se mettre au-dessus de ces misérables censures, que pourra-t-on donc mépriser ? » Ce qui le faisait le plus souffrir, religieusement parlant, c'étaient la contrainte, la gêne, le soupçon jeté sur sa foi ou sur celle d'autrui ; son cœur avait besoin de battre à l'aise. Un fragment de son journal achèvera de le faire connaître sur ce point important et délicat.

« On m'a prié, dit-il, de parler dans une réunion d'édification, mais je me suis senti embarrassé en face d'un auditoire qui m'était nouveau et que je sentais disposé à me juger. Je fis une franche confession, je la fis avec joie et peut-être avec bénédiction, mais non pas sans me dire à moi-même que je ne répétais ainsi que des choses qui vont sans dire, des lieux communs, si j'ose employer cette expression. Des orthodoxes aussi prononcés que mes auditeurs, qu'un mot hasardé aurait offensés, enchaînaient mon cœur et ma langue. Il y a un genre de piété que je ne voudrais pas blesser, Dieu m'en préserve; j'y reconnais quelque chose d'honorable et de sacré, mais aussi quelque chose de si contraire à mes goûts personnels, à la lumière, à la clarté, aux jouissances de la pensée et à la liberté intellectuelle dont j'ai besoin, que je suis obligé de rassembler toute la charité et l'amour du prochain dont je suis capable pour ne pas laisser apercevoir combien je me sens oppressé ! C'est cette piété toujours enfermée dans une certaine forme et de certaines expressions, toujours prête à condamner tout ce qui sort d'un cercle qu'elle a irrévocablement fermé, ou de la mesure dont elle a fait sa propre limite, et partant de là pour louer ou pour maudire, mais surtout pour travestir et pour vouer au mépris des pensées élevées qu'elle n'entend pas, parce que rien n'y répond dans son vocabulaire. Afin de m'expliquer plus clairement, je donnerai un exemple.

» Si je dis devant une des personnes ainsi disposées : Je ne connais aucun homme qui soit plus faible que moi, qui sente plus vivement le besoin de la miséricorde divine, sans le secours de laquelle je ne pourrais subsister un moment, on fera bien vite de mes paroles une sentence dogmatique semblable à celle-ci : Lavater s'est reconnu pécheur et le pécheur le plus digne de condamnation ; il reconnaît aussi que la paix n'est pour lui que dans le sang de Christ. Quoique cette assertion soit au fond bien vraie, et que je ne voulusse point la désavouer, la manière de l'exposer, d'après mes paroles, n'en choquerait pas moins ma raison. Plus on est éloigné de louer les gens par hypocrisie, plus on a d'aversion pour cette manière de juger. Combien il est difficile de trouver une expression intermédiaire, quelque chose qui puisse dire : Vous ne comprenez pas bien ma pensée, je l'entends ainsi ou ainsi, etc., etc. »

On se souvient que Lavater fut plus d'une fois accusé de kantisme parce qu'il avait étudié avec soin le système du philosophe de Kœnigsberg ; après lui avoir rendu visite, il fut encore plus convaincu de son mérite, et dit de Kant : « Je ne me borne pas à le considérer comme l'un des plus grands hommes de notre siècle, mais comme l'un des plus grands hommes de tous les siècles. J'honore, dit-il encore, cette force que Dieu a mise en lui et qui le distingue entre toutes les créatures. J'honore ce penseur qui se fait le propre objet de sa pensée, quoiqu'il emploie sa force de pensée à le conduire à d'autres résultats que ceux que je reconnais en moi-même. »

Lavater était trop raisonnable lui-même pour

ne pas apprécier le grand et courageux critique de la raison ; mais nul ne songera à l'accuser sérieusement de s'être laissé égarer par aucune des formes que la philosophie peut revêtir ; il pouvait, sans danger pour sa foi, rendre hommage aux penseurs qui ne cessent de se détrôner les uns les autres. Il disait à propos des ouvrages de Reinhold, de Fichte et d'autres philosophes : « Si ces auteurs-là demeurent fidèles à leurs principes, ils doivent convenir que les conséquences de ma foi, de mon système chrétien, reposent sur les fondements les plus purs et les plus solides. »

Nous savons déjà que l'une des jouissances de Lavater, lorsqu'il voyageait, était d'élargir le cercle de ses relations et de renouer des liens déjà formés ; il eut donc un grand plaisir à revoir, dans son château, le comte de Reuss qui, en 1785, l'avait conduit de Zurich à Genève. Sa fille fut accueillie comme lui-même avec beaucoup de cordialité par la famille, préparée à bien recevoir nos voyageurs. A Weimar, il retrouva la grande-duchesse, plus digne encore de respect et d'attachement que lors de leur dernier entretien. Le grand-duc et Gœthe étaient en voyage, Herder allait aussi quitter Weimar, de sorte que Lavater ne vit, dans ce centre de lumière et d'urbanité, que Wieland et Reinhold. Wieland ne lui causa plus l'embarras qu'il avait éprouvé à sa vue lorsque, dans les jours de son adolescence, il était si curieux de rencontrer un homme célèbre ; en voyant ce littérateur à la mode, il se sentit attiré près de lui ; sa grâce et sa piquante bonhomie le captivèrent promptement.

En parlant des différences qui caractérisaient les trois éminents personnages réunis pendant une soirée, Lavater écrivit dans son journal de voyage : « Jamais la philosophie, la poésie et l'enthousiasme ne passèrent ensemble quelques heures plus agréables. Chacun put exprimer sans crainte sa croyance intime ; chacun sentit qu'il était compris par les deux autres. Les sages et les fous de ce monde, les incrédules et les hommes pieux pourront blâmer cette sorte d'harmonie, sans penser que le mot de *tolérance* l'explique. Plût à Dieu que tous les poètes, les philosophes et ceux que l'on nomme fanatiques pussent s'entendre aussi fraternellement !... »

Parmi les connaissances nouvelles que fit Lavater, nous citerons le prince Charles de Hesse-Cassel qui vivait à Schleswig et se livrait à de profondes recherches littéraires et mystiques. Cet homme distingué le retint pendant trois jours auprès de lui, et goûta fort sa conversation. Ce prince a conservé jusqu'à la fin d'une très-longue carrière un penchant décidé pour les idées qui se rattachent au monde des esprits : il conversait dans sa vieillesse avec ceux de ses amis qu'il se flattait de rejoindre bientôt, et ce fait explique combien il attacha de prix à interroger Lavater.

Ce fut le 10 juin que les voyageurs arrivèrent chez le comte de Bernsdorf, où les attendait la plus aimable réception. Lavater fut singulièrement heureux de voir enfin l'homme distingué avec lequel il était depuis longtemps en correspondance, et qui, au milieu du tracas des affaires, savait trouver beaucoup de temps pour s'occuper de la seule chose nécessaire, et se reposait des fatigues de son ministère en se livrant à l'étude de la vérité chrétienne. Deux semaines, trop rapidement écoulées, furent embellies pour ces deux chrétiens pleins de zèle et d'amour, par des entretiens intimes et salutaires; Lavater ne parlait jamais de cette époque de sa vie sans attendrissement. Le prince royal de Danemarck, qui depuis a régné sous le nom de Frédéric VI, et sa compagne, fille du prince Charles de Hesse-Cassel, voulurent aussi entendre le pasteur de Zurich : celui-ci fut frappé de la maturité des vues religieuses du couple royal et se réjouit à la pensée que Dieu leur destinait une couronne. En retournant en Suisse, il eut encore le bonheur de revoir ses amis de Brême, Klopstock et Jung Stilling ; il entretenait avec le dernier une correspondance que leur seconde entrevue dut naturellement rendre plus active et plus intime.

Une lettre écrite à Copenhague le 29 juin 1793 donne des détails précieux sur le séjour de Lavater dans cette ville ; c'est un diplomate, homme d'esprit, qui rend compte à l'un de ses amis de l'impression produite par le célèbre pasteur. Il serait difficile de mieux dire, en style du grand monde, ce qu'était Lavater, vu en passant, et dans l'une de ses phases de triomphe et de voyage lointain.

« Nous avons possédé ici pendant une huitaine de jours le célèbre Lavater. C'est une véritable physionomie de prophète ; on y voit de la ferveur, de la douceur et une imagination singulièrement active. C'est un homme vraiment pieux et vertueux, mais dangereux par son enthousiasme et d'autant plus dangereux pour les belles âmes qu'il est lui-même de bonne foi et plein de candeur. Il a dit fort naïvement de lui-même que, se trouvant à Iéna avec Wieland et Reinhold, le métaphysicien, il avait cru être à un congrès des représentants de la poésie, de la raison et de l'enthousiasme. Ce sont ses propres expressions.

» Il met la religion partout, il est toujours extasié; il distribue des sermons, des cartons, de petites caisses pas plus grandes qu'une boîte de tabac d'Espagne et qui contiennent six petits volumes de sentences religieuses de sa façon, de petites images de l'Histoire Sainte coloriées, gravées, dessinées, et tout cela au moment où il vous voit pour la première fois. Il vous tire de côté et vous prie d'écrire dans son album; puis il juge de votre caractère sur votre écriture. Tout cela sent le charlatan; tout cela est si souvent l'allure des fripons et des sots, qu'il faut tout le mérite réel de cet homme pour lui pardonner cette manie. Vous jugez bien qu'il y a ici force gens qui le révèrent comme un saint et presque comme un faiseur de miracles. »

« 6 juillet 1793. M. Lavater est à la fin parti. Il a prêché dans l'église réformée; le concours a été si grand qu'on a pensé étouffer, et que quelques centaines de personnes sont restées dans le cimetière à se nourrir spirituellement des sons échappés qu'ils pouvaient recueillir de loin en loin. Il a prêché sur la prière; on assure qu'il l'a fait avec beaucoup d'onction, de simplicité et même de raison.

» La comtesse Schimmelmann est allée l'accompagner jusqu'à Zollebourg, et elle y a entraîné aussi Constance, etc. »

Les souvenirs de ce voyage occupèrent souvent Lavater pendant les heures de souffrance qu'il eut à subir avant de succomber à ses maux, et ce dernier épisode, jeté dans sa vie journalière, fut toujours pour lui un sujet de reconnaissance. Il n'avait pas cessé d'en écrire les détails, ainsi que les pensées que tant d'objets importants et nouveaux lui inspirèrent; cette fois encore, il se laissa entraîner à donner trop de publicité à ses impressions. Les amis qui, pendant son voyage et à son retour, lui demandèrent de faire imprimer son journal, furent nombreux; ils furent pressants et affectueux dans leurs sollicitations; mais d'autres, qu'il eût mieux valu écouter, auraient aimé que le cercle familier de Lavater fût seul admis à partager son abondante récolte. Lavater céda aux encouragements et publia la première partie de son voyage. Aucun de ses ouvrages n'a été aussi sévèrement jugé que celui-là; on doit convenir qu'à certains égards il était propre à réveiller la critique; elle se déchaîna de nouveau avec une singulière amertume; le ridicule fut jeté à pleines mains sur le voyageur, accusé de promener partout sa vanité et son mysticisme; on parodia ses pensées, on travestit les faits qu'il avait racontés, on ne ménagea rien, et Lavater accepta la leçon, en ne publiant pas la seconde

partie du journal qu'il destinait *à ses amis,*
innocent subterfuge, dont lui-même ne pouvait
être dupe. L'auteur anonyme de ce pamphlet ne
connaissait pas Lavater; il semblait impossible
qu'il eût pu se permettre d'aussi sanglantes injures s'il avait vu et entendu ce serviteur de Christ,
si parfaitement inoffensif, si désireux de faire
le bien.

Cette brochure fut la dernière publiée contre
Lavater; depuis longtemps il ne s'informait guère
de ce qu'on écrivait à son sujet dans les journaux
étrangers; il était si fatigué de tout ce qu'on lui
avait imputé et reproché, qu'après avoir été
forcé de s'expliquer sur un mensonge dont on
l'accusait en lui prêtant, en 1792, dans un journal de Berlin, une assertion qu'il devait s'être
permise en 1786, il dit : — « Maintenant, au
nom de Dieu, n'en parlons plus.... Je supplie
mes amis de ne plus m'entretenir de cette affaire...
J'espère quitter ce monde sans avoir menti avec
connaissance de cause ; et que je vous dise encore que j'ai un front d'airain et un cœur de
glace à l'égard de tous les accusateurs anonymes; ces hommes qui ont peur de la lumière
ne sauraient me faire peur; je ne redoute pas
davantage ceux qui se font connaître, mais qui
ne s'adressent pas directement à moi. »

On répéta si souvent et en tant de lieux que

Lavater cherchait à fonder une secte, chose pour laquelle il éprouvait un invincible éloignement, qu'un de ses amis se crut appelé à rétablir la vérité et publia une protestation en forme contre la fiction malveillante de ce lavatérianisme et de ces lavatériens qui n'existaient nulle part. Plus que personne Lavater se serait affligé d'entendre dire à propos de lui : *Je suis de Paul* ou *je suis d'Apollos*, et de toutes les accusations dont il fut l'objet, celle de fondateur d'une secte mystique lui fut toujours la plus sensible. On n'avait pas manqué de croire que le voyage en Danemarck avait trait à ce projet imaginaire; le soupçon l'entourait; on se permettait de le signaler comme un demi-fou et un hypocrite; il était temps qu'une voix énergique et sage vînt le défendre sans l'avoir consulté. Cet auteur charitable répondit aux ennemis de Lavater de manière à les confondre; un de ses arguments, tiré d'une lettre adressée à quelqu'un qui montrait de l'inquiétude à propos de l'influence de Lavater, donnera une idée de la justesse d'esprit de ce noble défenseur.

« Je ne puis, mon ami, comprendre comment vous êtes assez faible de foi pour vous laisser ébranler parce qu'on reproche à Lavater de se livrer à mille étourderies dangereuses, à de folles idées mystiques, etc., etc. Les principes fondamentaux du christianisme ne sauraient tomber ou s'établir à cause de Lavater; qu'il soit tant qu'il voudra enthousiaste, jésuite et hypocrite à Berlin, socinien parmi les orthodoxes, hypérorthodoxe parmi les néologues, le contenu des Evangiles n'en demeure pas moins l'âme, le germe du christianisme; il en sera de même de tout ce qu'il a dit et imprimé sur le christianisme, dès que ses paroles et ses écrits ne seront pas conformes à la vérité évangélique : de tout ce qu'il aura appris d'hommes savants ou ignorants, il ne restera que ce qui procède des esprits bien faits dont la sagesse retourne à sa source; tout cela demeurera aussi *sans lui*, en toute intégrité. »

.... « Admettons qu'un grand nombre des bruits répandus dans le public sur le compte de Lavater soient dépourvus de fondement, n'est-il pas honteux pour des hommes cultivés de les accueillir, comme le feraient des personnes privées d'éducation, sans s'enquérir le moins du monde de la vérité de ces faits? On croit avoir fait merveille quand on est parvenu à rendre un pareil homme ridicule; un homme qui fait reposer les principes qui le dirigent sur un livre qu'il reconnaît comme divin, et qui est accepté comme tel par la majeure partie de la société civilisée. Les adversaires de Lavater devraient au moins prouver que ses principes ne sont point basés sur ce livre, ou bien renverser absolument l'autorité de ces anciens documents, etc., etc. »

Plus d'une cause contribuait à rendre Lavater indifférent aux publications et aux propos injurieux dont il était l'objet, mais il est naturel de penser que l'affaiblissement de sa santé et la conviction qu'il ne lui restait que peu d'années à vivre, le portaient avant tout à se détacher toujours plus du train des choses d'ici-bas. Bien que la toux et le vertige le fatiguassent fréquemment, sa passion du travail luttait avec constance contre ces deux ennemis de ses jouissances intellectuelles; il considérait son corps comme l'esclave de son âme et ne permettait à l'esclave de désobéir au maître que lorsque la révolte était totale chez le premier : malgré l'intensité de sa toux il persistait à se promener une demi-heure pendant les jours les plus froids, et au lieu de se reposer d'esprit, il trouvait encore le moyen de lire ou de composer chemin faisant. On ne cessait de lui répéter que personne ne prend du repos en agissant de la sorte; on se trompait à son égard; le mouvement corporel lui était salutaire et son esprit trouvait plus de soulagement réel à changer d'impressions qu'à se condamner à une oisiveté impossible à supporter.

L'exercice violent ne pouvait lui convenir, mais il imagina de s'en procurer une crise singulièrement prolongée en partant à pied pour Bâle pendant l'été de 1794; sa fille aînée l'accompagnait; il lui fallait toujours sous la main un grand nombre de livres, de manuscrits et tout ce qui est nécessaire pour écrire; afin de ne pas perdre de temps à chercher ces objets dans son sac de voyage, il mit une redingote par-dessus son habit uniquement pour s'assurer des poches; on lui fit observer qu'il ne pourrait supporter le poids de la chaleur sous ce double vêtement: peu lui importait; les habits n'étaient que l'accessoire en cette affaire, il s'agissait des livres et par conséquent des poches comme nous l'avons dit. Cette manière d'agir frise la manie; mais qui ne sait que les esprits qui vont loin en certaines régions élevées, décrivent aussi de longs rayons dans une sphère inférieure; ce qu'on nomme le terre-à-terre présente un ensemble uniforme; l'état moral opposé ne doit-il pas produire des excentricités diverses?.... La parfaite mesure appartient à la parfaite beauté; peut-elle exister ici-bas?

L'activité naturelle à Lavater augmentait, ce semble, à mesure qu'il avançait en âge; il faisait la pensée de la mort complice de sa passion d'écrire. « Je veux, disait-il, laisser à mes amis autant de pensées que je pourrai leur en offrir ; ce leur sera une surprise après ma mort ; ils verront combien je me suis occupé d'eux. Les cartes blanches, toujours prêtes à recevoir ses derniers souvenirs, se multipliaient sous la main de Lavater ; il les mettait en ordre, ainsi que ses gravures et ses dessins ; là encore le loisir, le *far niente* s'enfuyaient. Jamais on ne s'est plus livré à de grandes et nobles rêveries que Lavater et jamais on ne s'est montré moins rêveur que lui, dans l'acception ordinaire du mot.

Le respectable antistès de Zurich, M. Ulrich, mourut en 1795. Il pouvait sembler naturel qu'un homme de la réputation de Lavater fût appelé à le remplacer : il n'en arriva pas ainsi : on nomma son ami Jacob Hess. Lavater ne désirait pas une place qui l'eût éloigné de son troupeau et qui eût fait reposer sur lui une responsabilité nouvelle, mais on ne manqua pas de le supposer jaloux et désappointé de la nomination de l'un de ses collègues. Ceux qui ont le mieux étudié son caractère n'ont jamais reconnu en lui la moindre trace d'envie ; les biens de la terre le touchaient fort peu : il aimait à rendre justice au talent, à se livrer au plaisir d'admirer ; pourquoi aurait-il donc envié quelque avantage à qui que ce fût ?

Un autre changement dans le clergé de Zurich lui causa un vrai plaisir. Georges Gessner fut appelé au poste de diacre de l'église de Saint-Pierre par lequel lui-même avait débuté. Peu après, ce jeune pasteur, compagnon d'enfance des fils de Lavater, épousa sa fille aînée. Lavater bénit cette union, parfaitement assortie, et choisit pour texte l'oraison dominicale ; avant d'expliquer cette prière divine, il se permit une allocution paternelle que nous ne pouvons nous empêcher de traduire parce qu'elle caractérise à merveille la cordialité et la simplicité du digne pasteur. Il ne craignit pas de s'écrier du haut de la chaire :

« Mes enfants bien-aimés, puis-je croire ce que mes yeux voient ? Est-il bien vrai que toi, mon jeune ami, toi qui seul remplaces auprès de moi Pfenninger, toujours présent à ma pensée, que toi, Georges Gessner, que j'aime depuis longtemps en Jésus-Christ, tu vas devenir mon gendre ? Est-il bien vrai que je vais placer dans ta main la main de ma fille chérie ? N'est-ce point un rêve de mon cœur paternel que l'espoir de te voir, ma chère enfant, fidèle confidente de mes peines et de mes plaisirs, appartenir à Gessner et jouir près de lui de tout le bonheur que je puis vous souhaiter à tous les deux ? Tu vas donc l'accompagner dans sa nouvelle carrière ; c'est moi qui t'en ouvrirai le chemin. Deux causes de bonheur aussi étroitement liées me sont donc accordées à la fois ! —

» Oh ! je te rends grâces, conducteur plein d'amour des destinées de l'homme, toi qui partages les joies que tu nous accordes, et qui as voulu rendre nos cœurs capables de les goûter ! Je reconnais ta main, ta bonté paternelle dans toutes tes dispensations. — Oh ! puissé-je être assez reconnaissant ! — Puissé-je ressentir avec tous les miens ce nouveau bienfait, si inattendu et que je n'osais espérer !.... Mais, avant toutes choses, enseigne-nous, et à tous ceux qui m'écoutent, à te prier chaque jour avec plus de soumission et de ferveur, avec plus de simplicité et de sincérité, dans l'esprit même de la prière que Jésus-Christ nous a donnée !.... »

Après avoir développé son riche texte, Lavater en fit encore une dernière application.

« Père de tous, sois particulièrement le père de mes enfants !

» Que par eux ton nom soit honoré, sanctifié !

» Que par eux ton règne s'étende autant que leurs forces pourront contribuer à son avancement !

» Enseigne-leur à faire ta volonté sur la terre aussi fidèlement que les anges s'en acquittent dans les cieux !

» Père, donne à mes bien-aimés le pain dont ils ont besoin pour vivre.

» Pardonne-leur leurs offenses comme ils devront pardonner à ceux qui les offenseront.

» Ne les laisse pas succomber à la tentation.

» Délivre-les du mal. — Car à toi appartient, ô Père, le règne, la puissance et la gloire, Amen !.... »

Celui qui pourrait, après avoir appris à connaître Lavater, se sentir disposé à critiquer, à blâmer froidement cette scène de famille, transportée dans le temple au sein d'un troupeau recueilli, fera bien, s'il nous a suivi jusqu'ici, de ne pas achever notre livre.

Nous avons dû reconnaître, en étudiant le caractère de Lavater, sa double tendance à la simple pratique des devoirs journaliers, à l'application la plus directe de la morale évangélique, et en même temps à l'examen de toutes les questions qui se rattachent aux dogmes et aux mystères d'avance acceptés par son cœur. C'est dans l'intention de fortifier toujours davantage sa foi, instinctive pour ainsi parler, qu'il se fit un plaisir de profiter du séjour de Fichte à Zurich : il était convaincu que toute vraie philosophie est forcée de se rattacher au christianisme, de se fonder sur lui ; il se mettait volontiers à l'école des penseurs qui cherchent de bonne foi la vérité, afin de découvrir avec eux les liens qui, selon lui, pouvaient seuls donner quelque force, quelque durée à leur système. Fichte fut donc invité à venir régulièrement chez lui converser avec quelques hommes distingués sur la critique de la philosophie. Kant n'avait guère de partisans à Zurich; Fichte y fut mieux compris, et publia les leçons données au cercle choisi qui se rassemblait chez Lavater, qui lui écrivit une lettre de remercîments et d'éloges sincères terminée par ces mots : « Je vous serai toujours redevable comme écolier, comme ami, et comme membre de la société humaine. »

Le jour anniversaire de Lavater, en 1795, tomba sur un dimanche ; il avait cinquante-quatre ans ; l'occasion de prêcher sur l'emploi de la vie et sur l'approche du repos forcé qu'amène la mort, fut saisie avec empressement par un prédicateur si habile à mettre à profit toutes les circonstances de quelque intérêt. — *Pendant qu'il est jour, il me faut faire les œuvres de celui qui m'a envoyé ; la nuit vient dans laquelle personne ne peut travailler.* On comprend combien de choses excellentes ce texte lui inspira. Lavater savait parler de lui-même de manière à édifier son troupeau parce qu'il ouvrait son cœur sans en cacher les misères.

Georges Gessner intitule l'avant-dernier livre de sa biographie : *Jean-Gaspard Lavater, pendant la Révolution ;* cette partie importante de la vie de son beau-père est précédée d'un chapitre dans lequel il passe en revue les ouvrages publiés par Lavater de l'an 1792 à l'an 1799, dernière période littéraire d'une existence si active et si bienfaisante. Nous nous bornerons à en citer quelques-uns, afin de n'omettre aucun des grands traits qu'il est bon de connaître.

Parmi les nobles bizarreries de cet esprit ardent et constamment porté vers les choses saintes, il faut faire mention d'un recueil de sentences composées par Lavater dans la pensée que Jésus aurait pu les prononcer dans telle ou telle circonstance : il supposait avec raison que les apôtres ne nous ont conservé qu'une faible portion des paroles sacrées qui sont : *lampe à nos pieds, lumière à nos sentiers,* et il se permit quelques imitations, dont on sera moins disposé à se scandaliser, quand on aura reconnu à la lecture, combien Lavater s'était identifié avec l'esprit de l'Evangile, et quand on saura d'ailleurs qu'il ne fit imprimer que quelques exemplaires de ces essais ; la presse était devenue une sorte de nécessité pour lui et répondait seule à son besoin de partager avec ses amis ce qu'il eût été heureux de recevoir de leur part. Voici quelques-unes de ces sentences :

Ne flatte pas le méchant, afin qu'il ne devienne pas plus méchant encore, ni l'orgueilleux, de crainte que sa fierté n'augmente.

Loue avec simplicité ce qui est digne de louange, et blâme ce qui est mal avec humilité.

Plusieurs donneront leur vie pour celui qui donnerait volontiers sa vie pour ses frères ; nul ne vivra pour celui qui ne vit pour personne. Tu seras aimé comme tu aimeras, et tu te réjouiras pour les autres autant que tu sauras partager leurs afflictions.

Apprenez de moi à donner ce que vous recevez et à augmenter ce qui vous est accordé. Je donne tout ce que j'ai aux enfants de mon Père. Je me donne moi-même pour la vie de ce monde ; ce qui est en moi est en moi pour vous. Prenez ce que je vous offre et donnez ce que vous avez.

Cette tentative rappelle l'Imitation de Jésus-Christ, ce livre à part, si merveilleusement béni. Lavater écrivit son essai dans le même esprit que le solitaire inconnu, mais ses sentences sont demeurées dans l'ombre, tandis que celle de l'auteur anonyme se réimpriment sans cesse dans toutes les langues de la vieille Europe.

La sanctification du dimanche était pour Lavater du plus haut intérêt; il en donna toujours l'exemple et publia une feuille du dimanche destinée à toutes les classes de lecteurs chrétiens et dans laquelle il fit paraître un grand nombre de fragments en prose et en vers; cette publication hebdomadaire devint ensuite mensuelle sous le titre de *Christliche Monatschrift fur Ungelehrte*, revue mensuelle et chrétienne pour les *non lettrés;* ce recueil finit par composer deux volumes in-8º.

En voici une page :

Si quelqu'un me demandait de lui dire en peu de mots ce que c'est que la religion, je lui répondrais simplement : *c'est la source de la joie,* de la joie en Dieu et en tout ce qui vient de lui. — Homme, tu dois te réjouir, c'est là ton devoir. Je ne sais d'où vient la malheureuse pensée, si commune parmi nous, qu'être triste, soupirer, se livrer à l'inquiétude, c'est avoir plus de religion que d'être joyeux et de bonne humeur. *Evangile,* — quel nom que celui-là, donné par la divine sagesse à la religion révélée! *Bonne nouvelle!* Qui peut entendre ce nom, qui peut songer à sa divine signification sans se réjouir en pensant à toi, religion qui nous viens de mon Dieu!

Oh! combien te connaissent peu ceux qui te calomnient en t'appelant ennemie de l'homme, ennemie de son bonheur! La religion, ou plutôt l'Evangile, c'est-à-dire la révélation de Dieu en Jésus-Christ, ne tend qu'à procurer la sérénité, la joie, le seul vrai bonheur.

Ce que nous devons faire nous est ordonné parce que le Créateur de notre nature sait que ce qu'il nous commande doit nous rendre heureux, et que ce que nous ne devons pas faire nous est interdit, parce que ces choses nous apporteront plus de chagrins que de jouissances, plus d'angoisses et de douleurs que d'espérance et de paix.

Les enfants, objets de la sollicitude de Lavater, ne furent point oubliés dans ses derniers travaux; il leur donna un recueil de maximes, de règles de conduite, d'avis paternels, et leur parla avec feu de l'emploi et du prix du temps, qui, nous le savons, lui avait semblé, dès sa jeunesse, un sujet de sérieuse attention.

Durant cette période de classement littéraire, il écrivit dans son journal quelques lignes qui rendent compte de l'état de sa conscience à l'égard de ses écrits divers. « Une observation que je ne veux pas omettre, c'est que pendant ce mois-ci je n'ai pas écrit une seule ligne pour le public, sauf une préface et une petite feuille; et cependant j'ai devant moi tant d'ouvrages inachevés, fort importants à mon sens! Si je me levais seulement tous les jours une heure plus tôt, ma santé s'en trouverait fort bien, et j'aurais le temps de rassembler des idées qui me traversent la tête, me distraient et m'inquiètent.

» La seule résolution que je prends me rend déjà plus tranquille; que serait-ce de la fermeté à la suivre? Je dois ne rien commencer de nouveau avant de m'y sentir tout particulièrement appelé. Je dois me limiter au lieu de m'étendre; par là je deviendrai plus direct, plus incisif; j'agirai d'autant plus que j'aurai l'air de moins agir.

» Il vaut mieux abandonner mon journal ou n'y écrire que quelques lignes, que de manquer à une chose que j'aurais promise ou pour laquelle je recevrais un appel positif. Ces choses nécessaires et inachevées me donnent le même sentiment qu'éprouve le débiteur à la vue de son créancier, et la même impression de trouble, destructive de ma vertu, de mon énergie, de mon repos et de ma liberté d'esprit, s'attache au désordre de mes manuscrits et de mes lettres. Il faut que, sans retard, je cherche à y établir un arrangement commode. »

Lavater classa un grand nombre de ses maximes; il en fit imprimer une partie pour ses amis; parmi ces petits volumes il en est un composé de vingt-quatre lettres écrites dans un but spécial d'amitié, adressées sans désignations particulières à un ami ou à une amie, et dont la destination cependant devait être devinée au milieu des vingt-trois autres lettres, par la personne à qui Lavater l'avait mentalement adressée.

Cette pensée originale et tout empreinte de l'esprit ingénieux et charitable de Lavater dut exciter la curiosité et la reconnaissance des personnes qui recevaient ainsi des exhortations, des éloges, des avertissements et des encouragements. Les journaux ont parlé dernièrement d'une machine qui, à l'aide d'un clavier, offrirait aux dames et aux demoiselles la facilité d'imprimer chez elles aussi aisément qu'elles jouent du piano; ce perfectionnement, qui ferait de la typographie un art et un amusement domestique, peut d'avance causer quelque effroi; mais s'il eût été à la portée de Lavater, cet homme excellent se serait empressé d'en faire usage.

Nous savons déjà qu'il avait préparé des pensées, des billets qui ne devaient être remis à leur adresse qu'après sa mort; mais, outre ces dispositions dernières, il rassembla les matériaux d'un *legs* qui fut distribué en 1796; ce legs contient des fragments de son journal et des maximes : voici quelques-unes de ces pensées saisies au vol en tous temps, en tous lieux.

Qu'est-ce que l'élévation de l'âme ? Un sentiment prompt, délicat, sûr, pour tout ce qui est beau, tout ce qui est grand. Une prompte résolution de faire le plus grand bien par les meilleurs moyens. Une grande bienveillance alliée à une grande force et à une grande humilité.

L'entêtement est la force des faibles. La fermeté fondée sur des principes, sur la vérité et le droit, sur l'ordre et la loi, sur le devoir et la générosité, est l'entêtement des sages, des hommes supérieurs, des héros.

Celui qui n'oublie jamais les bontés que tous les hommes ont exercées envers lui, et qui oublie toujours sa propre générosité envers des ingrats, mérite le nom de magnanime, et d'autant plus qu'il y prétend moins. Dieu préserve ceux qu'il chérit des lectures inutiles !

Tout ce qui ne rend pas ton esprit et ton cœur plus forts, plus actifs et plus ardents pour le bien, ne vaut pas la peine d'être désiré avec ardeur, ni par le cœur, ni par l'esprit.

L'activité de cœur de Lavater a quelque chose d'invraisemblable, tant on est peu accoutumé à cette expansion soutenue, à cet inépuisable besoin de témoigner qu'on aime. Lavater remplissait à la lettre l'ordre qu'il plaçait dans la bouche du Seigneur : *Apprenez de moi à donner ce que vous recevez, donnez ce que vous avez....* Sans doute il se trouva des indifférents et des ingrats parmi ceux qui reçurent toutes ces pages tracées par la bienveillance, par tendresse, par plaisir de penser avec et pour autrui, mais ils durent être en grande minorité. Lavater, après avoir pris solennellement congé de ses amis, leur demandait pardon de ses offenses involontaires, et après avoir ainsi *mis ordre à sa maison,* il garda le silence avec eux en attendant le jour de son délogement. Il avait encore près de cinq ans à vivre depuis la publication de son *legs;* de grandes préoccupations patriotiques et de cruelles souffrances physiques devaient marquer pour lui la dernière époque de sa carrière.

Il dut, en 1797, se conformer à un usage fort ancien dans l'Eglise de Zurich, en prononçant en latin, devant le consistoire, un discours sur les premiers missionnaires venus dans le pays, Félix et Régula. Le peu de données historiques que l'on possède sur ces personnages presque sacrés, laissa le champ libre à l'heureuse imagination de Lavater. Il supposa que ces chrétiens zélés pour la propagation de l'Evangile lui étaient apparus et lui avaient parlé de l'état passé et futur de l'Eglise de Zurich ; le cadre était riche et fut dignement rempli.

Son dernier poème porte la date de 1793 et le titre de *Joseph d'Arimathée*. Un penchant singulier de l'auteur le porta à traiter de l'ensevelissement du Seigneur. Il aimait à contempler les cadavres empreints d'une mystérieuse beauté qui en caractérise un grand nombre, et fut bien inspiré en décrivant celui de Jésus.

« O toi, seul mort parmi les morts en qui ne se retrouve pas l'empreinte du péché maudit de Dieu, toi que le souffle du mal et nos tristes passions n'ont jamais souillé, — la patience, l'amour, la sainteté, la charité habitaient en toi comme en un temple consacré à Dieu !

» Les paroles de sagesse et de consolation que tu prononças par bonté pour nous, semblent encore s'échapper de tes lèvres ; on peut en retrouver le sens divin sur chacun de tes traits ; il semble qu'on y lise tes actes de commisération divine, tes larmes sur nos misères, les prières que tu nous consacras et la grande espérance de la rédemption qui remplissait ton cœur généreux. »

En composant ses poèmes sacrés, Lavater était beaucoup plus pénétré de ses devoirs de poète chrétien que de l'importance de la perfection littéraire ; aussi ses poèmes sont-ils demeurés des sujets d'édification plutôt que des modèles à imiter ; il n'a jamais écrit que dans un esprit d'apostolat ou par exubérance de pensées et de sentiments; de là, la chaleur, l'entraînement et le naturel qui le distinguent, qui fait aimer ses écrits, et qui ne permettent presque pas qu'on pense à leur appliquer les règles de l'art.

CHAPITRE XII.

Opinion de Lavater sur la révolution française. — Sa prédication sur ce grand sujet. — Sa conduite à l'égard des insurgés de Stæfa. — Lettre au directeur Rewbel. — Déportation de dix citoyens zuricois. — Indignation de Lavater. — Son départ pour les bains de Baden. — Il est arrêté. — Séjour à Bâle. — Repas. — Mise en liberté. — Nouveaux obstacles à son retour. — Il rentre enfin chez lui et reprend possession de sa chaire.

Lavater était trop ami de la justice et par conséquent des véritables droits de l'homme, pour ne pas aimer la révolution française dans ses promesses et à son début. L'oppression qui pesait sur le peuple avait excité son indignation; les changements favorables que consacrait ce grand évènement lui semblèrent ouvrir une ère de bénédiction; il écoutait de loin, avec une joyeuse sympathie, les plus éloquents et les plus sages parmi les fondateurs de l'ordre nouveau, et il répondit à leurs généreux efforts par le *Chant d'un Suisse,* composé en 1791, et dans lequel il rêvait pour la France la liberté telle qu'il la comprenait et qu'il la désirait pour toutes les nations civilisées. La douleur saisit son âme lorsqu'il vit s'ensevelir dans les ruines de l'ancien édifice social tous les éléments de la paix, du bonheur et de la véritable liberté.

Ce chant, qui prédisait un heureux avenir à la France, il le parodia lui-même sous le nom du *Vrai patriote*, personnage qui, à ses yeux, n'existait plus dans ce pays.

Il est étonnant que sa prévision ordinaire, sa rare perspicacité et sa connaissance de la marche des passions ne l'aient pas éclairé d'avance sur les suites terribles que devaient avoir les premières démolitions politiques opérées à Paris. Pfenninger en avait mieux compris les conséquences désastreuses, mais Lavater, en qui l'espérance se rattachait toujours à l'amour de l'humanité, s'obstinait à ne pas écouter son ami, lorsque celui-ci cherchait à lui faire partager ses craintes. Une fois convaincu qu'il s'était trompé en saluant comme l'aurore d'un beau jour les premières lueurs de l'incendie qui devait se répandre au loin et lui apporter à lui-même la mort, son énergie patriotique le porta à préserver la Suisse, autant qu'il lui serait donné de le faire, du danger imminent qui s'approchait de nos frontières.

La chaire devint sa tribune ; il partit du principe que le ministre de l'Evangile est appelé à faire l'application des préceptes contenus dans la Parole de Dieu à toutes les grandes agitations sociales, que la prédication doit étendre sa sphère, et, tout particulièrement, traiter des intérêts de la société humaine, lorsque l'orage gronde et menace les croyances et la vraie liberté. Il ne parla point en termes calculés et couverts ; on l'entendit développer le danger de l'influence française en établissant des vérités qui ont toujours de l'à-propos, mais qui en recevaient un bien particulier d'une situation dont les périls devenaient toujours plus menaçants. « Le désordre, la vanité, l'esprit de rébellion, le mépris des lois et des bonnes mœurs, qui, depuis longtemps, règnent en France, ont toujours, dit-il, exercé une influence fâcheuse sur les nations européennes, sans en excepter la nôtre. La France domine depuis un temps immémorial une multitude d'hommes, qui, en acceptant ses lois, l'encouragent à se glorifier de la puissance qu'elle usurpe. Puissent les abominations qu'elle laisse commettre aujourd'hui à ses plus méprisables enfants, ne pas agir par la contagion de l'exemple sur notre caractère national, sur nos mœurs et sur nos pensées !... »

« ..... O France ! France ! s'écria-t-il encore

après avoir montré dans quel abîme l'incrédulité précipite les peuples, exile et persécute tes prêtres, détruis ou vends tes temples ! substitue à tes fêtes chrétiennes des scènes de théâtre, à tes saints autels ceux de la liberté ; demande-toi si tu peux encore tolérer le mot de Providence, et prêche aux nations le symbole d'Epicure : *mangeons et buvons, car demain nous mourrons.* — Nous contemplons le spectacle que tu nous présentes, nous étudions ce que tu deviendras... Oh ! que nos yeux demeurent ouverts aussi longtemps qu'ils pourront voir... Irréligion, monstre détestable, sois toujours pour nous un sujet d'horreur et d'effroi.... »

Jamais la chaleureuse éloquence de Lavater ne produisit autant d'effet que pendant l'époque dont nous nous occupons ; on admira son courage ; on s'en étonna même ; mais nul ne s'avisa de supposer qu'il était ennemi de la liberté, telle que l'avaient adorée en France ses premiers partisans. Quelqu'un des patriotes à la façon de la Montagne prouva à Lavater qu'il ne prêchait pas en vain ; car, pendant une nuit, une potence se dressa devant sa porte ; cette menace ne l'intimida nullement.

L'ardente sollicitude qui remplissait son cœur pour sa patrie se porta aussi sur le sort des émigrés. Il écrivit au président de l'Assemblée nationale pour plaider leur cause, et, malgré l'inutilité de sa démarche, il se félicita de n'avoir pas gardé le silence sur cette question de justice et d'humanité.

La mort de Louis XVI fut déplorée par lui dans un sermon prêché le 3 février 1793; il cita les paroles du roi : *Je meurs innocent, je pardonne à mes ennemis...* « Que je meure comme ce juste, s'écria-t-il, que ma mort soit semblable à la sienne ! »

Lavater se montra royaliste dans le sens de l'Evangile, qui veut que les rois soient respectés et qui les signale comme des hommes choisis de Dieu pour exercer une mission de la plus haute importance. Il est presque superflu d'ajouter qu'il saisit cette occasion pour rappeler à ses auditeurs le respect dû aux lois et aux magistrats acceptés par eux, et pour leur peindre les malheurs qu'entraînent la licence et les fureurs de l'ambition.

Ce fut en 1795 que le mouvement révolutionnaire se fit sentir sur les bords du lac de Zurich. La capitale du canton se vit sommée par la campagne de se dessaisir de quelques priviléges, exercés avec douceur sans doute, mais qui n'en étaient pas moins une sorte d'usurpation consacrée par le temps et dont on voulait obtenir l'abolition. Stæfa, grand village situé sur la rive droite du lac, devint le point central de la révolte. Lavater, essayant le rôle de médiateur entre les campagnards et les magistrats, se hâta d'adresser aux uns et aux autres des conseils apostoliques, dont aucun esprit droit n'aurait pu récuser la justesse. Il ne prit aucun souci des critiques qui lui parvinrent de divers côtés et demeura convaincu qu'il est toujours utile de rappeler leurs devoirs réciproques aux hommes que leurs intérêts mis en jeu aigrissent et divisent.

Les principaux chefs de l'insurrection furent mis en jugement et menacés de la peine capitale; ici les efforts de Lavater redoublèrent; ne pouvant supporter la pensée de voir le sang couler dans Zurich à propos de délits politiques, il se fit l'avocat des prisonniers, non pour les soustraire à toute punition, mais pour sauver leur vie; leurs amis accoururent de toutes parts chez le charitable pasteur; tout porte à croire que son intervention, en cette grave occurrence, ne demeura pas sans effet.

Le dimanche qui précéda le jour où le jugement devait être rendu ne fut point perdu pour Lavater; il fit un sermon de circonstance, sermon de tolérance, de charité s'il en fut jamais; il s'adressa directement aux magistrats en leur donnant le beau titre de pères de la patrie; il les supplia d'agir en chrétiens, de ne pas verser le sang, de respecter la vie de leurs concitoyens ; cet appel solennel et public avait été, pour ainsi dire, préparé par des lettres aux juges et par une ode qui contenait à peu près les mêmes arguments que le sermon. Grande fut la joie de Lavater lorsqu'il apprit que la sentence se bornait à infliger l'humiliation de passer sous la potence à ceux qui avaient dû craindre d'y laisser leur vie. Bodmer, le chef des insurgés de Stæfa, dont la longue vieillesse fut entourée d'estime et de respect, devait subir le premier cette peine nouvelle. Lavater le vit passer de sa fenêtre et porta sur lui un jugement remarquable. « Il ne marche, dit-il, ni en pécheur humilié, ni en homme qui souffre une condamnation injuste. »

Il avait visité Bodmer dans sa prison et il avait commencé l'entretien par quelques paroles de Zinzendorf, parce que Bodmer appartenait à la secte des moraves; en général, il se servait des formes propres à produire une impression vive sur les affligés qu'il cherchait à éclairer et à consoler; c'est pourquoi il choisit en premier lieu ce que dit le chef des moraves sur la soumission aux autorités et sur tous les genres de rébellion. Bodmer se montra touché et reconnaissant, mais la porte de sa prison se ferma et

Lavater ne put y entrer. Quoique le parti de la campagne n'eût qu'à se louer de ses charitables efforts, ses chefs ne continuèrent pas à réclamer la protection du pasteur; ils n'aimaient point à recevoir ses admonitions, qui, dans aucun cas, n'auraient flatté leurs passions ni leurs espérances.

La tempête éclata sur les monts de la Suisse, en 1798. Lavater, toujours plus désolé de l'aveuglement qui divisait ses compatriotes, ne cessait de prophétiser les suites désastreuses qu'aurait pour les cantons envahis la prochaine arrivée des Français. Quoiqu'il ne pût nullement se flatter d'arrêter à lui seul les progrès du mal, il voulut, encore une fois, parler d'union et d'indépendance nationale aux révolutionnaires des rives de son lac; il leur annonça, non-seulement l'armée française, mais celle des nations en guerre avec la France, et, par conséquent, le théâtre de la guerre transporté sous leurs yeux. Le parti qui s'appuyait sur l'intervention française s'obstinait toujours à croire que la neutralité de la Suisse serait respectée; on écouta Lavater en le traitant de rêveur; on rit à ses dépens dès qu'il eut terminé ses avertissements bien inutiles et repris la route de Zurich.

Son activité pastorale redoubla à mesure que les haines politiques, les inquiétudes et les frayeurs rendirent les consolations et les exhortations plus nécessaires à ses concitoyens. « J'écris et je répète, à droite et à gauche, disait-il à l'un de ses amis : Demeurez tranquille, veillez, priez, espérez, ne faiblissez pas, arrêtez-vous, usez de support. — Je veux aussi devenir calme et supporter, quoique le cri du sansculotisme que j'abhorre soit : *à bas les prêtres !* »

Il ne perdit pas une seule occasion de s'interposer entre les juges et les incriminés, afin de ramener la paix autant qu'il lui serait donné de le faire. Ainsi sa voix s'éleva en faveur des détenus politiques, dont le sort dépendait de l'assemblée provisoire rassemblée à Arau, pour s'occuper des intérêts de la Confédération, gravement menacée elle-même par ses dissensions et par l'esprit de conquête qui dominait la France. Lavater, après avoir osé plaider la cause des émigrés en s'adressant au président de l'Assemblée nationale, avait bien le droit d'agir de la sorte à l'égard des Suisses partisans de l'ancien ordre de choses. C'est toujours le même esprit qu'avait décelé l'aventure du bailli prévaricateur ; le chevalier chrétien toujours *sans peur* et certainement *sans reproche*, du moins dans la pureté de ses intentions.

Il s'adressa encore aux habitants de Stæfa en

employant une forme très-originale, celle d'une lettre adressée *au plus honnête homme de Stœfa ;* chacun pouvait se croire cet homme-là ; le bon Lavater lui parlait en ces termes : « Je voudrais t'ouvrir entièrement mon cœur ; je voudrais diminuer autant que possible la méfiance qui divise la ville et la campagne ; je voudrais, comme toi, que la justice et la paix vinssent rapprocher le citadin et le campagnard. — Tends-moi la main, toi, honnête citoyen, reçois la mienne, — c'est la main d'un frère ; — mes yeux se remplissent de larmes tandis que je t'écris. — Embrasse-moi, écoute les paroles fraternelles qui s'échapperont de mon cœur, etc. »

Cet exorde, parfaitement sincère, sert à prouver avec quelle émotion, quelle chaleur d'âme Lavater prodiguait les exhortations que sa conscience le forçait à multiplier. Deux sermons prêchés avant et après l'acceptation du fameux mot d'ordre : liberté, égalité, produisirent un grand effet et contribuèrent à maintenir dans le respect dû à l'autorité la population agitée par la crise violente qui venait de renverser l'ancien gouvernement.

Lavater, en s'appuyant toujours sur la Parole de Dieu, était en possession des meilleurs arguments à faire valoir dans toute crise sociale ; prêcher la sagesse, la patience, la résistance au mal et l'espérance en Dieu, maître souverain des bons et des méchants, est certainement l'unique moyen de faire du bien à tous. Son cœur, plein d'amour et de charité, puisait des forces nouvelles dans sa foi et dans sa pieuse soumission, aussi pouvait-il faire dire à sa chaste muse : « Je ne murmure pas, lorsque des milliers autour de moi murmurent. Je demande à Dieu seul ce que les hommes se demandent les uns aux autres. J'espère en la lumière à travers les jours ténébreux. J'espère que Dieu nous délivrera de nos ennemis; lors même qu'ils ont des cœurs de pierre, ils n'en seront pas moins domptés, et nous finirons par dire : Dieu règne, Dieu nous a secourus! »

On venait se consoler, se restaurer l'âme sous le toit de Lavater; les citoyens les plus pieux et les plus affligés des maux de la nation entière s'en entretenaient avec lui pendant les soirées de ce désastreux hiver et terminaient par la prière les journées d'angoisse qui précédèrent l'entrée des Français et la prise de Berne.

A peine une contribution énorme (trois millions de francs), eut-elle été imposée par les vainqueurs aux membres du gouvernement qui venait d'être renversé dans la ville de Zurich, que Lavater, saisi d'une noble indignation, ouvrit une souscription volontaire parmi tous les citoyens, afin de soulager ces magistrats du poids intolérable qui pesait sur eux; il eut la joie de réussir; une somme considérable satisfit à l'exigence des vainqueurs; un appel aussi bien fondé ne pouvait qu'être entendu, mais sans Lavater, l'injustice criante qu'il fallait réparer l'eût-elle été aussi promptement.

Ses énergiques sermons de circonstance et tout l'ensemble de sa conduite devaient indubitablement le faire accuser d'intervenir dans les affaires politiques plus qu'il ne convient à un pasteur.

Il n'était pas homme à s'étonner de pareils jugements, ni à s'en intimider; aussi continuat-il à entretenir son troupeau des pensées qui remplissaient toutes les âmes, non sans chercher à prouver que le silence en de si graves circonstances ne serait nullement convenable. Il prêchait, il écrivait, il parlait pour recommander ce qu'on avait trop oublié et pour relever les esprits abattus, les cœurs désolés et timides.

Un jour il porta à la poste une lettre adressée à Rewbel, alors le personnage le plus puissant du gouvernement français en ce qui concernait la Suisse; cet écrit portait ce titre : *Un mot d'un Suisse libre à la grande nation. Das Wort eines freyen Schweitzers an die grosse Nation.* Il n'avait parlé de son projet à aucun de ses amis;

mais, le fait accompli, il n'en fit pas mystère à son gendre et lui dit en souriant : « J'ai écrit à Rewbel quelques mots d'un Suisse à la grande nation, et je lui dis, sans aucun ménagement, toute la vérité sur la conduite odieuse de son pays envers le nôtre. J'en attends les suites en paix; j'ai fait mon devoir; on pourra me persécuter, se livrer à quelque acte de violence; peu importe, je ne m'en repentirai pas. »

Lavater se livre, dans cet appel remarquable, à toute la fougue que le christianisme seul avait pu tempérer en lui; ce morceau est écrit avec une énergie d'autant plus puissante qu'elle est basée sur la vérité. L'auteur y retrace à grands traits toutes les injustices de la France envers la Suisse et laisse échapper de sa plume un sarcasme qui renferme une leçon bien méritée : « La liberté, l'égalité, les droits de l'homme et l'humanité sont les boucliers divers qui couvrent tous les décrets de la nation qui se croit appelée à se qualifier de *grande;* il doit donc être permis de dire avec *liberté,* un mot d'*humanité* à cette mère si vantée de la liberté et de l'égalité. » Nous citerons quelques passages épars, afin de donner une idée de ce manifeste auquel on ne sut répondre que par quelques lignes insignifiantes et embarrassées, tant Lavater avait frappé juste et fort.

Vous, Français, vous êtes venus en Suisse en voleurs, en despotes. — Vous avez porté la guerre dans un pays qui ne vous a jamais offensés. Si l'un de ses habitants est coupable envers vous, pourquoi n'avez-vous pas signalé sa conduite en demandant satisfaction ? — En tant que voleurs vous avez dérobé nos biens, parce que la république suisse, qui vous déplaît, doit, dites-vous, livrer ses trésors à la vôtre. — Vous nous avez enlevé une grande partie de nos forces; vous avez cherché à nous ôter la possibilité de défendre notre indépendance. Nous n'acceptons point l'ordre de vous obéir ; nous ne nous soumettrons point aveuglément à vous, qui ne niez pas que nous ne soyons un peuple libre. — Mais qui aurait l'audace de nier cette vérité?

O France, grande nation, nation vraiment sans pareille, tu sens bien que si nous, pauvres Suisses, avions eu le courage de nos pères, nous t'aurions dès longtemps crié la vérité, et nous n'en serions pas réduits où nous en sommes aujourd'hui.... Qu'a fait cette grande nation ou plutôt ses agents subalternes? Elle nous a demandé d'accepter une constitution, mais elle l'a fait dans la langue des voleurs : *Prenez-la ou la guerre.* Afin de conserver la paix, nous consentons à en proposer l'acceptation; peu de jours après, avant que le peuple en ait pris connaissance, on en substitue une autre, acte qui, dans toutes les transactions entre particuliers, serait réputé une abominable fourberie. On nous laisse cependant la liberté d'approuver ce procédé étrange! Il nous fut promis qu'aucune troupe n'entrerait dans nos cantons, qu'aucune contribution ne nous serait imposée ; le contraire est arrivé : on nous accorda encore la liberté de nous laisser dépouiller de toutes nos libertés. — Trois millions..... Et de quel droit? — Exiger un seul écu était une injustice ; ce n'est point la demande d'une nation civilisée, c'est l'exigence d'une bande de voleurs. — Mais ce n'est pas tout, celui qui s'abandonne au crime ne s'arrête plus. Vous avez eu non-seulement l'audace de vouloir imposer votre constitution à nos cantons démocratiques, en leur disant avec dérision que vous sauriez bien les y contraindre ; vous avez cherché à les massacrer pour les condamner à votre liberté de faux assignats, eux, peuple inoffensif, bergers courageux et paisibles. — Vous avez cru qu'en un instant vous anéantiriez ces braves, seuls dignes de porter encore le nom de Suisses. — Oh! tache ineffaçable! nous avons laissé les canons des barbares se tourner contre nos nobles frères !...

Peuple français, apaise, par une réparation généreuse, le cri que nous fait pousser ton injustice. — Ne sois pas le fléau des nations, le tyran de l'humanité. — Ne te fais pas l'oppresseur des hommes libres, le destructeur de l'Helvétie, la sangsue de Zurich. — Sois pour nous ce que tu veux paraître, ami et bienfaiteur.

Zurich, première année de l'esclavage de la Suisse.

Il serait trop long de raconter les efforts charitables de Lavater en faveur des victimes du canton d'Unterwald ; il s'employa de toutes les manières à contribuer au soulagement de cette grande infortune, si vivement sentie par la Suisse entière et dont le souvenir nous oppresse encore. Il continua de prêcher la concorde et la soumission à l'autorité établie en rappelant avec saint Paul qu'il faut obéir, non-seulement aux bons maîtres, mais encore *à ceux qui sont fâcheux*. Un jour il dit à l'un des membres de l'autorité nouvelle, avec la spirituelle naïveté qui faisait l'un des traits de son caractère : « Vous ne devriez pas, frère, vous montrer si soupçonneux à l'égard des ministres du saint Evangile. La Parole de Dieu nous commande l'obéissance aux puissances pour l'amour de Christ. Si je n'étais pas chrétien, je me conduirais peut-être en homme et en citoyen irrité; rien ne m'empêcherait de lancer la balle de mon pistolet à travers la tête du plus habile de ceux qui ont contribué à la ruine et à l'esclavage de mon pays; mais comme chrétien, je n'ose, je ne puis agir de la sorte. »

C'est à cette époque de malheur que Lavater mit le plus de zèle à la publication de son journal hebdomadaire; il voulait répandre à pleines mains la bonne semence dans les sillons que les calamités de la guerre avaient si profondément ouverts.

Au commencement de l'année 1799 la santé de Lavater était fort altérée; de violentes attaques de rhumatisme et la douleur que lui causaient les infortunes publiques le réduisirent à un tel état de faiblesse qu'il pouvait à peine s'acquitter des devoirs de son ministère, auxquels il ne manquait jamais sans une nécessité impérieuse. Un grave incident vint encore ajouter à ses chagrins et à ses fatigues. Le 2 avril, dix des citoyens les plus honorables de Zurich furent arrêtés par ordre du Directoire helvétique, sans qu'on leur fît connaître la cause de cet acte d'un despotisme inouï dans cette ville, et sans qu'il leur fût possible d'obtenir une audience ou une enquête.

Il n'en fallait pas tant pour soulever d'indignation le généreux Lavater ; sa plume, toujours prête à défendre les opprimés, ne tarda pas à tracer une adresse qui fut signée par un grand nombre des habitants de Zurich, et qui mettait en lumière l'injustice criante qui venait de se commettre. Il avait fait récemment la connaissance de Bay, l'un des membres du Directoire, il lui écrivit avec la plus entière franchise et comme un pasteur doit se le permettre quand il s'agit d'une violation aussi manifeste des lois et des égards dus à tous les citoyens d'un pays libre. En s'adressant à plusieurs des hommes qui étaient à la tête des affaires, il dit à l'un d'eux : « Deux mots seulement, sénateur Pfyffer, mais ce sont des mots de quelque valeur. Si le terrorisme l'emporte, notre patrie et notre liberté sont à jamais perdues ; des mots dont le sens est détourné peuvent tromper les fous, non les sages ; nous voulons bien la liberté, mais non pas son simulacre, un arbre sans fruit ; ceux que l'on élève sur nos places sont bien la fidèle et stupide représentation de cette liberté nouvelle....

» Peut-on arrêter les citoyens sans les entendre, les enfermer pendant des mois entiers sans les juger ? Comment est-on parmi nous assez téméraire, assez éhonté pour oser parler de la liberté comme d'une chose réelle, actuelle ? N'y a-t-il plus aucun moyen d'arrêter ce torrent d'abominations ? Aucune voix ne s'élèvera-t-elle pour s'écrier : Arrêtez, retournez en arrière, vous courez à la rencontre d'un abîme.... »

Lavater avait aussi écrit une lettre de consolation aux familles des déportés : le fils de l'une de ces victimes des égarements de l'époque lisait ces lignes affectueuses lorsqu'il fut à son tour arrêté : ses papiers furent saisis, ainsi que l'avaient été ceux de son père et des neuf autres citoyens zuricois ; et la lettre de Lavater, prise dans ses mains, fut envoyée au Directoire. Celui-ci, fatigué de toutes les marques d'opposition du noble et charitable pasteur, se décida à lui faire subir la même injustice. Lavater connaissait trop bien le monde pour ne pas prévoir cette détermination ; il se prépara à son enlèvement probable en écrivant pour sa famille, ses amis et sa paroisse une lettre destinée à leur faire envisager tout évènement malheureux comme permis par la Providence, comme utile dans l'ensemble des choses et salutaire à celui qui en est particulièrement atteint. On ne saurait trop admirer en Lavater la constance imperturbable de la douceur, de la charité chrétienne unie à la vivacité, à l'ardeur d'un homme passionné : il se montre toujours tendre et plein d'énergie, humble et courageux ; on trouverait difficilement, ce nous semble, un nouvel exemple aussi frappant de l'étroite union de la force d'âme et de la mansuétude.

Cependant le jour attendu ne se leva pas aussi promptement que Lavater l'avait supposé ; on lui laissa le temps de partir pour les bains de Baden dans le courant du mois de mai ; il est probable qu'on attendit son départ afin de causer moins de scandale dans les murs de Zurich. Il était assez souffrant pour que le trajet de Zurich à Baden eût augmenté de beaucoup ses douleurs ; le lendemain de son arrivée on frappe à sa porte avant six heures du matin ; trois hommes entrent, et l'un d'eux déclare qu'il est chargé par le Directoire de s'assurer de ses papiers. Lavater laisse faire et se borne à répondre, lorsqu'on lui signifie qu'il devra, sur-le-champ, partir pour Bâle, qu'il est bien souffrant pour se remettre en route. On lui dit qu'il a prêché peu de jours auparavant et que, par conséquent, il doit être en état d'être transporté ; aucun délai ne fut accordé à Mme Lavater qui se livrait au désespoir ; son mari n'aurait pu s'abaisser à de vaines supplications ; on ne voulut point lui permettre d'emmener sa précieuse compagne, et celle-ci le vit partir escorté par deux soldats qui faisaient briller leurs baïonnettes aux portières de la voiture. — Mon mari... — des baïonnettes, s'écria-t-elle, en tombant évanouie sur le lit que Lavater avait dû quitter. Hélas ! c'était aussi une baïonnette qui dans peu devait blesser à mort le digne pasteur, mais celle-là, nous le verrons, il alla la chercher.

Une autre scène de violence républicaine avait eu lieu dans son domicile pendant la nuit qui précéda son arrestation. Sa fille Louise, alors âgée de dix-huit ans, fut forcée d'introduire dans le cabinet d'étude de son père des officiers de police qui demandaient des lettres et d'autres papiers ; ils promirent de ne pas faire un mauvais usage de ceux dont ils s'emparèrent, et s'éloignèrent sans avoir accordé aux enfants de Lavater la triste satisfaction de connaître la situation nouvelle de leur père. On gardait le secret sur l'arrestation qui avait eu lieu à Baden, mais dès que Zurich en fut informé, le docteur Lavater se hâta d'en demander raison au représentant du Directoire, qui se borna à de vaines assurances du chagrin qu'il en avait éprouvé, ainsi que de celui que lui causait la saisie des papiers, dont il promit de donner l'inventaire exigé par le fils de l'offensé ; lorsque celui-ci revint à l'heure indiquée pour recevoir ce titre, le magistrat déloyal avait disparu. Henri Lavater publia une protestation contre les procédés du Directoire envers son père et l'adressa au Directoire même.

De son côté Lavater écrivait à ses enfants et à ses amis pour les engager à ne faire aucune démarche de quelque importance, à demeurer en paix comme lui, à remettre tout à Dieu ; il s'adressait aussi au Directoire en termes pleins de force et de dignité, protestant contre l'injustice commise à son égard, demandant qu'il lui fût permis de voir un médecin de son choix, et surtout qu'on ne lui imputât aucune des réclamations qui pourraient être faites en sa faveur, attendu qu'il avait instamment prié que personne ne s'entremît en cette affaire. « Enfin, disait-il, citoyens directeurs, je vous conjure, par tout ce qui est encore sacré, d'écouter avec attention ce que veut vous dire un patriote sincère. N'étouffez pas la dernière étincelle de confiance dans le cœur du peuple suisse en vous livrant à des actes odieux de violence et d'injustice ; qu'il soit permis de vous déclarer à haute voix que celui qui juge et condamne

sans appel, qu'il se nomme roi ou directoire, qu'il soit oligarque ou démocrate, n'est rien de plus et rien de moins qu'un *tyran.* »
» Salut et pardon!
» Le déporté contre les lois de la constitution,
» Lavater. »

M. Schmidt, membre du gouvernement de Bâle, eut l'honneur de recevoir chez lui la visite forcée de Lavater; il sut apprécier un tel hôte et le combla d'attentions délicates; mais bientôt le Directoire ordonna que son prisonnier fût traité avec plus de sévérité, qu'on le plaçât dans une auberge, et qu'une sentinelle fût chargée de surveiller sa conduite. M. Schmidt parvint à suspendre l'exécution de ces ordres et prit grand soin de la santé de Lavater. La solitude, dont le malade n'avait jamais joui avec aussi peu d'interruptions, lui devint salutaire à tous égards. « Précieuse, paisible solitude, s'écria-t-il, combien tu me viens à propos et combien tu m'es sacrée! — Quelle agréable nouveauté! — Je jouis de moi-même dans une paix à laquelle il ne manque, pour la rendre parfaite, que la possibilité de faire savoir, en cet instant même, à tous mes amis, à quel point elle m'est bienfaisante..... »

Lavater avait instamment demandé d'être interrogé ainsi que tout prévenu doit l'être ; on lui accorda enfin l'interrogatoire d'usage ; il eut à se défendre sur deux points qu'il est à propos d'indiquer, savoir : une lettre dans laquelle il donnait des explications sur l'Antechrist, et l'annonce d'un envoi de neuf cents louis qui lui étaient adressés pour le compte de l'impératrice de Russie, Catherine II. Le premier méfait n'était que le développement de l'une des nombreuses questions religieuses qu'il se plaisait à traiter par correspondance, et la somme qui devait lui arriver de Strasbourg était le paiement d'une partie de sa collection achetée par Catherine. Le secret des lettres étant violé à Zurich, grâces à l'influence française, on avait appris par ce moyen les redoutables machinations de Lavater et de la Russie.

Avant de comparaître devant ses juges, Lavater, ignorant absolument la nature des accusations dont on lui ferait part, se prépara devant Dieu à soutenir la vérité et à ne point se laisser intimider ou circonvenir durant cette étrange procédure. Il ne tarda pas à être mis en liberté et se hâta d'aller voir les bourgeois de Zurich encore retenus à Bâle et dont la captivité pesait sur son cœur. Il avait reçu tant de marques d'intérêt et d'amitié pendant son arrestation, qu'il ne put, malgré son désir, remercier lui-même toutes les personnes dont il aimait à emporter le souvenir ; mais suivant sa méthode amicale et littéraire, il écrivit pour eux quelques vers qui leur exprimaient sa reconnaissance et se terminaient par des vœux pour le retour de la paix en Suisse.

Quoiqu'on le laissât maître de retourner chez lui, la chose n'était pas facile à exécuter ; il s'agissait de passer à travers les troupes françaises campées entre Bâle et Zurich ; la dernière de ces villes n'était plus occupée par les étrangers. Une audience lui fut accordée par le général Masséna, mais le sauf-conduit dont il avait besoin lui fut refusé ; on lui permit seulement d'écrire en français une lettre ouverte afin d'annoncer à sa famille sa mise en liberté. Singulière époque que celle où un homme tel que Lavater était réduit à remercier d'une telle faveur ou à s'en contenter en attendant la possibilité de rentrer sous son toit !

Il s'établit dans le village de Knonau et dut à une circonstance particulière le bonheur de reprendre l'exercice des fonctions pastorales. Le pasteur de ce lieu étant en chaire se trouva mal, tandis que Lavater l'écoutait ; on le transporta chez lui ; le prédicateur exilé acheva le service, puis il continua à se charger des devoirs de son confrère jusqu'à ce qu'il lui fût enjoint de retourner à Bâle où il passa encore trois semaines sans être prisonnier comme auparavant. Il craignait de ne pouvoir rentrer dans son canton aussi longtemps qu'un nouveau bouleversement ne lui en ouvrirait pas l'entrée, lorsqu'une ruse charitable et féminine fut mise en œuvre par une dame qu'il ne connaissait pas personnellement. — Trois déportés zuricois étaient comme lui à demi-rendus à leurs foyers; cette dame les invita à choisir celui des quatre qui voudrait se réunir à une société d'amis qui se flattaient d'obtenir un sauf-conduit pour s'en aller au-delà des avant-postes faire une promenade jusqu'au village de Hausinger. Lavater demanda que cette bonne chance fût tirée au sort ; ses compagnons d'infortune ne voulurent absolument pas y consentir et lui donnèrent ainsi une bien forte preuve de leur affection et de leur estime. Il céda à leurs instances généreuses et suivit la dame ambassadrice et la petite société auprès de l'officier, qui signa courtoisement le laissez-passer désiré. Lavater exprima sa joie avec une vivacité singulière en se voyant hors du pouvoir des Français; il alla jusqu'à comparer le bonheur de ce moment à celui qu'il avait éprouvé en accordant la main de sa fille à son ami Gessner.

Son retour fut une fête chez lui et dans la

ville entière. Il reprit possession de sa chaire le surlendemain de son arrivée et prêcha d'abondance sur ce texte : *Alors le peuple lui demanda : Que ferons-nous donc* (Luc, III, 10)? avec une force et un entraînement qui pénétrèrent tous ses auditeurs. Après avoir rendu grâces de son retour au milieu des siens, il appliqua cette question solennelle à toutes les circonstances particulières dans lesquelles se trouvaient, en ces temps d'oppression, le clergé, le gouvernement, les pères et les mères de famille, les citoyens, à l'égard des troupes étrangères, etc.; rien ne fut omis : nul ne pouvait mieux que Lavater traiter de pareils sujets. Il compta cette heure d'entretien avec la foule qui se pressait autour de lui, parmi les plus belles de sa vie.

Peu après son retour à Zurich, il reçut de l'archiduc Charles, général des troupes autrichiennes, l'invitation de venir le voir. Le prince répondit avec bienveillance aux recommandations pressantes que Lavater lui adressa en faveur de Zurich : la conversation tomba sur le gouvernement de la Providence, auquel le général avait foi comme le ministre du saint Evangile. — Qui pourrait, dit celui-ci, subsister au sein de la confusion effroyable dans laquelle la France et sa révolution nous ont jetés, et ne pas croire à une volonté providentielle?

CHAPITRE XIII.

Lavater blessé par un soldat français. — Ses travaux sur son lit de souffrance. — Séjour à Erlenbach. — Retour à Zurich. — Dernière prédication dans l'église de Saint-Pierre. — Opinion de Lavater sur le catholicisme. — Hymne à la ville de Zurich. — Souffrances aiguës. — Visite de Lavater à sa belle-sœur. — Le 1er janvier 1801 veille de sa mort. — Son agonie. — Honneurs rendus à sa mémoire.

La santé de Lavater s'était améliorée pendant l'intervalle entre son retour et la prise de Zurich par les Français, le 26 septembre 1799. Il devait être, parmi ses compatriotes, la seule victime de cet évènement. Dieu permit que tous les autres citoyens, occupés à répondre aux demandes des soldats vainqueurs, fussent épargnés. Lavater avait souvent rédouté les souffrances physiques ; la maladie lui causait quelque effroi ; il croyait qu'il ne saurait endurer de longues douleurs et pensait que Dieu ne lui en infligerait pas, en raison de sa faiblesse. Cette espérance n'était pas plus fondée que ses craintes à l'égard de son manque de patience et de courage.

La veille du jour fatal il s'était rendu avec sa fille chez son fils dont la demeure était assez éloignée de la sienne, et il était rentré préoccupé de l'attente du lendemain ; malgré l'anxiété que lui causait la certitude de la prise de sa ville natale, il ne cessa point d'espérer qu'elle serait miraculeusement préservée, et elle le fut en effet.

Chemin faisant il s'était arrêté dans une rue étroite afin d'enlever les pierres qui, disait-il, pourraient faire tomber les blessés ; c'était, du reste, une de ses habitudes, au physique comme au moral, d'écarter les obstacles propres à nuire à la marche du prochain.

Les bruits divers qui s'élevèrent après son accident l'engagèrent à dicter, dès que ses douleurs le lui permirent, le récit que nous traduirons en entier.

Lorsque les Français, après avoir battu les Russes, s'emparèrent de Zurich, les soldats se dispersèrent dans l'intérieur de la ville ; deux d'entre eux s'approchèrent d'une maison voisine de l'église de Saint-Pierre, habitée par des dames âgées et craintives ; ils se mirent à crier : « Du vin, du vin, voici un cabaret, » et cherchèrent à enfoncer la porte, tandis que ces dames leur disaient que leur maison n'était pas un cabaret. — Au moins il y a du vin, crièrent-ils encore. Je leur répondis de la fenêtre qu'ils eussent à se tenir tranquilles et que je leur apporterais du vin. Ils semblèrent satisfaits de cette promesse ; je descendis et je leur versai du vin en leur frappant amicalement sur l'épaule et les engageant à boire à leur fantaisie ; je leur offris encore du pain et même de l'argent, qu'ils refusèrent ; sur ces entrefaites ils se prirent de querelle avec un sous-officier, que je crus être bernois et qui leur demanda s'ils avaient été au feu ; un soldat bâlois engagea cet officier à s'éloigner et parvint à calmer les deux autres. Je leur demandai s'ils désiraient encore quelque chose ; ils me dirent que non et s'en allèrent, de fort bonne humeur, à ce qui me sembla. L'un de ces grenadiers me dit même : Bien obligé, brave homme, nous te remercions de bon cœur.

Je rentrai chez moi ; ma femme était heureuse de me voir hors de cette fâcheuse société et me dit en souriant : Viens-tu, mon Daniel, de la fosse aux lions ? — Je voulus aller voir un de mes enfants et j'envoyai quelqu'un à la découverte afin de savoir si je pourrais m'aventurer dans les rues, qui avaient été trop encombrées pour que j'eusse pu arriver chez mon fils. Je me tins sur le seuil de ma porte en attendant le retour de mon messager ; un soldat de chétive apparence s'approcha de moi et me dit, en mauvais allemand, qu'il avait été fait prisonnier par les Russes, qu'il lui fallait une chemise. — Je n'ai point de chemises à donner, répondis-je en mettant la main dans ma poche pour en tirer presque tout ce que j'avais sur moi ; il regarda cette monnaie avec mépris et s'écria : — Il me faut un gros écu pour acheter une chemise ; je lui donnai encore ce qui restait dans ma poche, mais il continua à crier : — un écu, un écu ! — Ceci est trop fort, lui dis-je, passez votre chemin et nous laissez en paix. — Il tire alors son sabre et s'avance en répétant : — de l'argent, de l'argent ! — Les grenadiers qui m'avaient quitté en bonne intelligence étaient à quelques pas, causant avec des Zuricois, à l'angle de la rue voisine ; je les appelai à mon secours ; ils vinrent et semblaient prêts à me défendre ; plein de confiance, je m'adressai à celui qui, quelques minutes auparavant, avait refusé mon argent et m'avait dit adieu le plus amicalement du monde, et je lui demandai sa protection contre l'homme auquel j'avais donné tout ce dont je pouvais disposer. Ce que je n'aurais pu prévoir arriva : le grenadier se jette en fureur contre moi, dirige sa baïonnette sur ma poitrine et crie comme l'autre : — de l'argent, de l'argent ! — La main d'un ami et la mienne détournèrent son fusil : cet ami me prit dans ses bras et m'attira en arrière ; au moment même une balle partit, lui traversa le bras, et se logea dans mon côté. Je sentis une douleur poignante et je tombai sur un banc de pierre où je crus expirer, tandis que l'on s'empressait autour de mon protecteur que l'on croyait seul blessé. On me transporta avec les plus tendres soins dans la maison du marguillier, et bientôt mon sang coula à flots, tandis que je me sentais défaillir ; des gouttes fortifiantes m'empêchèrent de m'évanouir tout-à-fait ; on put enfin me déposer sur un lit ; médecins et chirurgiens accoururent ; ils déclarèrent que, quelques lignes plus bas, la blessure aurait occasionné une mort instantanée ; il paraît qu'un mouvement involontaire m'a préservé de cette fin subite, à l'instant où la balle a frappé. On m'a raconté que le malheureux soldat, dont je désire fort que le nom demeure ignoré, a chargé son fusil quand il a vu qu'on me mettait en sûreté et qu'on l'a empêché de lâcher la seconde balle.

Je prie derechef tous ceux qui liront ces lignes de ne

faire aucune démarche pour découvrir le nom de cet homme ou, s'ils l'apprennent, de ne pas le faire connaître ; mes souffrances seraient aggravées si quelque mal lui arrivait ; il ne savait, à la lettre, ce qu'il faisait.

Dicté dimanche 29 septembre 1799.

« Je le trouvai, dit Gessner, dans la maison de ses voisines, en proie aux plus vives souffrances ; sa femme agenouillée sanglotait près de lui. Son visage se couvrit d'une pâleur mortelle et ses lèvres murmuraient à peine : Oh ! Seigneur Jésus, je vais succomber !.... Quel spectacle, quel déchirement pour nous tous ! Nous ne trouvâmes aucune parole et nous ne reprîmes une lueur d'espoir que lorsque les médecins affirmèrent que la blessure n'était pas mortelle, pour le moment du moins. Un grand nombre de ses amis demeurèrent convaincus qu'il était victime de son amour pour la vérité, de son courage et de sa foi. Nous nous efforçâmes de bannir de si tristes soupçons ; nul ne les repoussa aussi fortement que le blessé lui-même.

» Il fut possible de transporter Lavater chez lui après la nuit d'angoisse passée ailleurs ; le troisième jour il dicta pour ses amis du pays et de l'étranger le récit qu'on vient de lire ; craignant qu'on ne répandît de faux bruits, il voulut dicter lui-même la fatale histoire dès qu'il fut en état de l'essayer. »

L'un des premiers témoins des souffrances de Lavater fut le fils aîné de l'excellent pasteur Oberlin, alors attaché à l'armée française en qualité d'aide-chirurgien ; il avait dû quitter la maison de son père pour prendre le fusil du soldat, mais on lui avait accordé l'emploi qui lui permettait de rendre des soins aux blessés. Lavater l'avait accueilli à son premier passage à Zurich, en 1798, avec la cordialité que ce jeune homme devait lui inspirer. Lors de la prise de Zurich, Henri Oberlin se hâta de courir chez son précieux ami et ne le quitta que pour se rendre dans la maison où l'appelait son billet de logement. En s'éloignant de celle de Lavater il s'arrêta pour apaiser trois soldats qui se prenaient de querelle ; l'un d'eux était le malheureux assassin du digne pasteur.

Oberlin ne tarda pas à apprendre la catastrophe déplorée par la ville entière ; il courut de nouveau chez Lavater et fondit en larmes en apprenant les détails de son accident. Il ne pouvait se consoler de s'être éloigné au moment où il aurait pu prendre sa défense. — « Je n'étais pas digne de le sauver.... » s'écria-t-il. Afin d'adoucir la violence de son chagrin on lui permit de passer quelques instants anprès du malade ; la sérénité, la paix vraiment célestes répandues sur les traits du blessé donnèrent au jeune homme la résignation dont il avait besoin.

Lavater reconnut avec une pieuse surprise la main de son Dieu dans la dispensation sévère qui le plaçait en face de la mort; quoique ses douleurs fussent assez fortes pour lui arracher des cris, il ne montra aucune espèce d'impatience ni de faiblesse morale; il porta son fardeau avec une enfantine simplicité; il se montrait serein et même enjoué dès qu'un moment de relâche le rendait à lui-même. Les pansements amenèrent promptement des résultats assez heureux pour qu'il lui fût possible d'écrire dans son lit; il en avait déjà l'habitude et supportait volontiers une position qui aurait semblé insupportable à d'autres, et à laquelle il se félicitait d'avoir recours. Afin d'adoucir le chagrin que lui causait l'impuissance où il était de prêcher, il écrivait de temps en temps un fragment d'exhortation pastorale que l'un de ses collègues s'empressait de lire à sa paroisse; ainsi, presque couché dans le sépulcre, il savait encore se rendre utile et annoncer la miséricorde de son Dieu; les visites que lui faisaient ses amis lui procuraient de douces joies; il sut embellir cette douloureuse période de sa vie, et ne répandit jamais plus d'édification autour de lui.

Ce fut aussi durant cette époque de réclusion

qu'il termina ses lettres sur sa déportation, — *Freymüthige Briefe über das Deportationswesen :* — il se proposait de les dédier au Directoire helvétique, mais avant d'avoir terminé son livre, ce gouvernement était remplacé par un autre qui, à son tour, ne tarda pas à subir le même sort. Nous retrouvons ainsi Lavater occupé des intérêts temporels de sa patrie comme de ceux de sa paroisse; à travers ses souffrances aiguës, son activité demeura la même; Dieu lui laissa l'usage de ses facultés intellectuelles jusqu'au jour de sa mort; ouvrier fidèle, il ne se reposa qu'en expirant.

Vers le milieu de décembre, l'état de sa blessure était devenu assez satisfaisant pour qu'il pût rentrer dans son église et même monter en chaire. — « O Seigneur mon Dieu, s'écria-t-il en commençant à prêcher, les hommes ont pensé en mal contre moi, mais tu as fait tourner les choses en bien pour ton serviteur ! Tu m'as plongé dans la fosse et tu m'en as retiré !... O mon Dieu ! tu ouvres et tu fermes les portes de la mort. — Que toute mon âme ne soit qu'un alléluia, car tu me permets d'être encore debout dans cette chaire et d'y annoncer tes miséricordes à tous mes bien-aimés auditeurs. » — Il avait choisi pour texte les versets 7 et 8 du psaume LXXI : — *Tu es ma forte retraite; que ma bouche soit remplie chaque jour de ta louange et de ta magnificence.*

Lavater continua ses fonctions pastorales jusqu'à la fin de janvier; il reprit ses visites chez les malades, se faisant porter en chaise lorsqu'il ne pouvait arriver à pied; mais il cessa de s'occuper des affaires publiques et l'on éprouva quelque satisfaction à l'y voir renoncer; ce retour de ses forces cessa; aussi bientôt il fallut se borner à écrire les sermons que les pasteurs ses amis voulaient bien lire en chaire. Jamais il ne sentit plus vivement la privation qu'il avait à subir, qu'à l'approche de la semaine de la Passion et du jour de Pâques. Mlle Louise Lavater donne de précieux détails sur le redoublement de la piété de son père pendant ces jours solennels. « Les fêtes de Pâques, dit-elle, renouvellent singulièrement en moi le souvenir de mon bienheureux père. C'est alors que toute son âme était comme inondée d'amour pour son Rédempteur crucifié et ressuscité. Avec quelle tendresse et quelle pieuse ardeur il cherchait à faire naître le même amour dans le cœur de ses enfants !... Le vendredi saint, en particulier, cet excellent père se surpassait lui-même, en cherchant à rendre heureux ceux qu'il aimait. Combien de pauvres furent soulagés par lui dans ce jour ! Il se plaisait à distribuer autour de lui de petits présents, et je possède plusieurs livres sur lesquels il a écrit : *Souvenir du vendredi saint pour ma chère Louise.* — Il était bien aise de recevoir ce jour-là quelque demande difficile à satisfaire; nous lui avons entendu dire : « Si » l'on savait qu'au jour marqué par le plus grand » sacrifice et le seul capable de sauver l'huma- » nité, je ne me sens pas la force de rien refu- » ser, je courrais risque de perdre presque tout » ce que je possède. » Je n'oubliai pas cette déclaration singulière et l'année suivante je m'aventurai à lui demander un portrait de ma mère enfant, que j'avais toujours eu grande envie de posséder ; je n'oublierai jamais non plus la joie avec laquelle il prit ce portrait et me le donna. »

Lavater fit usage de tout son crédit auprès des amis qu'il avait en divers pays étrangers pour obtenir des secours en faveur des contrées de la Suisse désolées par la guerre que les armées étrangères avaient transportée dans nos montagnes; il eut le bonheur d'obtenir des sommes considérables, et contribua puissamment à la formation d'une société de bienfaisance dont le siége principal était à Berne. Un jour, tandis qu'il était en proie aux douleurs les plus cruelles, on lui remit une lettre qui contenait des billets pour la valeur de deux cents louis; ce remède inattendu lui fit verser des pleurs de joie ; le malade en fut soulagé.

Il n'y avait guère d'autres étrangers à Zurich que les officiers français; ceux-ci vinrent en grand nombre rendre visite à Lavater ; il leur parlait avec abandon et franchise, et ne perdait jamais l'occasion, surtout quand il voyait le général Moreau, de chercher à gagner la protection des hommes influents en faveur de sa patrie, constant objet de ses vœux et de son dévouement.

Ses amis se réunirent pour lui demander d'écrire un livre de prières; ils savaient que ce sujet convenait particulièrement à la disposition habituelle de son âme; aussi Lavater se hâta-t-il de tracer le plan de ce dernier ouvrage ascétique dans lequel tous ceux qui aiment à prier trouveront des pensées fortifiantes et un vif encouragement à s'entretenir avec leur divin Maître. Ce précieux volume termina la longue série des ouvrages qu'il a publiés lui-même; il l'écrivit durant une année de souffrances presque continuelles, et son travail fut dans son ensemble l'accomplissement d'une prière qu'il adressait à Dieu tous les jours, celle de pouvoir terminer et laisser aux fidèles ce sérieux et pressant appel.

Nous l'avons vu, dès ses premières années,

chercher le Dieu auquel il voulait ouvrir son jeune cœur et duquel il attendait toutes choses; sa confiance implicite dans le pouvoir de la prière ne fut jamais ébranlée; et c'est de la prière que nous le retrouvons occupé dans les jours d'affaissement et de maladie, alors que sa main tremblante pouvait à peine obéir à sa pensée.

Au commencement du mois de mai 1800, on décida Lavater à retourner aux eaux de Baden. Il arriva heureusement dans ce lieu tristement remarquable pour lui et s'y établit à son gré; un cercle d'enfants et de petits-enfants entourait chaque jour le respectable malade; leur présence lui fit plus de bien que les eaux, auxquelles il ne tarda pas à renoncer pour essayer celles de Schinznach, qui lui furent beaucoup plus salutaires. Les accès de toux qui le saisissaient souvent au milieu des douleurs aiguës causées par sa blessure, le faisaient tomber en défaillance; il semblait que sa poitrine déchirée allait cesser de respirer; puis on le voyait sortir de ces redoutables crises avec un visage serein; il reprenait l'usage de la parole pour bénir son Dieu et consoler ses amis. Il eut encore le plaisir de s'occuper à Baden et à Schinznach du soin de classer son cabinet physiognomonique et d'écrire *son jugement* au-dessous de chacune des pièces qui le composaient. Ce noble amusement, ou, si on l'aime mieux, cette douce et innocente manie, ne perdit jamais son attrait pour Lavater; il se plut toujours à deviner l'homme en étudiant sa physionomie et ses gestes; il crut toujours à une science que nul n'approfondit comme lui.

Après son livre de prières il écrivit encore quelques lettres de Saul à Paul, du persécuteur des chrétiens au grand apôtre des gentils; cette idée ingénieuse lui fournit l'occasion de faire de la controverse sous une forme dramatique et nouvelle; la vigueur du raisonnement et la beauté de l'expression furent un sujet d'étonnement pour les lecteurs, qui apprirent en même temps dans quel état de santé se trouvait l'auteur de ces lettres. L'infatigable activité de Lavater, sa pensée toujours ardente et toujours élevée sous le poids des souffrances corporelles, peuvent nous donner quelque idée de ce que sera l'intelligence des esprits bienheureux que rien ne pourra lasser ni abattre, et qui, toujours, obéiront à Dieu en le bénissant et en l'adorant.

L'un des nombreux amis de Lavater, le comte de Salis, lui offrit, à son retour des bains, sa belle maison de campagne d'Erlenbach sur les bords du lac de Zurich. Lavater accepta avec joie et se livra au bonheur que lui causaient la contemplation de la nature et la société de sa famille et de son cercle intime. Il chercha à régulariser l'emploi des journées qu'il devait passer dans cette retraite, et qu'il compta parmi les plus belles de sa vie... « Dans cet Erlenbach paradisien, écrivait-il, je suis semblable à un roi sans empire, à un homme enchaîné et qui pourtant jouit de la plus grande liberté; je suis pauvre et dans l'abondance, joyeux au sein de la douleur, porté comme un enfant par la divine miséricorde, épargné au milieu d'un cruel châtiment. — Oh! que mon cri soit sans cesse : Mon Dieu, ayez pitié de moi! »

Les dernières inspirations de cette âme vraiment sanctifiée furent rassemblées sous un titre bien expressif : *Le chant du cygne, ou dernières pensées de celui qui s'en va, sur Jésus de Nazareth.* Ainsi la confession du Seigneur devant les hommes ne devait être interrompue que par l'appel adressé au fidèle serviteur, à celui qui n'avait pas enfoui son talent et dont les reins demeurèrent ceints et la lampe toujours allumée. Parmi ces pages détachées, nous citerons cette phrase qui en résume l'ensemble tel qu'il avait été projeté.

« Parmi les objets divers de mon activité, l'objet, le but de la foi chrétienne, Jésus-Christ en un mot, n'a pas occupé le dernier rang. J'ai mille fois écrit et parlé de lui, en prose et en vers, et j'ai réfléchi tout aussi souvent au passage d'un être aussi miraculeux dans cette vie transitoire. Je voudrais exprimer, confesser ce que je pense de lui au moment de terminer ma carrière ; j'aimerais à présenter avec clarté, avec ordre et pour l'usage des hommes qui se plaisent à chercher et à reconnaître la vérité, tout comme pour fortifier ma propre foi, mes idées sur cet homme miraculeux, incomparable, incompréhensible et pourtant facile à comprendre dans sa nature bienfaisante.

» Je ne nierai pas mon principal motif : c'est à sonder, à fortifier ma foi que je m'applique en entreprenant cet écrit ; je me sens disposé, vers la fin de mon pèlerinage, à étudier la base de cette foi qui m'a donné tant de bonheur en ce monde. Je sens avec un redoublement de joie qu'elle est fondée sur la raison ; je puise du soulagement et de nouvelles forces à cette source qui ne s'est jamais tarie et qui me rafraîchira jusqu'au dernier soupir. »

Quoique le corps de Lavater fût courbé par sa blessure et que sa toux ne laissât plus aucun doute sur son état de consomption, il nourrissait la pensée de se transporter encore une fois au milieu de ses chers paroissiens. Il rentra à la ville, porté en litière, au commencement de septembre, avec l'espoir de prendre part aux communions de cette époque. Sans avoir fait connaître son intention à d'autres qu'à sa femme et à ses amis intimes, il se décida à reparaître dans son église et à parler à son troupeau, immédiatement après la célébration de la sainte cène ; sa voix affaiblie s'éleva assez pour que l'on pût l'entendre.

« Bien-aimés frères et sœurs, vous de qui Celui que les anges adorent daigne se nommer le Frère, je ne puis vous exprimer, après une si longue séparation, avec quelle émotion profonde et joyeuse je vous revois encore ! Vous tous, paroisse chérie et fidèle, me voici encore debout au milieu de vous. — Oh ! que Dieu soit mille fois béni pour m'avoir accordé une faveur si grande... Je ne pourrai vous adresser que peu de paroles, mais ma voix éteinte vous parlera de ce saint jour et vous demande votre indulgence et votre attention.

» *J'ai fort désiré,* dit en la dernière soirée passée avec ses disciples, Celui de qui le nom ne doit jamais être prononcé qu'avec un profond respect, *j'ai fort désiré de manger cette Pâque avec vous.* — Me sera-t-il permis de m'appliquer ces paroles solennelles et de vous dire : J'ai fort désiré de partager avec vous cette communion solennelle ? — Ma faiblesse augmente chaque jour; la mort pèse déjà sur ma poitrine oppressée; qu'il me soit donné, puisque aujourd'hui je vous parle pour la dernière fois, puisque je suis au bord du sépulcre, de prier avec vous. — Puisse le Seigneur bénir, pour vous et pour moi, notre participation au gage sacré de son amour, qui surpasse toute notre puissance d'aimer ! — Que cet amour obtienne de nos cœurs le retour le plus fidèle et le plus tendre. — Que la compassion et la charité du Seigneur, toujours renaissantes, fassent naître en nous la plus humble reconnaissance, la confiance la plus entière. — Que sa miséricorde sans mesure nous inspire une joie sans mesure aussi. — Réjouissons-nous donc en lui. Il n'y a rien que l'on puisse comparer à lui, ni sur la terre, ni dans le ciel.... »

Nous ne suivrons pas plus loin Lavater; cette dernière et ardente prédication dans laquelle son amour chrétien pour les âmes qui lui avaient été confiées se confond avec son adoration pour le Sauveur, qui lui tendait la main pendant les angoisses de la chair, put-elle être oubliée par aucun de ceux qui l'entendirent ?.....

L'un de ses plus intimes amis, le comte Frédéric de Stolberg, devint membre de l'Eglise romaine vers la fin de l'an 1800; Lavater prit un vif intérêt à cette importante décision et s'empressa d'écrire plusieurs lettres au nouveau catholique ; il n'avait pas l'intention de le blâmer, mais celle de le ramener à la véritable base du christianisme en lui répétant pourquoi lui-même n'avait et n'aurait jamais pu consentir à adopter la forme catholique romaine ; on ne saurait écrire avec plus de charité que ne le fit Lavater en exhortant son ami à devenir l'un des ornements de l'Eglise qu'il avait préférée ; il ne doutait pas que Stolberg ne fût d'accord avec lui-même et qu'il n'eût mûrement pesé les objections qui se présentent, en pareille occasion, à tout protestant éclairé. — « Je respecte, dit-il, toutes les convictions sincères chez les hommes droits et accoutumés à réfléchir. La conviction de l'homme est pour ainsi dire son Dieu. Que respectera celui qui ne respecte pas sa propre conviction ? Que la conviction, et la conviction seule ait pu t'engager, après de longues hésitations, à franchir ce pas, c'est ce dont je suis tout-à-fait persuadé.

» Mais moi, qui ai souvent été sollicité à ce sujet, et sans doute dans les meilleures vues, par plusieurs des catholiques les plus respectés et les plus dignes d'être aimés, je ne le ferai jamais, ce que tu viens de faire. Je ne serai jamais catholique, en d'autres termes, je n'anéantirai, je ne sacrifierai jamais ma liberté de penser, la liberté de ma conscience, les droits les plus précieux de l'homme moral. Aussi longtemps que durera ma vie, si près de son terme aujourd'hui, aucun homme et même aucun ange ne pourront me persuader d'entrer dans une Eglise qui se prétend infaillible, et de nommer *sainte mère* une association religieuse qui a répandu par torrents le sang de ses enfants, et qui a brûlé tout vivants ceux qui s'éloignaient d'elle. Une telle Eglise ne sera jamais pour moi l'émule ou l'héritière de celle qui pleure sur les méchants, coupables de la mort du seul Juste, du seul parfaitement Saint. »

Lavater termina ses œuvres poétiques en écrivant des strophes à la ville de Zurich, sur le commencement du dix-neuvième siècle. C'était le dernier hymne de la muse des *Chants helvétiques,* un dernier vœu, un dernier adieu à cette patrie qu'il avait tant aimée ; — ces accents sont graves et pleins de la tristesse que causait à Lavater l'état alarmant de la Suisse ; il en écrivit d'une main tremblante les dernières lignes ; on eut de la peine à les lire ; dès-lors sa plume se reposa. « Royaume de Dieu ! saint objet des vœux de tout fidèle.... te lèveras-tu sur la terre avant la fin du siècle qui commence ? Oh ! que ceux qui peuvent supplier s'écrient : Qu'il vienne, qu'il vienne ! Devant lui s'évanouiront les crimes, les folies et les douleurs, — il apportera des joies infinies. — Préparons sa venue par notre pieuse humilité.... »

Lavater avait encore trois semaines d'épreuve à subir ; ses souffrances devinrent si aiguës que souvent il poussait des cris déchirants pendant plusieurs minutes et même pendant des quarts d'heure entiers. La colonne vertébrale était atteinte de carie ; la position forcée dans laquelle il avait vécu lui causait d'intolérables douleurs ; une plaie s'était ouverte sur l'une des vertèbres, et les accès de toux mettaient le comble à cet état de torture que l'opium seul parvenait à suspendre jusqu'à ce que les déchirements de la poitrine vinssent dissiper ce sommeil artificiel. Dans ses rares moments de relâche, il s'occupait encore des souvenirs à laisser à ses amis, et choisissait parmi les pensées dont il avait, pendant les jours meilleurs, composé un vaste recueil, celles qui s'adaptaient le mieux aux personnes qu'il avait en vue ; ce fut là sa dernière récréation.

Il aimait à se faire lire quelqu'un des cantiques qu'il avait publiés dans sa jeunesse et recevait ainsi de lui-même une partie de l'édification qu'il avait donnée en si grande mesure ; il fut heureux de retrouver dans les premiers élans de sa piété les sentiments et les pensées qui le consolaient sur son lit de mort. Il dicta encore plusieurs lettres à ses amis, mais il choisissait ceux qui gémissaient sous le poids de la maladie ou de quelque affliction particulière.

Il reprenait sa gaîté naturelle lorsqu'il pouvait s'y livrer un instant. « Tout va bien, disait-il ; mes six ennemis se taisent un peu, — je puis les compter : — la toux, les deux blessures, la plaie ouverte, le vertige et l'eau qui remplit ma poitrine. » — Avec quelle grâce il recevait le moindre service ! quelle douceur ses amis ne trouvaient-ils pas à lui prodiguer leurs soins ! Souvent, au milieu de ses souffrances redoublées, on le voyait chercher à s'en distraire par la prière ; l'homme qui l'avait blessé était l'un des sujets des prières mentales qui répandaient sur ses traits amaigris une expression presque céleste ; il avait même écrit pour ce malheureux quelques vers d'adieu comme pour ses amis ; les voici : « Que Dieu te pardonne, comme je te pardonne de tout mon cœur. — Puisses-tu ne jamais souffrir les maux que j'endure à cause de toi ! — Je t'embrasse aussi, tu m'as fait du bien sans le savoir. — Si cette feuille de papier tombe entre tes mains, accepte-la comme un gage de la miséricorde divine qui pardonne à tous les pécheurs repentants, les sanctifie, et leur rend l'espoir du bonheur éternel. — Puisse

Dieu m'inspirer pour toi d'ardentes prières et me donner l'assurance qu'un jour nous nous rencontrerons au pied de son trône ! »

Mlle Lavater a écrit quelques mots du plus haut intérêt sur les prières mentales de Lavater.

« J'aimais singulièrement, dit-elle, à observer mon père lorsqu'il priait silencieusement ; il se levait parfois au milieu de ses travaux et se promenait un moment dans sa chambre ; il était aisé de voir, à l'expression de sa physionomie, qu'il conversait intimement avec le Seigneur. Ces élans de prière intime n'étaient pas rares chez lui ; ils saisissaient son âme à travers toutes choses ; bien souvent un soupir s'échappait alors de sa poitrine, expression d'humilité et du sentiment profond de notre impuissance devant Dieu. »

L'imagination de Lavater, toujours originale, lui fournissait un singulier motif de consolation ; il se figurait qu'une certaine mesure d'affliction doit être départie aux hommes pendant un certain temps, à peu près comme la proportion de mortalité calculée et annoncée par les lois de la statistique. Le compatissant malade s'imaginait, parfois, que l'excédant de ses souffrances consoliderait la santé ou favoriserait la guérison de quelqu'un de ses frères, — douce rêverie dans laquelle on le retrouve tout entier! — Il rendait cette idée sensible par une image tirée des malheurs des temps : la ville de Zurich doit loger un certain nombre de soldats étrangers ; quelques particuliers sont plus chargés que d'autres ; il en résulte que plusieurs sont à peu près épargnés; ainsi en arrive-t-il de tous les genres de souffrances.

Une autre idée de cette nature se basait sur la doctrine qui établit que le germe des corps célestes est contenu dans les corps terrestres, comme la semence contient celui du fruit. Il lui semblait probable qu'une entière soumission, quant aux souffrances physiques, contribue à purifier nos corps ici-bas, et que le corps céleste en sera d'autant plus parfait.

Malgré l'excès de ses douleurs, son esprit conservait sa vigueur naturelle; il traitait les sujets philosophiques, religieux, politiques et physiognomoniques avec sa lucidité ordinaire ; sa mémoire ne lui faisait jamais défaut, et lorsqu'une crise violente interrompait la conversation, il la reprenait à l'endroit même où ses gémissements avaient dû la suspendre.

L'un de ses amis lui rendit, pendant les dernières semaines de sa vie, un service très-important; ce bonheur inespéré fit couler ses larmes; il vit dans la fidélité et dans le succès de cet ami une nouvelle preuve de la fidélité de son Dieu. Le 15 novembre on célébra son anniversaire ; il entrait dans sa soixantième année ; le cercle admis autour de lui dut être restreint ; mais il eut le plaisir de s'entretenir encore avec ceux dont il prenait congé. « C'est un miracle, leur dit-il, que je sois encore parmi vous ; il me semble souvent que je vais succomber ; mais Dieu lui-même me soutient. — Je ne demande ni la vie ni la mort ; Dieu fera pour moi ce qu'il voudra ; je lui demande seulement la force et le désir de l'invoquer. — Ne parlez pas trop de moi, et seulement quand vous serez ensemble ; aimez-vous fortement les uns les autres ; pensez aussi à moi en vous aimant. »

Lavater dicta ce jour-là des vers pleins de consolations et d'encouragements pour les malades ; ils doivent trouver leur place ici.

Encore une semaine de souffrance écoulée. — Quelque pénible qu'elle ait pu être, je n'en suis point écrasé. — Ainsi qu'il me l'a promis, mon Seigneur ne m'a point abandonné. — Durant les heures d'angoisse, il a jeté sur moi un regard d'amour. Si sa face semble se voiler un instant à mes yeux, sa main invisible et paternelle me soutient encore. Je me soumets à sa volonté avec une confiance enfantine ; je le cherche avec humilité de cœur jusqu'à ce que je le retrouve. Puis il me semble l'entendre dire avec la plus tendre bienveillance : Aussi vrai que tu existes, je suis aussi ; je ne m'éloigne point de toi.

Ne cesse pas de t'appuyer sur l'efficacité des prières que tu m'adresses, lors même que je te conduirais encore plus bas dans les profondeurs de l'épreuve. Aucun orage ne doit ébranler la foi du chrétien. Si je suis vraiment ton Dieu, ton Dieu près de toi, aucun malheur ne peut te nuire. Lorsque tu auras atteint le but, tu me rendras grâces pour chacune des douleurs supportées avec patience, car elles se changeront en sources de joie. La dernière semaine arrivera pour toi et s'évanouira comme celles qui sont passées. Que chaque jour nouveau t'annonce le dernier, — celui qui t'apportera la rédemption, la délivrance, quand le moment sera venu. Je compte tes jours et tes nuits de souffrance ; tes soupirs montent jusqu'à moi. Je te guide, je t'élève au-dessus de la terre. tandis que tu sembles délaissé sur ton sentier semé de ronces. Tu languis en soupirant après l'instant du dernier soupir. Je vois cette fin désirée plus près qu'elle ne t'apparaît. Je vois ton regard paisible et plein d'espérance, tes mains jointes et cet œil qui versera des pleurs de joie. Ainsi je t'entends, ô mon Père ! — Pourrais-je me livrer à l'impatience, me plaindre et manquer de soumission ? — Non, non, je ne veux t'oublier dans aucune de mes souffrances, je veux, comme Jésus, porter ma croix jusqu'à la fin.

A tous les maux que Lavater endurait ainsi sans se plaindre, ou plutôt en les bénissant, vinrent se joindre des crampes assez violentes pour qu'il fût un jour jeté hors de son lit ; on le replaça tout meurtri sur sa couche douloureuse. A la fin du mois de décembre il dit à son gendre : « Le moment approche, l'ange de la mort n'est pas loin. » — Il répéta deux fois ce vers de Virgile :

Alarum verbera nosco
Lethalemque sonum.

« *Je connais ces battements d'ailes, et ce son, messager de mort* (1).

» Oh ! si j'avais pu consacrer plus de temps à l'étude des anciens, j'aurais été, dit-il, un tout autre poète. »

Sa belle-sœur mourut le 22 décembre ; il était demeuré en communications journalières avec elle, mais quand il put la croire près de sa dernière heure, il lui prit une extrême envie de la voir encore une seconde fois. Ce projet, si peu raisonnable, fut vivement combattu par toute la famille de Lavater, mais sa volonté était encore si ferme que l'on fut contraint d'y céder. Il s'agissait d'arriver avant la fin du dernier combat. Le malade se fit placer dans une chaise et ne tarda pas à entrer dans la chambre mortuaire ; il avait fait un prodigieux effort en sortant de son lit presque seul, tant son désir de dire adieu à l'amie qui se mourait l'emportait sur son état désespéré.

« Nous voici, mourants tous les deux, dit-il

---

(1) Enéide, livre XII, 877.

à l'agonisante ; mais l'amour ne meurt pas, ni la reconnaissance... Chère et bien-aimée sœur, je veux encore te remercier pour toute l'affection que tu m'as témoignée. — Dieu te récompensera bientôt de l'amour fraternel que tu as eu pour moi. »

Lavater, après ces mots, laissa tomber sa tête sur l'épaule de son gendre et demeura doucement assoupi pendant quelques instants ; il ne tarda pas à reprendre le fil de sa pensée. — « Oh ! ce doit être une grande joie dans le ciel lorsqu'on y voit une âme de plus s'approcher du rivage, — bientôt le naufragé de ce monde est sauvé, et les voix du ciel lui crient : — Terre, — terre. »

Au milieu de cette solennelle extase, les souffrances de Lavater redevinrent si aiguës qu'il put à peine s'empêcher de troubler par ses gémissements les derniers moments de son amie. — Il fallait la quitter. « Que Jésus et son insondable miséricorde soient avec toi et délivrent ton âme ! » dit-il en joignant les mains ; puis il partit et rentra chez lui, épuisé de fatigue, mais bénissant Dieu qui lui avait permis d'accomplir un vœu de son cœur...

Pendant sa dernière semaine, il tombait souvent en rêverie ; les paroles confuses que l'on cherchait à recueillir exprimaient la tendance habituelle de son âme. Un soir, l'un de ses enfants l'entendit parler en français du caractère aimable de Marie, de la mère de son Sauveur. Il avait toujours aimé à écouter le son des cloches pendant les jours de fête ; la veille de Noël, cette sainte harmonie émut encore son cœur ; il fit ouvrir les fenêtres afin de la mieux entendre, appela près de lui sa femme et sa fille, prit la main de chacune d'elles et leur dit : — « Savez-vous ce qui m'afflige le plus maintenant ? — C'est de me sentir si fortement lié, que je n'ai plus la possibilité de penser à la plus grande des merveilles, à l'incarnation de Jésus. »

Malgré cette faiblesse momentanée, son âme demeurait habituellement absorbée par des pensées religieuses ; il rêvait en poète, et s'étonna de ne pas voir sur son lit un cantique qu'il avait ainsi composé et qu'il croyait avoir écrit ; il en dicta quelques vers :

« Tu descends des collines célestes, — tes ailes nous apportent le salut ; à ta droite s'avance la grâce divine. — Là où tombe ton regard, la vie se répand et les empreintes de la douleur s'effacent. »

Pendant la soirée de ce jour, tandis que tous ses enfants l'entouraient, Gessner lui demanda s'il ne voulait pas leur donner sa bénédiction. — « La force physique me manque, dit-il, mon âme aussi est impuissante, — dès que je le pourrai, je le ferai... »

Le 1ᵉʳ janvier, veille de sa mort, sa voix était si affaiblie qu'on ne l'entendait qu'en s'approchant de ses lèvres décolorées. — Il voulut cependant dicter à sa fille quelques vers composés pour le jour de l'an et qui devaient être lus, de sa part, le lendemain à son troupeau.

Ainsi donc elle est passée cette nouvelle année, la première d'un siècle nouveau. O mon Dieu ! que tous ceux qui peuvent te louer encore, s'écrient: alléluia ! —Ne nous retire pas ta main, Père miséricordieux. — Sois notre joie, notre espérance, notre soutien. — Puisses-tu, chaque jour, être cherché plus ardemment par nous et trouvé plus facilement! — Que chaque détresse nouvelle nous unisse à toi plus étroitement!

Que chaque jour nous trouve plus heureux en toi, plus pénétrés de ta bonté et de ton existence.

Il passa dans un doux repos la matinée du jour qui l'avait ainsi rapproché de sa chère paroisse. Mais dans l'après-midi ses douleurs recommencèrent; — il demanda qu'on lui lût quelques strophes de son ami Hess sur le premier jour de l'année, et que sa fille prît ses cantiques à lui. Lirai-je, lui dit-elle, celui d'un homme en proie à une grande détresse?—Oui, répondit-il, en souriant tristement, si tu penses qu'il me convienne. — Bientôt ses souffrances lui arrachèrent ces paroles : « Cela ne peut durer longtemps; — n'est-il pas vrai que vous vous réjouissez de ne plus voir bientôt de moi qu'un cadavre en paix? — Vous rendrez grâce pour ma délivrance. » Il dit ensuite : « Si je n'ai pu bénir chacun de vous à part, vous savez pourtant que je vous bénis tous. — Oui, ma bénédiction reposera sur vous; croyez fermement que je prierai pour vous; — certainement Dieu vous bénira. »

La dernière soirée fut tranquille. On plaça devant la lampe qui éclairait sa chambre un écran qui lui était envoyé de Bâle et que le profil de son ami Pfenninger décorait; on y lisait cette devise : —*D'un côté la nuit, de l'autre la lumière.* Il en saisit avec plaisir la signification, si près de recevoir pour lui toute son étendue, et ses yeux affaiblis saluèrent volontiers les traits de l'ami qui l'attendait du côté lumineux.

A neuf heures il donna un baiser à sa femme et à sa fille, les remercia de leurs soins, puis s'endormit pour ne se réveiller que le lendemain à dix heures.

La longueur inaccoutumée de ce lourd sommeil fut comprise; on se permit de désirer que les dernières angoisses lui fussent épargnées; mais il ne devait pas en être ainsi; une crampe aiguë interrompit sa demi-léthargie. — Il voulut ensuite être placé dans un fauteuil; on lui obéit à grand'peine; la pâleur de la mort couvrait ses traits, et son beau regard se voilait. — « Que Dieu te bénisse, que Dieu te bénisse, » dit-il encore à sa femme, puis à sa fille.

Toute la famille en prière entourait le mourant; deux de ses amis entrèrent; il les reconnut, et joignit les mains comme pour leur dire : Priez pour moi. La fenêtre était entr'ouverte; on chantait dans la rue : « *L'année commence, qui en verra la fin?* » — Il entendit parfaitement ces paroles, dirigea sur son fils et sur Gessner un regard expressif, et répéta avec instance : « Priez, — priez. » — Son agonie se prolongea jusqu'à trois heures; il semblait s'endormir, puis se réveillait dans une angoisse toujours croissante ; — enfin son âme s'envola....

Le 5 janvier 1801 le cercueil de Lavater fut accompagné au lieu du repos par les habitants de Zurich. Le deuil était national, la douleur sur tous les visages. On pleurait l'homme qui faisait honneur à la ville, à la Suisse, à l'humanité; le pasteur, le poète, le citoyen généreux, l'ami de tous, le chrétien comme nul n'en avait connu. Peu de temps après sa mort, ses amis publièrent un volume rempli des discours et des pièces de vers composées sur cet évènement si ordinaire en lui-même, mais si émouvant pour tous ceux qui avaient aimé Lavater.

On parla de lui dans toutes les chaires, on multiplia son portrait; on relut partout ses ouvrages; il semblait qu'un tel souvenir dût résister partout aux effets ordinaires du temps. Le plus noble des témoignages de respectueuse tendresse offerts à sa mémoire fut le magnifique buste exécuté par Danecker et placé dans la bibliothèque de la ville de Zurich. Le sculpteur a réussi à faire passer dans le marbre une étincelle de l'amour et du génie qui brillaient dans les traits de son modèle; c'est une œuvre d'art vraiment digne de consacrer le souvenir d'un homme aussi éminent, aussi excellent que le fut Jean-Gaspard Lavater.

Dans l'église de Saint-Pierre, dont il avait été pasteur jusqu'à sa mort, un monument fort simple a été élevé à sa mémoire avec l'inscription suivante :

A LA MÉMOIRE DE JEAN-GASPARD LAVATER,
NÉ LE 15 NOV. 1740, MORT LE 2 JANVIER 1801,
DANS L'ÉGLISE DE SAINT-PIERRE, DIACRE LE 17 AVRIL
1778, PASTEUR LE 17 DÉC. 1786.

Ce que ce digne témoin du Seigneur a préché dans ce temple, ce qu'il a écrit, ce qu'il a fait et ce qu'il a souffert, tout, en lui, concourut à l'avancement du règne de Dieu, règne d'amour et de paix.

CHAPITRE XIV.

De quelques ouvrages publiés sur Lavater. — Son portrait par M. Hegner.

Le portrait de Lavater a dû ressortir peu à peu des extraits de ses ouvrages et du récit de sa vie; nous n'avons plus qu'à faire mention de quelques-uns des écrits les plus récents, publiés sur notre célèbre compatriote. Plusieurs auteurs se sont occupés simultanément du soin de le rappeler au souvenir des générations qui s'élèvent; on ne veut pas que le voile de l'oubli couvre trop tôt cette vénérable et bienfaisante figure.

Ainsi M. Heisch, né en Alsace, et depuis longtemps établi en Angleterre, a fait paraître à Londres, en 1842, un volume intitulé : *Memoirs of John Gaspar Lavater, with a brief me-*

moir of his widow to which is added Lavater's correspondence with the Oberlins.

C'est un court abrégé de l'ouvrage de Gessner, auquel l'auteur a joint quelques extraits de lettres et de précieux détails sur le caractère de la digne veuve de Lavater. M. Heisch a voulu faire connaître Lavater sous le rapport chrétien, et traite en peu de mots de ses travaux poétiques et physiognomoniques ; son ouvrage rentre tout-à-fait dans le cadre adopté pour la plupart des biographies religieuses écrites en anglais.

Un savant danois, M. Stevins, annonce un livre qui sans doute traitera le sujet sous le point de vue philosophique et mystique; il s'occupera particulièrement des profondeurs de l'âme de Lavater ; il s'adressera au public savant et théologien. M. Heisch et M. Stevens ont connu personnellement l'homme célèbre dont ils écrivent l'histoire.

Le nom de Lavater est assez souvent prononcé en France, mais c'est toujours du physionomiste qu'il est question ; on ne connaît guère de lui, dans ce pays, que son art presque divinatoire et ses exercices ingénieux et profonds sur les traits de la face humaine.

M. Hocquart, auteur de plusieurs ouvrages sur la physiognomonie, vient de publier un petit volumé intitulé : *Physionomies des hommes politiques du jour, jugés d'après le système de Lavater, avec un précis de la science physiognomonique.*—L'auteur de ce livre espère pouvoir en quelques pages, accompagnées de planches représentant les portraits d'hommes bien connus dont il analyse les traits, donner la clef de la science à l'étude de laquelle Lavater a consacré tant de soins et d'années. Nous pensons que des développements plus étendus et des gravures plus parfaites seraient nécessaires pour initier le lecteur à un art aussi difficile que celui de la physiognomonie. Nous nous associons du reste à la pensée suivante qui exprime toute l'importance de cette étude.

« Apprenons donc cette science, la science par excellence, s'écrie l'auteur dans ses considérations générales; cette étude nous sera profitable et nous en recueillerons les fruits à chaque instant de la vie. C'est dans l'art de Lavater que nous voulons initier nos lecteurs. Ses principes n'ont pas vieilli, car il s'agit d'une science aussi immuable que les règles de la morale. Elle est et sera toujours la même............ Ces caractères généraux une fois établis, on pourra en faire l'application à *tout instant et à chaque individu.* »

Il est permis de douter des résultats heureux

et faciles obtenus avec si peu de peine, et nous supposons que la science effleurée de M. Hocquart n'amènera pas de plus nombreuses découvertes que ne le font aujourd'hui les nobles et sérieuses investigations du consciencieux Lavater. C'est encore en l'envisageant comme physionomiste que George Sand rend hommage au digne pasteur; on ose à peine citer cet auteur en pareilles matières, tant son nom seul est en désaccord avec les pensées que réveille celui de Lavater.

Le brillant romancier suppose qu'un exemplaire de la *Physiognomonie* oublié dans *la Maison déserte*, décrite avec tant de charme et de poésie, tombe sous sa main, et que le solitaire enfermé volontairement lit avec délices le livre qu'il avait feuilleté dans son enfance. L'auteur des *Lettres d'un voyageur* nomme celui des *Essais Physiognomoniques*, *le bon Lavater, le vénérable ami, le vertueux prêtre, le créateur de l'un des plus beaux livres qui soient sortis de l'esprit humain*.

Il affirme que nul homme, et nul savant surtout, n'est plus humble et plus doux que lui; c'est en tout un homme évangélique. — Le même sentiment de tendresse humanitaire et de miséricorde religieuse reparaît comme partout avec éloquence. — Cette tolérance et cette douceur de jugement à l'aspect de la difformité est d'autant plus touchante que nul homme ne porte plus loin que Lavater l'amour du beau et le sentiment exquis de la forme. — Cette passion sainte pour le beau, parce que, selon Lavater, la vraie beauté physique est inséparable de la beauté de l'âme, s'exprime en plusieurs endroits de son livre avec une véritable naïveté d'artiste. — Je n'entrerai pas avec vous dans le détail du système de Lavater. Je suis convaincu pour ma part que ce système est bon et que Lavater dut être un physionomiste presque infaillible. — D'ailleurs, je vous l'ai dit, ce n'est pas par une dissertation sur la physiognomonie que je veux vous engager à lire Lavater, c'est en vous recommandant ce livre comme une œuvre édifiante, éloquente, pleine d'intérêt, d'onction et de charme. Vous y trouverez, dans les parties les plus systématiques, le même élan de bonté, le même besoin de tendresse et de sympathie; en même temps une connaissance si approfondie des mystères et des contradictions de l'homme moral, que cela seul suffirait pour constituer une œuvre de génie.

Je ne sais s'il existe une biographie de Jean-Gaspard Lavater; sa vie doit être aussi belle et édifiante que ses écrits. Si j'étais comme vous en Suisse, je voudrais aller à Zurich, exprès pour recueillir des documents sur la destinée de cet homme évangélique. Mais quoi! son nom est peut-être déjà effacé de la mémoire de ses compatriotes; à peine reste-t-il une pierre tumulaire qui le conserve! Si vous avez passé par là, dites-moi ce qui en est.

Combien Lavater eût attaché de prix à faire connaître à l'auteur des lignes que nous venons de transcrire cette route de lumière et de vérité dans laquelle il marcha toute sa vie avec tant de joie! Par quelle tendre sympathie il eût répondu à celle dont les *Lettres d'un voyageur* renferment un témoignage si inattendu, et avec quel zèle il aurait adressé à l'auteur son mot pastoral et confiant : *sois bon!*

Un homme qu'il honora de son amitié pendant vingt ans, M. Hegner, de Wintherthur, aujourd'hui octogénaire, a publié (1) un volume de lettres extraites de la correspondance conservée par les enfants de Lavater. Il a tracé lui-même le portrait du pasteur; cet intéressant résumé servira de conclusion à notre ouvrage. Nous en devons la traduction à la personne qui a déjà enrichi notre travail des morceaux sur Gœthe et Lavater (voy. le chapitre VII de cet ouvrage). C'est aussi dans un âge fort avancé qu'il a mis à la portée des lecteurs français, le jugement de M. Hegner : deux vieillards ont ainsi ranimé leurs souvenirs communs et redit ce qu'était Lavater.

« Dans ses formes extérieures, Lavater se distinguait de la foule par des traits et des allures qu'on ne trouvait que chez lui. Une taille élancée et bien proportionnée, une élégance aisée et naturelle dans tous ses mouvements, un cachet de l'état ecclésiastique, sans aucune affec-

(1) Beitrage sur nahern Kenntniss und wahren Darstellung Johann Kaspar Lavater's, etc., von Ulrich Hegner; Leipzig, 1836.

tation. Les traits de sa physionomie étaient plus remarquables encore ; leur ensemble et leur proportion n'étaient point altérés par la proéminence de son nez ; l'expression de l'ensemble était douce et animée, et son teint d'une pâleur pure. Asmus a dit de lui : *l'homme avec un rayon de lune sur le visage.* Lui-même disait, dans une poésie badine, au peintre Diogge, qui s'était formé sous sa direction et qui faisait son portrait : « Tu verras avec plaisir dans mon œil une langueur amoureuse, de la lumière, de la nuit, de l'étourderie et de la malice. » Nous avons vu nous-même cet œil briller, jusqu'au moment où la mort l'éteignit, d'une expression tout-à-fait remarquable. Vers la fin de sa vie, la partie inférieure du visage fut altérée par la perte des dents.

» Dans le portrait remarquable que nous a laissé de Fénelon le duc de Saint-Simon, nous trouvons quelques traits de ressemblance frappants entre son modèle et notre Lavater :

» *Le prélat était un grand homme maigre, bien fait, pâle, avec un grand nez, des yeux dont le feu et l'esprit sortaient comme un torrent, et une physionomie telle que je n'en ai point vu qui y ressemblât, et qu'on ne pouvait oublier quand on ne l'aurait vue qu'une fois. Elle avait de la gravité et de la galanterie, du sérieux et de la gaîté.*

» Mme de Staël se promenant un jour avec l'auteur de la physiognomonie et une dame allemande célèbre, s'arrêta tout-à-coup et s'écria avec une surprise mêlée d'enthousiasme : « Comme notre cher Lavater ressemble à Fénelon ! ce sont ses traits, son air, sa physionomie; c'est véritablement Fénelon; mais, ajouta-t-elle, *Fénelon un peu Suisse.* »

» Gœthe, dans le temps où Lavater était encore en faveur auprès de lui, lui reconnaissait aussi les avantages extérieurs dont nous venons de parler; voici ce qu'il en dit : « On le trouve toujours serein, cordial, avec une grâce inimitable; dans son regard s'exprime une profonde douceur, sur ses lèvres une grâce sans pareille; sa manière d'être appelle la confiance et les égards; elle élève l'âme de ceux avec lesquels il converse; on se sent plus virginal en sa présence; on n'oserait rien hasarder qui pût blesser cette même disposition que l'on voit en lui. Quelque chose d'imposant annonce en Lavater l'homme distingué; sa seule présence vous cause une impression particulière que vous n'avez pas encore éprouvée. »

» Doué de tels avantages extérieurs, qui avaient leur principe dans une âme également douée, cette nature éthérée avait déjà foi en elle-même, et ce fut avec confiance qu'à son entrée dans le monde elle se présenta à ses semblables.

» Dès sa première jeunesse on remarquait déjà, chez Lavater, ce qu'il y avait d'aisé et de douceur pénétrante dans ses formes et dans ses manières. Les gens du monde étaient frappés de la vivacité spirituelle et de la grâce de ses mouvements; les gens pieux admiraient sa piété, et comme il commença de bonne heure à écrire, ses idées originales attirèrent l'attention des savants et des non savants; on remarqua ce qui sortait de sa plume; on l'admira, on l'aima, ensuite on combattit ses opinions, on les tourna en ridicule. Bref, il acquit en peu de temps une grande célébrité; il en résulta chez lui cette assurance qui accompagne toujours la célébrité et qui souvent lui survit. Quand les grandes notabilités de l'Allemagne abandonnèrent Lavater, il descendit aux parties inférieures de la société, en y apportant le même désir d'édifier les âmes, et de les conduire à la foi chrétienne. Toutes ces âmes étaient aussi pour lui des images de la divinité; il leur consacra son amour et sa fidélité jusqu'à sa dernière heure.

» Sa conversation, qu'elle fût tournée au sérieux ou à la gaîté, intéressait toujours; elle lui conciliait l'amour, l'estime, la confiance de ceux qui en jouissaient. Il ne ressemblait pas, en cela, à ses concitoyens, de la taciturnité desquels il se plaignait quelquefois. Travailler à la manière des apôtres, encourager, bénir, réveiller les sentiments de foi, d'amour et d'espérance, voilà ce dont il aimait beaucoup à s'occuper. A cet effet il écrivait des lettres à droite et à gauche, aux petits et aux grands, il en faisait circuler en manuscrit, en faisait imprimer d'autres, mais celles-ci sans nommer les personnes auxquelles il les adressait, ce qui en diminuait l'effet pour ceux qui ne devinaient pas les noms.

» J'aime, disait-il, à parler aux hommes du haut de ma chaire de prédicateur; j'aime à écrire des lettres qui éclairent, réchauffent, réjouissent; j'aime à visiter mes amis et mes amies, à recevoir dans ma chambre les malheureux lorsqu'ils viennent me conter leurs misères, j'aime à les soulager.

» Qui osera dire que le noble disciple de Christ n'ait pas tenu parole jusqu'à la fin? Souvent il demandait à ses amis de lui faire des questions auxquelles il eût à répondre; il se plaignait d'eux lorsqu'ils ne le faisaient pas. On comprend également le désir et la confiance qu'avait Lavater de pouvoir faire du bien à ses amis par ses réponses, et la crainte que pouvaient concevoir ceux-ci de trouver, dans ses réponses, l'indication de quelque devoir pénible à remplir. Les hommes même les meilleurs ont leur côté faible.

» A cet égard, on peut encore citer ce que dit Saint-Simon de Fénelon : *Par cette autorité de prophète il s'était accoutumé à une domination qui, dans sa douceur, ne voulait point de résistance.*

» Lavater avait à sa disposition une grande puissance d'expressions et de tournures. Il était plus fort et plus pénétrant dans l'éclair de l'improvisation que dans ses discours écrits ou étudiés; il avait plus de facilité à parler que de suite logique dans les idées; sa seule et pure présence exerçait plus d'influence que ses paroles ou, du moins, en augmentait beaucoup l'effet persuasif. Il ne put jamais s'approprier tout-à-fait le dialecte haut-allemand. Partout, à Brême comme à Zurich, il parlait en chaire le dialecte suisse, usité dans les chaires de son pays.

» Il avait, ainsi que l'ont eu d'autres hommes distingués, une haute opinion de lui-même, la conscience de sa supériorité. On rencontre assez souvent dans ses ouvrages l'expression de ce sentiment; trop souvent peut-être on y trouve le moi et encore le moi mentionné d'une manière plus ou moins explicite, quelquefois même sans nécessité apparente. Mais, toujours modeste dans la conversation particulière, il s'était fait à cet égard une loi du respect des convenances, et ce respect était devenu chez lui une seconde nature. Sa sérénité dans le commerce de la vie était naturelle et aisée; elle tournait souvent à la gaîté. Ceux qui l'ont suivi dans son intérieur ont toujours vu dans le père de famille et l'ami hospitalier l'être serein, aimable et aimant, inépuisable dans ses saillies, d'une douce gaîté et toujours égal dans les jours bons et mauvais. *A table*, dit Saint-Simon, *il charmait par l'aisance, la variété, le naturel, la gaîté de sa conversation, sans jamais descendre à rien qui ne fût digne d'un vrai prélat.*

» Lavater ne parlait jamais de ses adversaires qu'avec égard et convenance; il a même fait des morceaux de poésie de circonstance sur la mort de quelques-uns de ses concitoyens qui, pendant leur vie, s'étaient montrés ses ennemis déclarés.

» Tout comme en se louant lui-même, il se désignait comme l'être le plus ouvert et le plus inoffensif que Dieu eût jamais créé, de même aussi se blâmait-il sévèrement quand l'occasion s'en présentait. Il se plaignait souvent d'une disposition à l'étourderie qui le faisait cruellement souffrir. — Il dit quelque part qu'*il se trouve un monstre à ses propres yeux, qu'il mérite plus de reproches qu'aucun homme ne pourrait lui en faire.* Il s'accuse souvent de duplicité de cœur; il parle d'un *affreux abîme de doutes :* quel est l'homme qui ne reconnaît pas souvent en lui-même cet état de doute ? Dans ses poésies il se dépeint comme un être formé de *folie et de péché,* mais cependant plein d'amour, d'amour pour tout ce qui sait aimer.

» Voilà ce qu'il disait de lui; mais la folie et le péché ont disparu; il n'est resté que l'amour; honorons un être pareil. Lavater ne faisait pas son chemin dans ce monde sans éprouver, dans sa moralité, de grands combats; il ne croyait trouver et ne trouvait, en effet, de consolations et de secours que dans sa profonde foi chrétienne. Ses combats et ses souffrances ne se passaient pas sans réveiller quelquefois des mouvements d'irritabilité. Il pouvait réprimer ces mouvements lorsque la provocation n'était pas soudaine, ou quand elle ne lui arrivait pas d'un côté d'où il ne devait pas l'attendre. Mais si l'attaque qui lui était adressée présentait le caractère d'une injustice contre sa personne, ou s'il y découvrait l'intention manifeste de déverser le mépris et la calomnie sur la manière dont il remplissait les devoirs de son état, il s'opérait en lui une révolution soudaine; son sentiment intérieur, profondément blessé, le portait à prendre la parole ou la plume pour repousser des attaques aussi injustes.

» Ce qui réparait ces explosions momentanées, c'était une disposition naturelle à pardonner, à se réconcilier, à oublier promptement les offenses réelles ou supposées. Tout était bientôt pardonné; il n'en restait pas de traces, et, si la chose dépendait de lui, il demeurait ami de celui qui l'avait blessé. Il ne laissait pas le soleil se coucher sur sa colère; dans son âme dominait le besoin d'aimer, c'était une de ses plus nobles facultés.

» Personne ne savait mieux que lui se consoler des évènements fâcheux de la vie et marcher plus légèrement sur un sol brûlant. Il était aidé en cela par la sévérité de sa foi biblique, qui lui faisait voir tous les évènements dirigés par une main divine. Il confiait ses peines au Seigneur et il en attendait de lui la guérison avec confiance. Cette foi en Christ lui en donnait en sa propre force; elle le soutenait et l'aida souvent à relever son âme dans les circonstances fâcheuses; même dans les occasions où il avait des torts à se reprocher, il s'appuyait sur sa foi et sur sa raison, et le calme se rétablissait en lui.

» Lavater n'était pas absolument exempt d'une faiblesse qu'il blâmait quelquefois chez les autres, celle de ne pas vouloir avouer qu'il s'était trompé. Lors même qu'il était évident qu'il avait été trop loin et qu'il s'était donné des torts, il trouvait des motifs et des explications pour échapper à ces torts et s'impatientait lorsqu'on persistait à l'accuser d'erreur ou de faute ; enfin lorsqu'il se trouvait au bout de sa défense, il imposait à ses accusateurs un *altum silentium* sur le point contesté, disant qu'il ne voulait plus disputer, qu'il fallait attendre ou quelque chose d'analogue.

» Dans ce que nous avons vu jusqu'ici, concernant la foi et le caractère individuel de Lavater, deux grands traits paraissent en saillie. L'un était sa foi en Christ, l'autre était lui-même ou si l'on veut son propre perfectionnement. Sous ces deux points de vue il travaillait et combattait sans relâche ; il était infatigable pour porter sur ces deux intérêts de sa vie un haut degré de lumière. L'emploi du temps était un de ses chapitres favoris. Il disait même avec une espèce de satisfaction qu'il était avare du temps. L'avarice cependant, quel que soit l'objet sur lequel elle se porte, est un défaut, et lorsqu'on prétend en faire un devoir, ce n'est qu'une vertu mal comprise. On peut se demander si le prix du temps consiste dans une vertu incessante et s'il est toujours nécessaire qu'elle soit portée à ce point. Ne pas agir, n'est pas toujours rester dans l'oisiveté; une activité minutieuse n'est pas toujours utile, surtout lorsqu'il s'y mêle un amour-propre humain. Si donc Lavater est allé quelquefois trop loin à cet égard, si, dans ses derniers ouvrages et en particulier dans ses journaux de voyage, il s'est permis des détails personnels qui paraissent quelquefois ridicules, il peut être sur ce point taxé de faiblesse. Cependant, tout en blessant ainsi les règles du goût, il suivait sa pensée favorite: être utile, faire du bien. Lorsque cet homme, comme nous l'avons vu, nous dit en soupirant qu'il succombe souvent sous les fardeaux qui lui sont imposés, nous pouvons le plaindre, car, en effet, il faisait beaucoup et il avait beaucoup à supporter. Il finit pourtant par avouer qu'il jouissait du repos; il en éprouve une agréable surprise. *Les jours où je suis malade sont les plus paisibles et les plus heureux de ma vie; ils ont été pour moi des jours de repos pendant lesquels j'ai joui de moi-même et de mes amis, mieux que cela ne m'est jamais arrivé!* Pourquoi cela? C'est que le sentiment de la maladie calmait celui de son ardente activité ; il y avait repos au-dedans et au-dehors de lui. Par une raison analogue, il trouvait un vrai plaisir à faire des voyages avec un ou plusieurs amis qui avaient sa confiance.

» Lavater avait consacré à des actes de bienfaisance une grande partie de sa fortune ; il avait aussi beaucoup dépensé pour augmenter sa collection de dessins et de tableaux. L'amour de l'argent n'avait pas d'accès dans son âme généreuse ; il avait, au contraire, trop de laisser-aller en ce qui concernait l'intérêt de sa fortune ; il en éprouvait souvent de la gêne et sortait difficilement des embarras ainsi amenés. Il avait du plaisir à recevoir les dons qu'on lui faisait, mais c'était moins à cause de ces dons eux-mêmes que de la main qui les lui offrait. Il aimait mieux, en général, donner que recevoir, et si des amis, par des présents occasionnels, cherchaient à ajouter à son bien-être, il épiait les moyens de les obliger à son tour.

» Quant à sa vie bienfaisante on peut encore citer un passage de Saint-Simon parlant de Fénelon : *Il ne se refusait jamais au moindre des malades ou des pauvres qui voulait aller à lui, et qu'il suivait comme s'il n'eût point d'autres soins à prendre. Ses aumônes, la facilité de son accès, son humanité avec les petits, sa politesse avec les autres, ses grâces naturelles qui rehaussaient le prix de tout ce qu'il disait et ce qu'il faisait le firent adorer du peuple. Parmi tant d'art et d'ardeur de plaire, rien de bas, de commun, d'affecté ou de déplacé, toujours en convenance à l'égard de chacun.*

» Lavater n'avait pas de courage physique ; cette disposition craintive mettait d'autant plus en évidence son intrépidité morale. Il répondait volontiers aux invitations qui lui étaient adressées par des souverains ou des personnages influents ; ces occasions étaient pour lui des campagnes chrétiennes dans lesquelles il s'engageait armé de toute son artillerie religieuse, *sine cœde et sanguine*, et dans lesquelles il combattait avec une liberté et une intrépidité qui ne plaisaient pas toujours aux grandeurs auxquelles il avait affaire ; soutenant avec autant de courage que de fidélité la cause qu'il croyait vraie, et la défendant sans aucune crainte en présence des personnages puissants qui ne pensaient pas comme lui. Le franc-parler dont il s'était fait une habitude en conversant avec les hommes de tous les rangs, était appuyé encore par l'assurance que lui donnait sa célébrité.

» Quant à la foi de Lavater et à la doctrine qui en était l'objet, on en a déjà tant parlé, que nous n'essaierons pas d'en apprécier le mérite ou le démérite ; nous n'en dirons que ce qui peut servir à constater ce qui, dans cette foi, appartenait à son individualité.

» La foi, l'espérance et l'amour étaient les bases de sa confiance en Dieu ; cette confiance s'était établie chez lui dès sa première jeunesse, il lui resta fidèle jusqu'à sa mort. Il croyait à la Parole de Jésus-Christ comme il en avait indubitablement le droit, et il accepta toutes les conséquences de cette Parole et de ce droit. Une question assez naturelle peut s'élever à cet égard ; a-t-il toujours bien compris la Parole du Seigneur et n'a-t-il pas quelquefois pris la *lettre* pour l'*esprit* ? Son zèle inconsidéré ne l'a-t-il pas porté quelquefois à ne voir dans cet *esprit* que ses propres inspirations ? Dans Jésus-Christ ne voit-il pas quelquefois un Jean-Gaspard Lavater, parlant au nom de l'être qui siége à la droite de Dieu, comme si lui Lavater occupait aussi cette place ? *On n'invente pas ainsi ;* telle était la pierre angulaire de sa foi au Nouveau-Testament.

» *Si ce qu'il nous raconte est vrai,* dit-il, *Christ est pour nous le roi de la création, celui de l'humanité ; s'il n'est pas le fils de Dieu, comme il nous le dit, il est le plus grand blasphémateur qui ait jamais existé.* Par suite de cette conviction il attendait toujours la venue d'un Dieu personnel qu'il pût voir et toucher, qui lui donnât l'expérience intime de sa présence.

» C'était dans cette disposition que vivait Lavater, et, ainsi qu'il l'exprimait dans ses écrits, dans une attente toujours croissante de forces nouvelles et du don de communication, car cette noble nature ne concevait pas de bonheur sans communication. « Mes cheveux blancs ne descendront pas dans la tombe avant que j'aie pu porter dans l'âme de quelques élus cette parole : — Je suis plus sûr de son existence que de la mienne. » Dans la jeunesse ce besoin de hautes révélations ne se manifestait que comme une timide espérance ; plus tard, et en avançant en âge, cette soif devint plus ardente; elle s'exprime avec plus de force dans ses écrits et ses poésies.

» Cette confiance fut encore augmentée par l'assurance que lui donna le prince Charles de Hesse-Schleswig, que l'apôtre Jean existait encore sur la terre et qu'il viendrait se faire voir à lui Lavater. Cette attente allait au point que, pendant quelque temps, Lavater, dans ses promenades et ses voyages pédestres, cherchait à découvrir sur les figures inconnues qu'il rencontrait, les traits de l'apôtre Jean qu'il attendait.

» C'est dans cette foi exaltée, avec ces espérances qui ne se réalisaient jamais, que se continuait la vie de Lavater ; c'est ce qui sera compris par ceux qui l'ont connu ; il souffrait de la non-réalisation de ses espérances, mais il continuait à croire, trouvant le bonheur dans sa foi elle-même et se laissant traiter d'enthousiaste et d'exalté. Il espéra avec la même ardeur jusqu'au moment de sa mort, et quitta cette vie terrestre pour aller rejoindre dans un monde plus pur l'objet de ses espérances et de son amour.

» Il y avait des moments où son âme était profondément affectée de cet oubli apparent des promesses de son maître, mais il continuait cependant à prier avec la même ardeur. Il se croyait appelé à annoncer la bonne nouvelle et demeura fidèle à cette vocation. Se faire des prosélytes était loin de sa pensée et de son désir, mais il voulait gagner des âmes au Seigneur. Il travaillait à cette œuvre en agissant sur les consciences particulières par les paroles qu'il prononçait du haut de la chaire, par ses écrits en vers et en prose, par ses communications écrites ou verbales, et surtout par l'exemple et l'édification que produisait son irréprochable conduite. Il croyait devoir à sa profession, ainsi qu'à lui-même, de répandre autant que possible le bienfait de la parole qu'il annonçait. C'est ainsi, par une confiance exagérée dans l'effet qu'il pouvait produire, que Lavater a souvent nui à sa cause et à lui-même, plutôt que par ses opinions, sur lesquelles, si souvent, on a cherché à verser le blâme ou le ridicule.

» Ses efforts étaient souvent sans succès lorsqu'il s'adressait aux hommes savants et célèbres pour les amener, au moyen de sa poésie ou de sa prose, à adopter la foi qui remplissait sa propre âme. Cette espèce d'hommes ne se laisse pas entraîner au-delà des opinions et des croyances déjà formées chez eux. Lui-même, dans un moment de réflexions, dit quelque part : — « Personne ne peut avoir entièrement la foi d'un autre ; chacun doit avoir sa foi individuelle comme il a son propre visage. » Aussi, lorsqu'il n'était pas en chaire, exhortait-il chacun à conserver la liberté de son esprit.

» Encore un mot sur la foi de Lavater. L'objet de cette foi était le Christ, et ce Christ seul Dieu. Il avoue que sans Christ il serait athée. C'est avec la même franchise que Luther s'est souvent aussi exprimé. La divinité du Christ, sa toute-puissance dans le ciel et sur la terre, voilà ce que Luther enseignait et expliquait partout, dans ses paroles et dans ses écrits.

» Si nous résumons tout ce que nous venons de dire sur les mouvements naturels et habituels de l'âme de Lavater (et nous aurions pu en dire encore bien davantage), nous devrons reconnaître en lui une rare humanité, une personnalité morale toujours noble et bonne et qui dépasse de beaucoup les faiblesses que nous avons dû signaler. Sa foi était profondément tissue dans tout son être; elle fut son soutien et son appui pendant toute son existence terrestre. »

Un mot pour finir : il a paru à Bâle, sous ce titre : *Des Volksboten Schweizer Kalender,* un almanach populaire pour 1843. Deux figures en pied en décorent la première page : celle de *Nicolas de Flue* et celle de *Lavater* ; aucun rapprochement n'est plus significatif ni plus éloquent. La candeur de la charité et la chaleur du patriotisme ont élevé ces deux hommes dans une région sereine vers laquelle, des points les plus opposés du monde religieux et politique, les regards de tous se dirigent et se réunissent, pour les contempler et pour les bénir. Les partis, pour un moment, se taisent et se confondent à leur vue. L'un par une grande action, qui se détache en relief sur une vie sainte, l'autre par un zèle infatigable pour toute espèce de bien et par une vaste charité, ont mérité de devenir pour la nation suisse, sinon des génies tutélaires, du moins, de bienfaisants et d'ineffaçables symboles. La gloire de Nicolas de Flue n'a pu ni croître ni diminuer ; un grand souvenir l'a consacrée pour jamais dans le cœur de son peuple ; celle de Lavater se dégage peu à peu de bien des nuages qu'il n'avait pas mis peut-être assez de soin à dissiper ou à prévenir ; ses écrits revivent en quelque sorte ; son influence, toujours mieux appréciée, est aussi toujours plus bénie; et beaucoup d'âmes que, sans bruit et à son insu, il a consolées, désaltérées, amenées à Dieu, rendent grâces à la Providence d'avoir placé sur leur passage le souvenir, les écrits, souvent même un seul mot de l'homme sympathique qui les a si merveilleusement comprises, et seul leur a parlé ce langage simple et mystérieux qui n'a point d'équivalent, que rien ne remplace, et que leur cœur attendait.

FIN.

TABLE DES MATIÈRES.

CHAPITRE PREMIER.

Naissance de Lavater. — Portraits de son père et de sa mère. — Son enfance. — Premiers développements de sa piété. — Les soldats de cire. — Lavater écolier. — Vocation instinctive. — Traits divers. 5

CHAPITRE II.

Lavater étudiant. — Ses amis. — Sa correspondance. — Calomnie. — Affliction. — Sermon d'épreuve. 33

CHAPITRE III.

Affaire du bailli prévaricateur. — Succès de Lavater et de Fussly. — Leur départ pour Berlin. — Séjour à Barth. — Premiers travaux littéraires. — Correspondance. — Retour de Lavater à Zurich. 57

CHAPITRE IV.

Lavater chez son père. — Mariage de Félix Hess. — Celui de Lavater. — Bonheur domestique. — Les *Chants helvétiques*. — Traduction de la *Palingénésie* de Bonnet. — Moses Mendelssohn. 104

CHAPITRE V.

Vues sur l'éternité. — Opinions religieuses de Lavater. — Controverse. — Son journal intime. — Fondation d'une société ascétique. — Lavater accepte le diaconat de la maison des orphelins. 133

CHAPITRE VI.

Mort de Félix et de Henri Hess. — Famine dans le canton de Zurich. — Education des enfants de Lavater. — Mort de sa mère. — Singulier incident. — Emploi du temps. 162

CHAPITRE VII.

Etudes et principes physiognomoniques. — Mort du père de Lavater. — Voyage à Ems. — Gœthe. — Son opinion sur Lavater. — Retour à Zurich. — Fragments de son journal. 195

CHAPITRE VIII.

Publications destinées aux amis de Lavater. — Attaques de ses ennemis. — Essais physiognomoniques. — Visite de Zollikofer. — Entretien avec Joseph II. — Citations du grand ouvrage de Lavater. 224

CHAPITRE IX.

Lavater est nommé pasteur de l'église de Saint-Pierre. — Son opinion sur l'Apocalypse. — Publications diverses. — Morceau adressé aux voyageurs. — Lavater au synode. — Emploi de son temps. — Visites. — La grande-duchesse héréditaire de Russie. — Pfenninger. — Lettres de M. Chatelain sur Lavater. . 269

CHAPITRE X.

Voyage de Lavater avec son fils. — Cagliostro. — Opinions de Lavater sur les sectes et les sociétés. — Jours de maladie. — Messmer. — Le magnétisme. — Visite à Brême. — Nathanaël.

— Lavater, premier pasteur de l'église de Saint-Pierre. — Fondation d'une bibliothèque populaire. — Loterie. 304

CHAPITRE XI.

Visite de Lavater à la cour de Montbéliard. — Mort de Conrad Pfenninger. — Conduite de Lavater envers la mémoire et les enfants de son ami. — Voyage en Danemarck. — Nouvelles attaques des ennemis de Lavater. — Mariage de sa fille aînée avec George Gessner. — Travaux littéraires. 341

CHAPITRE XII.

Opinion de Lavater sur la Révolution française. — Sa prédication sur ce grand sujet. — Sa conduite à l'égard des insurgés de Stæfa. — Lettre au directeur Rewbel. — Déportation de dix citoyens zuricois. — Indignation de Lavater. — Son départ pour les bains de Baden. — Il est arrêté. — Séjour à Bâle. — Repos. — Mise en liberté. — Nouveaux obstacles à son retour. — Il rentre enfin chez lui et reprend possession de sa chaire. 378

CHAPITRE XIII.

Lavater blessé par un soldat français. — Ses travaux sur son lit de souffrance. — Séjour à Erlenbach. — Retour à Zurich. — Dernière prédication dans l'église de Saint-Pierre. — Opinion de Lavater sur le catholicisme. — Hymne à la ville de Zurich. — Souffrances aiguës. — Visite de Lavater à sa belle-sœur. — Le 1er janvier 1801 veille de sa mort. — Son agonie. — Honneurs rendus à sa mémoire. 404

CHAPITRE XIV.

De quelques ouvrages publiés sur Lavater. — Son portrait par M. Hegner. 437

www.ingramcontent.com/pod-product-compliance
Lightning Source LLC
Chambersburg PA
CBHW070212240426
43671CB00007B/628